GOLDMANN
ESOTERIK

Buch

Vor einigen Jahren hat Lynn Andrews damit begonnen, die »Odyssee« ihrer Einweihung in den Weg des Medizinrads der Indianer in einem mehrbändigen Romanwerk zu schildern. *Die Sternenfrau* beschreibt einen weiteren Schritt auf dem Weg zum Bewußtsein ihrer ursprünglichen, weiblichen Kraft. Lynn Andrews trifft wieder mit den beiden Medizinfrauen Agnes Whistling Elk und Ruby Plenty Chiefs zusammen, um ihre Suche nach dem uralten, heiligen Wissen fortzusetzen, welches sie befähigt, als Brücke zwischen zwei verschiedenen Welten, dem Geist der Naturvölker und dem Bewußtsein der modernen westlichen Kultur zu dienen. Dabei bekommt Lynn die Hilfe von Arion, einem prächtigen weißen Hengst, mit dem sie in eine Welt der Träume und Visionen reitet, und von der indianischen Schamanin Twin Dreamers, einer tausendjährigen Meisterin der Verwandlung, die Lynn mit alten Ritualen und Magie in die allem zugrunde liegende Einheit von Zeit, Leben und Raum einführt und sie über die Macht der Frau aufklärt.

Autorin

Lynn Andrews ging sieben Jahre bei der Schamanin Agnes vom Stamme der Cree-Indianer in die Lehre. Sie lebt im Süden Kaliforniens und hat über ihre Erfahrungen bereits mehrere Bücher geschrieben. Weitere Bände sind auch im Goldmann Verlag in Vorbereitung.

Bei Goldmann liegen von Lynn Andrews bereits vor:

Der Flug des siebten Mondes (11839)
Die Jaguar-Frau (11892)
Die Kristallfrau (12174)

LYNN ANDREWS

DIE STERNENFRAU

Von den Sternen kommen wir und zu den Sternen kehren wir zurück

Aus dem Amerikanischen
von Karin Hirschmann

GOLDMANN VERLAG

Originaltitel: Star Woman
Originalverlag: Warner Books, New York

Umwelthinweis:
Alle bedruckten Materialien dieses Taschenbuches
sind chlorfrei und umweltfreundlich

Der Goldmann Verlag
ist ein Unternehmen der Verlagsgruppe Bertelsmann

Taschenbuchausgabe 1992

Umschlaggestaltung: Design Team München
Druck: Presse-Druck Augsburg
Verlagsnummer: 12161
Ba · Herstellung: Heidrun Nawrot/sc
Made in Germany
ISBN 3-442-12161-2

10 9 8 7 6 5 4 3

Zum Andenken an meinen Vater
Leif K. Egger,
der mir neuen Mut gab,
und
zum Andenken an
Georgia O'Keefe,
eine Frau der Macht

Dies ist eine wahre Geschichte.

Einige der Namen und Orte in diesem Buch wurden geändert, um den Privatbereich der Beteiligten zu schützen.

Inhalt

Die Sternenfrau

Im Winkel des Waldes,
wo die Zäune beginnen,

legt die Sternenfrau ihre Kleider ab
und schmückt damit

die Galaxien.
Bedächtig spricht sie:

Die Nacht ist meine Schlange,
schau in den Spiegel und träume.

Sie sagt wir brauchen nicht zu wissen,
was es bedeutet –

Nachtfalter umschwirren rote Geranien,
Sternenschimmer auch am Tage,

draußen am Fenster oft,
gerade in diesem Augenblick.

Jack Crimmins

Magier aller Länder, vereinigt euch!

William S. Burroughs
in einem Brief vom 14. Mai 1984
an Lynn V. Andrews

Einleitung

Meine erste Begegnung mit Agnes Whistling Elk liegt elf Jahre zurück. Damals war ich Kunstsammlerin und überaus interessiert an einem indianischen Hochzeitskorb, dessen Bild ich auf einer Fotoausstellung in Los Angeles gesehen hatte. Es kostete mich große Mühe, diesen geheimnisumwitterten Korb aufzuspüren, und schließlich kam ich durch eine Reihe seltsamer Begebenheiten und magischer Träume zu dem Schluß, daß Agnes Zugriff zu diesem Korb hatte. Ich fuhr also zu ihr in die Cree-Reservation nach Manitoba in Kanada, um herauszufinden, ob ich ihn kaufen könne.

Statt des Korbes fand ich dort eine höchst faszinierende Frau vor. «Der Hochzeitskorb ist unverkäuflich. Du kannst ihn dir nur verdienen», sagte sie und sah mich aus blitzenden Augen heraus an. Sie war eine Vollblutindianerin mit Falten im Gesicht wie ein Hutzelweiblein. Sie war zeitlos und hätte sowohl 50 als auch 95 Jahre alt sein können. Sie hatte hohe Wangenknochen, und ihr langes Haar fiel ihr zu Zöpfen geflochten weit über die Schultern. Um den Hals trug sie ein mit Perlen verziertes Medizinrad.

Bei unserem ersten Zusammentreffen sagte Agnes zu mir: «Dein Leben ist ein Pfad. Bewußt oder unbewußt hat dich die Suche nach einer Vision hierher geführt. Es ist gut, eine Vision oder einen Traum zu haben.»

Agnes sprach mit starkem Akzent, so daß ich anfangs

Schwierigkeiten hatte, sie zu verstehen. Manchmal hatte sie Mühe, die einfachsten Sätze auf englisch zu formulieren, dann wiederum sprudelten die kompliziertesten Gedankengänge nur so aus ihr heraus. Doch selbst wenn es ihr schwerfiel, ihre Gedanken in Worte zu fassen, strahlte sie große Würde aus.

«Die Frau ist das Höchste», erzählte sie mir, als wir am offenen Feuer beisammensaßen. «Mutter Erde gehört zur Frau, nicht zum Mann. Sie füllt die Leere aus.»

Agnes Whistling Elk ist eine indianische Medizinfrau, und seit unserer ersten Begegnung bin ich ihre Schülerin. Sie und Ruby Plenty Chiefs, ebenfalls eine Medizinfrau, unterrichten mich.

Damals, als Agnes mich als Schülerin annahm, fragte ich sie, ob es nicht seltsam wäre, wenn jemand wie ich aus Beverly Hills in ihrer einfachen Hütte in Manitoba säße und um Hilfe bäte.

«Es gibt stets Helfer und Zeichen, die dem den Weg weisen, der gewillt ist, ihnen zu folgen», antwortete sie. «Ohne es zu wissen, bist du zum ersten Mal in deinem Leben dem richtigen Weg gefolgt. Nein, es überrascht mich nicht, daß du hier bist. Viele Zeichen haben dein Kommen angekündigt, und ich fände es verwunderlich, wenn es nicht so wäre.»

Später bat mich Agnes, über meine Erlebnisse mit ihr zu schreiben, «den Adler fliegen zu lassen» und den Menschen zu zeigen, wie unsere heilige Mutter Erde gerettet werden kann. Durch eine Prophezeiung habe sie, Agnes, erfahren, daß ich eine Kriegerin des Regenbogens werden sollte, der schwarzen, weißen, roten und gelben Völker. Eines Tages würde ich eine Brücke sein zwischen den zwei getrennten Welten des ursprünglichen Geistes und des Bewußtseins der Weißen.

Mit meinen Büchern, in denen ich über die außergewöhnlichen Abenteuer und die mir zuteil gewordenen schamanischen Lehren berichte, versuche ich Agnes' Bitte nachzukommen. Es geht in diesen Büchern vor allem um die uralten weiblichen Kräfte. Dieses alte Wissen wurde uns durch mächtige Indianerinnen überliefert, die es einflochten in die Geschichte, um es für die nachfolgenden Generationen auf dieser schönen Erde zu wahren. Die lange verborgen gebliebene Gemeinschaft von Frauen, die dieses alte Wissen bewahrt, nennt sich die Schwesternschaft der Schilde. Dieser Geheimbund basiert auf den alten Weiblichkeitskulten, und noch bis vor kurzem gehörten ihm nur Frauen aus den Eingeborenenkulturen rund um die Welt an. Infolge der energetischen Veränderungen auf unserem Planeten zählen jetzt auch einige Frauen anderer Rassenzugehörigkeit zu den Initiierten. Meine eigene Initiation stand am Ende eines langen Lernprozesses mit Agnes. Bei uns, den Frauen der Schwesternschaft der Schilde, findet jetzt untereinander ein reger Austausch dieses Wissens statt, und wir sind bestrebt, den Menschen Harmonie, Weisheit und ein umfassenderes Bild der Wahrheit zu geben.

Ich habe Agnes einmal nach ihrer Meinung zu dem Bibelzitat «Viele sind berufen, aber nur wenige auserwählt» gefragt. Lachend gab sie darauf die Antwort, wir alle seien berufen, und wir alle seien auserwählt, wir müßten nur den Mut haben, den Schritt ins Unbekannte zu wagen. Ich habe meine Bücher geschrieben, damit alle an den uralten Überlieferungen von Agnes Whistling Elk und der Schwesternschaft der Schilde teilhaben können.

Agnes sagt mir nie, was ich lernen soll. Sie versetzt mich einfach in eine Lage, in der ich wachsen und mich verändern muß, um zu überleben. In meinem ersten Buch *Die Medizinfrau* erzählte ich davon, wie mich Agnes durch die vier

Abschnitte zu Beginn meiner Lehrzeit führte. Als erstes wollte sie mich körperlich stark machen, und indem sie mich der Kargheit ihrer schönen Heimat aussetzte, der Wildnis, den reißenden Flüssen und dem unberührten Land, stählte sie meinen Körper. Agnes ist nämlich fest davon überzeugt, daß spirituelles Lernen und körperliche Ausdauer stets aufeinander abgestimmt werden müssen.

Zum zweiten lehrte sie mich, die männlichen und weiblichen Energien in mir auszugleichen. Diese Schulung hatte viel mit meiner Suche nach dem heiligen Hochzeitskorb zu tun, die damit endete, daß ich plötzlich einem erfahrenen Zauberer namens Red Dog gegenüberstand. Er hatte den heiligen Hochzeitskorb gestohlen, und um ihn zurückzubekommen, mußte ich mich auf einen gefährlichen Kampf mit ihm einlassen. Zu meiner Überraschung ging ich siegreich daraus hervor, doch Red Dog und seine Zauberlehrlinge Ben und Drum haben seitdem nicht aufgehört, mir übel mitzuspielen.

Als drittes lehrte sie mich, in der Welt ein Werk der Kraft und Schönheit zu vollbringen. Für mich hieß das, ein Buch zu schreiben. Ich lernte, daß einem Werk der Schönheit die Absicht zugrunde liegt, dir selbst einen Spiegel zu schaffen, damit du überhaupt erst erkennen kannst, wer du bist.

Paranormale Ereignisse, meine Reisen in Kanada und meine Traumarbeit ließen mich schließlich erkennen, daß wirkliche Veränderung und Transformation überhaupt erst möglich werden, wenn wir uns lange genug der Alltagsroutine entziehen. Wir müssen einen Raum schaffen, in dem sich unsere Strukturen und Überzeugungen so weit ausdehnen können, daß wir fähig sind, etwas Neues aufzunehmen. Es ist mir in meiner Lehrzeit gelungen, meine festgefahrenen Ansichten und Vorstellungen über meine eigene Person und über meine Umwelt von Grund auf zu ändern.

Mein zweites Buch *Der Flug des siebten Mondes* handelt von meiner Initiation durch Agnes. Sie führte mich in eine Reihe von Lehren ein und gab mir ein *Mandala*, einen Schild, den ich im Alltag tragen kann. Während der Einführungsriten wurde mir auch das uralte Wissen der Frau zuteil, und am Ende dieser Lektionen stand meine Initiation in die Schwesternschaft der Schilde. Meine Geschichte gleicht der Geschichte aller Frauen, die auf der Suche sind. Da wir alle einzigartig sind, unterscheiden sich lediglich unsere Lebensumstände; wir schöpfen aber alle aus einer Quelle. Agnes hat stets die Bedeutung und den Wert des Frauseins hervorgehoben. Einmal sagte sie: «Eine Frau wird auf eine andere Art und Weise erleuchtet als ein Mann.» Als ich sie fragte, ob sie Männer genauso unterweist wie Frauen, lachte sie nur und meinte, die Antwort müßte ich schon selbst herausfinden. «Bring mal den nächsten zehn Männern, die du triffst, bei, ein Kind zu bekommen.»

In meinem dritten Buch *Die Jaguarfrau* erkundete ich ein Gebiet, größenmäßig etwa vergleichbar mit dem Wanderbereich des Schmetterlings, der auf seinen Streifzügen den gesamten nordamerikanischen Kontinent von Kanada bis Mexiko durchquert. Das Buch beschreibt die einzelnen Stationen meines Lernprozesses sowie mein Zusammentreffen mit der Schwesternschaft der Schilde in dem Bestreben, noch mehr Wissen zu erlangen und das Abenteuer des Geistes zu bestehen. Ich reiste also wieder gen Norden nach Manitoba, zu meinen Lehrmeisterinnen Agnes Whistling Elk und Ruby Plenty Chiefs. Das Buch befaßt sich jedoch nicht allein mit einem tatsächlichen Ortswechsel, sondern auch mit dem psychischen, mentalen und emotionalen Übergang in einen anderen Bewußtseinszustand und eine differenzierte Wahrnehmung. Ich gelangte in das Zentrum der heiligen Spirale, wo ich meine ursprüngliche Weiblichkeit – die wahre Frau in mir – wiedererlangen konnte.

Eine solche Reise ist nur über das Medizinrad nachvollziehbar, eines der wichtigsten Hilfsmittel der indianischen Tradition. Während des Lernens wird aus diesem einfachen Bild des Daseins ein immer komplexeres Gebilde, ein tiefgründiges und subtiles Symbol mit mystischer und philosophischer Bedeutung. Die Schüler werden angeleitet, mit dem Medizinrad ihr innerstes Wesen zu erkunden. Die vier Himmelsrichtungen auf dem Medizinrad stehen für die unterschiedlichen Formen der inneren und äußeren Wahrnehmung. Der Süden symbolisiert Vertrauen und Unschuld; der Westen ist die Heimat des heiligen Traums, des Todes und der Wiedergeburt; im Norden wohnen die Weisheit und die Stärke; der Osten ist der Ort der Erleuchtung.

Der Schlüssel zum Medizinrad heißt Bewegung, also die Art und Weise, wie sich ein Mensch verändert und sich auf eine neue Position zubewegt. So kann zum Beispiel eine Frau, die voller Vertrauen und Unschuld im Süden des Medizinrades wohnt, durch Lebenserfahrung reifen und zu Weisheit und Stärke im Norden gelangen. An diesem Ort der Weisheit ist sie über die materialistische Lebensweise im Süden hinausgewachsen und hat die spirituelle Position des Nordens erreicht. Der Schlüssel zur Weiterentwicklung ist wieder Bewegung. Da sie den Süden verlassen hat, um im Norden das Spirituelle zu suchen, muß sie jetzt, spirituell gestärkt, im Süden nach dem Materiellen suchen. Sobald sie das Materielle manifestiert hat, muß sie sich wieder in den Norden begeben, damit Geist manifest wird usw.

Ich bin eine Frau, und ich bin auf der Suche. *Die Sternenfrau*, mein viertes Buch, beschreibt die inneren

Visionen einer Frau im Hinblick auf ihre äußeren Lebensumstände.

Ich bin keine Anthropologin, obwohl mich einige in diese Rolle hineinzuzwängen versuchen. Mein Interesse gilt dem Wissen und der persönlichen Macht. Von Zeit zu Zeit entfliehe ich meinem Kulturkreis, um alten Weisheiten nachzuspüren. Dann lebe und arbeite ich intensiv mit meinen Lehrerinnen Agnes Whistling Elk und Ruby Plenty Chiefs, die beide eine ungeheure Macht und Anziehungskraft besitzen. «Wir alle leben so, als ob wir in einer Falle säßen», sagte Agnes einmal. «Doch ganz besonders trifft das auf uns Frauen zu. Ich zeige dir die Tricks eines Entfesselungskünstlers, damit du dich von deinem Irrglauben freimachen kannst. Eine Frau hat viele Feinde. Von mir kannst du mehr lernen als nur Davonlaufen und Sichverstecken. Ich bringe dir bei, aufrecht zu stehen.»

Ich habe das Mystische in Agnes' Weltanschauung ansatzweise kennengelernt. Nach ihrer schamanischen Denkungsart haben Frauen eine geheiligte Position inne, die Schlüsselposition schlechthin.

Während meiner Lehrzeit habe ich sorgfältig Buch geführt. Dabei ging es mir jedoch nicht um die Fachtermini oder eine Systematik der mir dargebotenen anthropologischen Vielfalt. Ich gehe bei einer Medizinfrau in die Lehre und bin keine teilnehmende Beobachterin. Ich wurde in das streng geheime System magisch-religiöser Grundsätze und Regeln eingeführt und erreichte durch die Ausübung dieser traditionellen indianischen Volksmedizin ein metaphysisches Bewußtsein, das die geltenden Auffassungen meines eigenen Kulturkreises bei weitem übersteigt.

Das, was ich selbst erfahren habe, und das, was ich für rational möglich halte, stimmt nicht immer überein. Agnes stellte es einmal folgendermaßen dar: «Zwischen deiner und meiner Welt besteht eine Kluft. Du versuchst, auf die andere Seite zu springen, dort wo ich stehe. Während es hier bei mir frei und magisch zugeht, hast du drüben einen Mühlstein am Hals hängen.»

Bevor ich Agnes Whistling Elk und Ruby Plenty Chiefs begegnete, unterlag ich kulturellen Zwängen. Ich will damit sagen, daß ich ein ganz normales Leben in einer Großstadt führte. Ich war fest in meinen Kulturkreis eingebunden. Mein gedanklicher Aufbau und meine Wertvorstellungen waren das Produkt meiner normalen Interaktion innerhalb dieses gesellschaftlichen Rahmens.

Ich führte einmal ein Gespräch mit Ruby, die als junges Mädchen erblindete, jedoch als Medizinfrau besser zu sehen gelernt hat als die meisten anderen Menschen. «Frauen müssen sich selbst heilen. Heile dich also zuerst, damit du danach die Männer heilen kannst, denn sie haben es genauso nötig wie wir. Denke daran, daß nur eine Frau einen Mann spirituell heilen kann. Wenn es dir nicht gelingt, seid ihr alle beide verloren.»

In diesem Buch berichte ich darüber, wie ich durch meine Medizinfrauen und die Schwesternschaft der Schilde die unverhoffte Bekanntschaft eines anderen großen Meisters machte: Es ist Arion, der große weiße Hengst, zu dem ich eine Beziehung aufbaute. Er diente mir als Vehikel der Transformation, als schamanisches Gefährt. Durch meine Liebe und mein Vertrauen wurde er zu einem Spiegel meiner selbst, dennoch hatte er ein starkes Eigenleben. So wie dich heiliger Rauch oder Trommelschläge auf magische Weise in eine andere Welt versetzen, so zog mich Arion in Gefilde hinein, die ich normalerweise nie betreten hätte. Ich ließ mich von ihm tragen, indem ich mich seiner Macht hingab, wie sich der Schoß dem Keim des ungeborenen Lebens hingibt.

Agnes sagte einmal: «Wenn du dich mit deiner Anhängerschaft zufriedengibst, wirst du dich stets nur in den gleichen vertrauten Kreisen bewegen.» Von Arion vorangetrieben, trat ich eine Schamanenreise an, die ich allein nie hätte durchstehen können. Das Buch *Die Sternenfrau* beschreibt eine Reise durch meine ureigenen Ängste, die Grenzen meines Bewußtseins, meine selbstgeschaffenen Begrenzungen. Um diese Grenzen zu durchdringen, müssen wir uns der Formlosigkeit und der Essenz annähern, aus der wir erschaffen sind. Am Ende dieser Reise habe ich mich außerhalb der Grenzen meiner Form bewegt.

Ein Meister führt dich an eine Weggabelung. Dort hast du die Möglichkeit, auf den dir bekannten Pfaden weiterzugehen oder aber den Weg ins Unbekannte zu nehmen. In dem Buch *Die Sternenfrau* tauchen viele Gabelungen auf. Einmal wählte ich den vertrauten Pfad der Angst. Ich stürzte vom Pferd und wurde beinahe getötet. «Wie ich es dir gesagt habe. Deine Angst holt dich immer wieder ein», bemerkte Agnes, als sie mich mit ihren Kristallen wieder gesund machte.

Dieses Buch handelt von meiner Gesundungsreise quer über den nordamerikanischen Kontinent. Es ist das vierte Buch dieser Reihe und bildet gewissermaßen den Abschluß; der Kreis schließt sich. Sobald sich ein Kreis schließt, können neue Wege erschlossen werden. Mein nächster Weg führt nach Australien zu den Frauen der heiligen Traumzeit.

Lynn V. Andrews
Red Deer
Alberta, Kanada
August 1985

Letzte Nacht verweilte ich am Rande der Dunkelheit
und schlief allein mit grünem Tau.
Ich komme von weit her, um meinen Schatten
dem Schatten eines Pferdes anzuvertrauen.

James Wright

1
Das Geisterpferd

Der Wind seufzte schauerlich, und der Vollmond ging über den düsteren Baumspitzen der Kiefern auf. In der sternenklaren Nacht blinkten vereinzelt im Norden schwache Polarlichter in Blau, Grün und Orange auf.

Zwei blutige Streifen Hirschfilet brieten auf Spießen über der Glut des Lagerfeuers, in das zischend der Bratensaft tropfte. Die drei älteren Indianerinnen am Lagerfeuer sahen in der nächtlichen Dunkelheit gespenstisch aus. Dunkle Schatten lagen auf ihren faltigen, vom Feuerschein rot erhellten Gesichtern. Es war bitterkalt, und der Atem dampfte uns aus den Nasenlöchern. Links von mir saß Agnes Whistling Elk, zu meiner Rechten July, eine etwa 20jährige Cree-Indianerin. Neben ihr hockte Ruby Plenty Chiefs. Auf der anderen Seite des Feuers saß eine hutzelige Alte mit schlohweißem, ungekämmtem Haar, das ihr lose auf die Schultern fiel.

Sichtlich nervös schob July ein paar wilde Zwiebeln und Rüben auf einem flachen Stein näher an die Glut heran. Mich hatte die alte Frau ebenfalls aus der Ruhe gebracht; ich fühlte mich von ihrem starren Blick ständig verfolgt. Sie war wie aus dem Nichts aufgetaucht und setzte sich zum Aufwärmen zu uns ans Feuer. Ich wollte Agnes gerade fragen, wer die Alte sei, doch der Blick in ihren Augen ließ mich auf der Stelle verstummen.

«Paß auf», sagte Agnes.

Aufmerksam betrachtete ich die Frau im Feuerschein. Ich hatte angenommen, wir wären die einzigen Menschen im Umkreis von hundert Meilen, und trotzdem saß sie jetzt dort, aufgetaucht mitten aus der Wildnis zu mitternächtlicher Stunde. Sie blickte mich so starr an, daß mir angst und bange wurde und ich zu zittern begann. In meiner Verzweiflung wandte ich mich an Agnes: «Warum hast du mich auf dem Felsvorsprung allein gelassen?»

In den frühen Abendstunden hatte ich mit Agnes einen steilen Berg erklommen. Wir waren einer Art Pfad gefolgt; lose Felsbrocken rutschten unter unseren Füßen fort. Auf dem Gipfel hieß Agnes mich auf einem Felsvorsprung Platz nehmen und in das tief unter uns liegende Flußbett blicken. Als der Himmel sich im Westen blutrot färbte, ließ sie mich allein.

Es war für mich nichts Ungewöhnliches, irgendwo allein zu sein, Hunderte von Meilen vom nächsten Vorposten der Zivilisation entfernt. Agnes hatte mich schon so manches Mal an einsame Plätze geführt und allein gelassen. Ich machte es mir also bequem, so gut es ging, entledigte mich meines Rucksacks und meines Kochgeschirrs und versuchte, der Situation soviel wie möglich abzugewinnen. Meistens gab mir Agnes klare Instruktionen, diesmal hatte sie jedoch nichts verlauten lassen. Ich sollte lediglich ruhig dasitzen und der Dinge harren, die da kamen.

Die Dunkelheit brach herein, und etwas besorgt stellte ich fest, daß ich den Abstieg zu unserem Camp wohl nur mit einer Taschenlampe wagen konnte. Der Vollmond würde mir zusätzlich gute Dienste leisten. Nicht weit von mir schrie eine Eule. Unten vom Wasserlauf ertönte das eigentümliche Trommeln aufgeschreckter Moorhühner. Wind kam auf. Nach einer Weile legte ich mich auf den Rücken.

Die Milchstraße oder der Kieselfluß, wie Agnes sie nannte, erstrahlte in ihrer ganzen Pracht am Himmel.

Plötzlich zerrissen die Hufschläge eines Pferdes die Stille, und mit einem Ruck saß ich wieder. Meine geheimsten Träume und verborgensten Ängste brachen alle auf einmal über mich herein, als ich einen riesigen graugescheckten Hengst auf mich zurasen sah. Ich glaubte, einen Geist zu sehen; wie aus dem Nichts kam er herangestürmt, der Rauhreif der Nacht glitzerte wie ein diamantener Schleier auf seinem Fell. Mit den Hufen scharrend, stand er am Kamm des Berges. Ich schnappte nach Luft und versteckte mich schnell hinter einem überhängenden Felsen. Das Pferd stieß einen schrillen Warnschrei aus, als es mich sah. Dann warf es die Vorderläufe in die Luft, schlug aus und rannte im Galopp auf mich zu. Das Tier bäumte sich über mir auf, seine silbernen Hufe stampften über den Jaspisfelsen und schickten geisterhafte Echos schrammender Knochen in die laue Nacht. Ich sprang aus dem Weg, und wieder bäumte sich der Hengst auf und warf stolz sein prachtvolles Haupt zurück. Seine dichte Mähne schimmerte im Mondlicht rot und blau und klatschte wie starker Regen bei einem Wolkenbruch hin und her. Er verkörperte Macht und vollendete Schönheit. In panischer Angst kauerte ich mich noch tiefer unter den Felsen und beobachtete diesen bedrohlichen Prinzen der Nacht, wie er über mir auf den Felsen trampelte, um zu mir zu gelangen.

Plötzlich bewegte sich etwas zu meiner Linken, und ich vernahm ein leises, neugieriges Wiehern. Ich drehte mich zur Seite und erblickte ein Fohlen aus der Herde des Hengstes. Es schien sich verirrt zu haben. Als der Hengst das Wiehern hörte, schnob er aufgeregt zu mir herüber. Er warf sein Haupt in die Höhe, und als erstes Zeichen der Besänftigung gab auch er ein leises Wiehern von sich. Mit einem Satz war er bei seinem kastanienbraunen Stutenfohlen. Er beschnupperte es am Hals, biß es zärtlich und führte es zurück in den Schatten der Kiefern. Einen Augenblick lang verweilte er, sein mächtiger Leib war in helles Mondlicht getaucht. Dort stand er mit gespreizten Vorderläufen, warf seinen Kopf hoch und nieder, drehte sich dann wie ein silberner Wirbelwind und entschwand.

Ich schämte mich für meine übergroße Ängstlichkeit, aber mein Herz pochte wie wild, und ich konnte kaum Luft holen. Ich glaubte, den Umständen entsprechend einigermaßen gefaßt reagiert zu haben, doch jetzt war ich fix und fertig. Etwa fünf Minuten lang holte ich tief Luft. Dann vernahm ich ein dumpfes donnerähnliches Grollen und sah mein Geisterpferd unten im Tal, wie es etwa dreißig Meter vor einer Herde wilder Mustangs herrannte. Es waren wohl gut an die fünfzig Pferde in allen Farben, stolz, unbändig und temperamentvoll, und sie wirbelten eine riesige Staubwolke auf. Ihre Wildheit und Lebendigkeit zog mich ganz in ihren Bann; ich war so hingerissen von diesem Anblick, so fasziniert, daß mein Entsetzen wich.

Als das Bild aus meiner Erinnerung schwand, bemerkte ich, daß Agnes noch immer nicht geantwortet hatte, und so wiederholte ich meine Frage.

Agnes gab mir zur Antwort: «Ich ging fort, weil ich wußte, daß die Pferde nicht zu mir wollten. Sie gehörten dir. Ich wollte dir diese Begegnung nicht verderben.»

«Was hätte es geändert, wenn du dort geblieben wärst?»

«Du hast eine Reise in die Wildnis deiner Seele, in die Wildheit deines Innersten angetreten. Die Pferde waren allein für dich bestimmt. Ich hätte dort bis an mein Lebensende sitzen können und hätte sie nie zu Gesicht bekommen. Deine Kraft hat sie hergeführt. Doch gib acht, denn diese Pferde können dich auch zertrampeln.»

«Das weiß ich nur zu gut», entgegnete ich. «Beinahe wäre ich schon zertrampelt worden.»

Agnes beugte sich vor und zerteilte das gegarte Fleisch in fünf gleich große Stücke. Wir fingen alle an zu essen, nur die Alte mit der zerzausten Mähne verschmähte das ihr von Agnes angebotene Stück Fleisch. Sie sah mich noch immer unverwandt an, und nach einer Weile konnte ich ihrem Blick nicht länger ausweichen. Mit ihrer knotigen Hand langte sie unter ihre blaue Bluse und brachte ein abgewetztes Hufeisen zum Vorschein, ohne ein Wort zu sagen. Sie hielt das Eisen gegen ihren Unterleib, ihre Augen wurden zu schmalen Schlitzen, und sie hub zu einem sanften kehligen Laut an, der mich an ein wieherndes Pferd erinnerte.

Plötzlich streckte sie mir das Hufeisen über dem Feuer entgegen. Ich glaubte, verbranntes Menschenfleisch zu riechen, doch die Frau hielt ihren Arm regungslos und schien keinen Schmerz zu verspüren.

«Ich heiße Twin Dreamers und sehe dich von beiden Seiten. Dieser Pferdemokassin ist ein Geschenk für dich von meinem Geist der Frauen.»

Rasch griff ich nach dem Hufeisen, denn ich machte mir mittlerweile ernstliche Sorgen um ihren Arm. Aber sie schien unversehrt zu sein und legte den Arm zurück in ihren Schoß.

«Auf dem uralten Weg der Frauen war das Hufeisen ein Symbol des weiblichen Geschlechts. Heute symbolisiert es dein neues Werden. Wann auch immer du ein weißes Pferd siehst, wisse, der Geist ist mit dir. Du brauchst einen neuen Spiegel, worin du dich sehen kannst.»

Mir fiel auf, daß ich ihr Spiegelbild auf der glänzenden stark polierten Oberfläche des Hufeisens erkennen konnte.

«Dir wird bald ein neuer Meister begegnen, einer, der zwischen vielen Welten hin und her reitet. Du wirst dann das letzte Geschenk in diesem Lernzyklus entgegennehmen. Lausche den Winden, sie erzählen dir Geschichten über die Galaxien. Wenn du etwas von den Sternen lernen willst, mußt du leuchten wie sie. Dies wird alles zu seiner Zeit geschehen. Dein neuer Meister wird dich rechtzeitig auf deine Reise zu den Sternen vorbereiten. Erst dann kannst du diesen Zyklus vollenden und damit fortfahren, die Menschen deines Volkes über ihren Ursprung und ihr Wesen zu unterrichten.»

«Ho», sagte ich, «habe gegessen und bin satt», und ich drückte das Hufeisen an mein Herz.

Twin Dreamers entfernte sich vom Feuer. Ihr Gesicht wurde sogleich von der Dunkelheit aufgesogen, und sie entschwand in die Nacht.

Und so war ich oft überwältigt und glühte vor Verlangen
nach einer schönen Stute oder einer Löwin oder einer Mäusedame,
weil ich sah, wie die Schönheit von *dort*
durch sie hindurchscheint, im Zittern der Schnurrhaare
oder in einer anmutigen Schwanzbewegung,

die mich entzückt,

tief in den Bann zieht und

verzaubert.

Gary Snyder

2
Die Meisterin der Verwandlung

Eine Woche später war ich wieder zu Hause in Südkalifornien. Ich beschloß, ein paar Tage Urlaub zu nehmen und mit meiner Tochter Vanessa die Küste hochzufahren nach Santa Barbara, um die dortige Pferdeschau zu besuchen. Vanessa lag viel daran, mit mir dorthin zu fahren und ihr Pferd auf dem Anhänger mitzunehmen. Wir freuten uns riesig, endlich wieder einmal allein zu sein.

Zu früher Stunde schon waren wir auf der Autobahn. Alle paar Minuten drehte sich Vanessa um und sah zum Rückfenster hinaus auf den Pferdeanhänger, den wir hinter den Pickup gespannt hatten. Dann wieder beobachtete sie die vor uns fahrenden Wagen. Die Aufregung stand der 18jährigen Vanessa mit den leuchtend-blauen Augen und der blonden Löwenmähne im Gesicht geschrieben. Die rosa- und weißfarbenen Oleandersträucher standen in voller Blüte, und vom Meer her wehte eine salzige Luft durch die Wagenfenster zu uns herein.

Diese längst überfällige Erholung hatte ich mir wahrlich verdient. Ich hatte eine Vielzahl von Zeremonien in der Welt der Magie durchgemacht und nur noch an meinen Büchern geschrieben. Ständig hatte ich mich mit der von Agnes als *Heava* bezeichneten Seite des Geistes auseinandergesetzt, oder psychologisch betrachtet, mit der dunklen Seite der Persönlichkeit. Immer wieder war ich auf Ängste gestoßen, und immer wieder lavierte ich mich irgendwie heraus. Mittlerweile empfand ich Genugtuung und Freude bei der Betrachtung meines eigenen Spiegelbildes, doch an diesem Tag fühlte ich mich weit entfernt von Kanada und dem Urwald der Mayas. Ich wollte ganz einfach mit meiner Tochter glücklich sein und meiner Leidenschaft zu den ach so stolzen Pferden frönen.

Wir fanden sogleich unsere Box auf dem Ausstellungsgelände und parkten unseren Wagen in der Nähe.

«Du hast noch drei Stunden Zeit, bis du an der Reihe bist», sagte ich mit einem Blick auf die Uhr.

Vanessa befand sich in Hochstimmung. «Ich besorge mir inzwischen meine Nummer und lasse mich eintragen, Mom.»

Ich blickte ihr nach, wie sie in der Menge von Menschen und Pferden verschwand. Ich legte Shahzonn, unserem Pferd, die Zügel an und führte es aus dem Anhänger heraus. Es schnaubte und verdrehte die Augen, beruhigte sich aber sogleich, als ich es eine Weile auf dem Gelände herumführte und so mit der neuen Umgebung vertraut machte. Shah ist ein Araber, 15 Handbreit hoch, im Vergleich zu den größeren Vollblutspringern wirkt er klein und zierlich. Die Leute musterten ihn abfällig, und ich lachte stillvergnügt in mich hinein. Nie zuvor hatte ich ein Pferd gesehen, das so geschickt und so gerne sprang wie Shahzonn. Mit seinen fünf Jahren war er noch ein richtiger Springinsfeld, schön und graziös wie eine Gazelle, mit der Hitze und Wildheit der ägyptischen Wüste in seinen Adern. Die plärrenden Lautsprecher, die die einzelnen Klassen ausriefen, und das Gedrängel der Reiter und Stallburschen schienen ihn sichtlich nervös zu machen. Ich führte ihn deshalb zu seiner Box hinüber und begann, ihn auf seinen Start vorzubereiten. Ich hatte mich dazu entschieden, keinen Trainer oder Stallburschen mitzunehmen. Wenn wir auch keine richtigen Profis waren, so würden wir doch zu dritt bestimmt mehr Spaß haben.

Ich zurrte Shahzonn fest und begab mich an das Polieren der Hufe. Um ihn zu beruhigen, schloß ich die Türen seiner Box. Er war ausgesprochen zappelig und nervös, doch schließlich stand er fix und fertig, mit glänzendem Fell und frisch gekämmter Mähne vor mir. Vanessa kam zur Tür herein, zog ihren Reitdreß an und ging gleich darauf zum Wagen, um ihr Haar hochzustecken und unter der Kappe zu verstauen. Als sie die Stalltür hinter sich schloß, drehte ich mich zu Shah um. Sekundenlang starrte er mich etwas eigenartig an und streckte mir dann langsam seine Nase entgegen. Ich spürte seinen heißen Atem an meiner Wange, während er ganz bedächtig meinen Atem einsog. Das hatte er noch nie getan. Ich wich einen Schritt zurück, und er stieß einen hohen, durchdringenden Pfiff aus. Sein Leib erzitterte und nahm eine eigenartige phosphoreszierende Farbe an. Er bäumte sich auf und riß dabei die Zügel los. Sein Bauch wurde von Konvulsionen geschüttelt und schien sich mit Licht zu füllen. Schillernde Regenbogen in Blau, Grün, Gelb und Rot strahlten daraus hervor und leuchteten auf unerklärliche Weise wie das Polarlicht im Norden durch sein Fell hindurch. Die Strahlen flitzten und schossen durch die Box und schienen auf mich zu zielen. Ich glitt aus und fiel nach hinten gegen die Tür, gerade als Vanessa sie öffnete. Sie fing mich in ihren Armen auf.

«Mom, was um Himmels willen ist passiert? Ich hätte wohl eher Grund, nervös zu sein und schlappzumachen.»

Ich richtete mich auf und bürstete mir die Späne von den Jeans.

«Was hat denn diese merkwürdig aussehende alte Indianerin hier gewollt?» fragte mich Vanessa. Sie streichelte Shah, der sich jetzt lammfromm und völlig normal verhielt.

«Von welcher Indianerin redest du da?»

«Na, da kam doch eben eine Indianerin aus dieser Box.»

«Hier war keine Indianerin.» Ich schaute zur Tür hinaus und sah niemanden, außer einem jungen Mädchen, das gerade vorbeiritt. Ich versuchte mich zu konzentrieren und zu entspannen. Vanessa starrte mich völlig entgeistert an. «Es ist sicher nur das Lampenfieber», erklärte ich kopfschüttelnd und besah mir genau Shahs Augen. Es waren dieselben braunen Augen, doch sie waren jetzt ausdruckslos und von einem feinen Film überzogen. Er schien mich nicht wiederzuerkennen. Mir lief ein Schauer den Rücken hinunter, und ich wußte, meine Ferien waren zu Ende.

«Vanessa, mach schon. Du hast nur noch zwanzig Minuten», sagte ich mit einem Blick auf die Uhr.

«Ist ja gut! Wie sehe ich aus?»

«Prima!» Ich wischte ein letztes Mal über den Reitsattel, und wir führten Shah hinaus in die Sonne. Über seinen Muskeln spannte sich das glänzende graue Fell. Ich half Vanessa aufs Pferd, dann ritt sie zum Aufwärmen hinüber zu einer Koppel, wo sich bereits andere junge Reiter eingefunden hatten, die sich alle auf das offene Springen vorbereiteten. Sie ließen ihre Pferde traben und galoppieren, manche probierten auch ein paar kleine Sprünge. Ich lehnte mich gegen das Gatter und schaute mich um. Als ich Shahzonn in der Menge ausmachte, pochte mein Herz wie wild. Ich fragte mich, was wohl im Pferdestall passiert war und warum er jetzt so apathisch wirkte.

Statt die Beine hochzuheben, schlurfte er mit herunterhängendem Schweif den Ring entlang. Ich gab Vanessa ein Zeichen, herzureiten. Dann befühlte ich sein Maul und strich ihm über den Kopf. Es schien ihm gutzugehen, dennoch war er sichtlich verändert.

«Ist was, Mom?»

Der Lautsprecher kündete plärrend das offene Springen für die Altersgruppe der 18jährigen und Jüngeren an.

«Was meinst du, Vanessa, ist mit Shah alles in Ordnung?»

«Na klar, er ist ganz ruhig und gelassen.»

«Ich hatte eben den Eindruck, daß er sich vielleicht nicht wohl fühlte.»

«Mom», sagte Vanessa und zog das Wort dabei in die Länge, «ruh dich einfach aus.» Sie zwinkerte mir zu. «Ich muß jetzt gehen, denn ich bin gleich dran, und ich möchte noch sehen, wie Jessie mit Chance reitet.»

«Viel Glück, mein Schatz, und amüsier dich gut.»

Voller Stolz blickte ich meiner Tochter nach, wie sie davonritt, eine mutige und selbstsichere junge Frau. Dann mischte ich mich unter die Menschenmenge auf der unüberdachten Tribüne der Hauptarena. Im Innersten war ich ziemlich aufgewühlt. Jessies Pferd riß beim Überspringen der Mauer eine Stange herunter und würde somit kaum eine gute Wertung erreichen.

Dann wurde Vanessas Nummer aufgerufen. «Nummer 17», ertönte es über den Lautsprecher. «Vanessa Andrews auf Shahzonn. Der kleine Graue ist einer der wenigen Araber, die am heutigen Springturnier teilnehmen. Beifall für unsere junge Reiterin aus Südkalifornien.»

Pferd und Reiterin trabten in den Ring, drehten eine Runde und setzten an zum ersten Sprung. Sie waren ein gut aufeinander eingespieltes Team. Mühelos nahm Shah das erste Hindernis und auch das nächste, dann ritten sie weiter zu den Wassergräben. Als sie die vier Fuß hohe Mauer erreichten, galoppierten sie genau an meinem Platz vorbei.

Shahzonns wilde Augen und die Farben, die wie Christbaumlichter durch seinen Leib geschienen hatten, gingen mir nicht aus dem Sinn. Was konnte da vorhin im Stall bloß geschehen sein? Shahs Augen hatten jetzt allen Glanz verloren, und er benahm sich wie ein sanftmütiges kleines Pony. Araber sind von Natur aus heißblütig und temperamentvoll. Shah dagegen ritt den Parcours rein mechanisch ab, fehlerlos, aber ohne einen Funken Temperament. Beim Springen gehörte der Platz gewöhnlich ihm. Er führte sich dann auf wie ein Filmstar vor der Kamera. Heute dagegen ritt er schlichtweg einen fehlerfreien Parcours. Vanessa freute sich wie ein Kind, aber ich fragte mich ständig, was das Ganze wohl zu bedeuten hatte.

Nachdem alle anderen Pferde und Reiter ihre Schleifen und Bänder schon erhalten hatten, wartete ich noch am Einlaß zur Arena. Vanessa ritt im leichten Galopp in den Ring. Als meine Tochter ihre Trophäe in Empfang nahm, wirkte Shahzonn müde. Die Zuschauer auf der Tribüne klatschten Beifall und jubelten. Die Blitzlichter der Fotografen schienen Shah nicht im geringsten zu stören.

«Das Pferd verhält sich aber nicht eben wie ein Araber», sagte jemand direkt hinter mir, dessen Stimme ich kannte.

Eine zweite, mir ebenfalls vertraute Stimme meinte daraufhin: «Genau, das Tier wirkt wie ein druckknopfgesteuerter 15jähriger Vollblüter. Ein merkwürdiger Araber.»

Ärgerlich schaute ich mich um. Vor mir standen Ben und Drum, Red Dogs Zauberlehrlinge, in Jeans, Texashüten, taillierten Cowboyhemden und teuren Cowboystiefeln.

Meist war ihr Meister auch nicht fern. Entsetzt, voller Mißtrauen hielt ich Ausschau nach Red Dog, jenem Zauberer, der in meiner Vergangenheit eine so bedeutende Rolle gespielt hatte. Als Schülerin der Medizinfrauen war ich mehr als einmal an seinen bösen Geist geraten.

«Keine Angst», meinte Drum, als er mein sorgenvolles Gesicht sah. «Ben und ich haben die Hexerei für immer aufgegeben.»

«Und ob!» pflichtete Ben ihm bei.

«Und was macht ihr hier?» Es widerstrebte mir, ihnen auch nur ein Wort zu glauben.

Just in dem Augenblick rief der Platzwart: «Tor bitte schließen!» Ben und Drum beeilten sich, das Tor hinter der nächsten Springklasse zuzumachen. Vanessa winkte mir aus zwanzig Meter Entfernung zu.

Drum und Ben kamen wieder zurück. «Ja, wir haben da einen Typ aus Billings, Montana, getroffen», erzählte Drum. «Der züchtet hauptsächlich Rodeopferde, macht aber auch noch andere Sachen, zum Beispiel Kreuzungen mit interessanten Rassen.»

«Wie habt ihr ihn kennengelernt?»

«Nach dem, was du und Jaguarfrau mir in Yukatan angetan hattet, wuchs mir die Zauberei über den Kopf. Red Dog fühlte sich gedemütigt und wurde immer böser, nachdem du mit deinen Frauen ihm die Jaguarmaske abgenommen hattest.»

«Es zeugt von äußerst niederer Gesinnung, wenn ein Zauberer das Gesicht oder die Maske eines anderen Schamanen entwendet», erwiderte ich. «Wir haben dich und Red Dog nur hereingelegt, um die Jaguarmaske ihrem rechtmäßigen Besitzer zurückzugeben. Wie du weißt, hatte Red Dog sie eindeutig gestohlen. Die Blamage geschah ihm ganz recht, denn er hatte seine Macht mißbraucht.» Dabei sah ich Drum mit einem zornigen Blick an. Er bemerkte sogleich seinen Fehler und wich regelrecht zurück. Er hatte mich damals im mexikanischen Urwald um ein Haar an Red Dog ausgeliefert. Ich hatte mich wie eine blinde Närrin benommen, aber er war ein gemeiner Verräter gewesen.

«Ja, ja, du hast recht. Das war ein großer Fehler», räumte er ein.

«Und ihr habt also mit der Zauberei nichts mehr zu tun?»

«Genau», mischte sich nun auch Ben ein. «Wir sind jetzt voll im Rodeogeschäft.»

«Ja, es sieht ganz so aus», bemerkte ich mit einem spöttischen Blick auf das Tor.

«Im Moment arbeiten wir gerade als Rodeohelfer und verdienen uns ein paar Dollar. Wir sind auf dem Weg nach Sacramento.»

«Dort reiten wir Wildpferde zu und gehen dem Typen aus Montana zur Hand», beeilte sich Drum zu sagen. «Hör mal, sei nicht länger böse über das, was passiert ist. Du hast recht, die Maske gehörte nicht Red Dog. Dein Frauenkreis hat es bewiesen. Du hast Red Dog doch geschlagen.»

Mißbilligend dachte ich daran, welche Unannehmlichkeiten Drum mir bereitet hatte.

«Red Dog war es, der mich zu alldem gezwungen hat», beteuerte Drum. «Ich wollte es eigentlich gar nicht. Red Dog hatte mich in der Hand. Mir blieb nichts anderes übrig. Was würdest du tun, wenn Agnes oder Ruby dir etwas befehlen?»

Empört schüttelte ich den Kopf.

Drum bohrte seine Stiefelspitze in den Sand. «Wie findest du die Gürtelschnalle?» fragte er nervös. Die silberne Schnalle vor seinem Bauch stammte von der Stampede in Calgary. «Hab' sie beim Zureiten der Wildpferde gewonnen.»

Ich wandte mich an Ben. «Und was hast du so gemacht? Ich dachte, du wärst in Oklahoma auf der Suche nach dem mächtigen David Carson. Hast du ihn jemals gefunden?»

«Aber sicher. Verflucht sei der Tag meiner Geburt. Er bewohnte eine kleine Hütte am Kiamichi-Fluß nahe einer

Stadt namens Tuskahoma, aber als Stadt konnte man das kaum bezeichnen.»

«Und was ist dort passiert?» bohrte ich weiter.

«Es war die Hölle. Überall wimmelte es von Insekten und Schlangen. Einmal sah ich sogar einen Alligator direkt neben mir. Nun ja, es war schon dunkel, als ich, von Dornen zerkratzt und von Moskitos zerstochen, sein Haus erreichte. Carson kam an die Tür und stieß mir eine Schrotflinte zwischen die Augen. «Hau ab!» meinte er nur.

«Hätte ich doch bloß auf ihn gehört! ‹Ich bin aber hier, um zu lernen›, stammelte ich. ‹Ich habe dir auch was mitgebracht, Indianertabak, eine Decke und eine selbstgemachte Brieftasche aus Leder.› Er steckte seine Schrotflinte weg und meinte: ‹Zeig mal her!› Feierlich überreichte ich ihm meine Geschenke. Ihn interessierte aber nur, ob die Brieftasche Geld enthielt. Als er nichts darin fand, schleuderte er sie wütend gegen die Wand. Plötzlich drehte er sich zu mir um und war unwahrscheinlich freundlich und nett. ‹Setz dich und leg ab. Wo kommst du eigentlich her?› Ich erzählte ihm, ich käme aus Kanada. ‹Ich wollte gerade essen. Bist du hungrig?› Ich gestand ihm, daß ich seit zwei Tagen nichts gegessen hatte. Nun, es gab eine Auswahl der erlesensten Speisen, die ich je probiert hatte: Biberschwanzsuppe, Froschschenkel, Wels, vollreife Tomaten und zum Nachtisch faustgroße Brombeeren. Einfach köstlich! Da wußte ich, daß Carson genau der richtige Lehrer für mich war. Als könnte er Gedanken lesen, fing er an, mich auszufragen, was ich über dies und jenes wußte. Dann meinte er, daß mein Wissen ja nicht besonders groß sei, er mich aber trotzdem als Lehrling annehmen wolle. Er sagte, für die meisten seiner Schüler hätte es sich gelohnt.

Dann wollte er von mir wissen, an welcher Art von Magie ich interessiert war. Darauf entgegnete ich, daß ich ebenso mächtig sein wollte wie er und Red Dog. Carson fiel lachend zu Boden und hielt sich den Bauch. Er lachte so heftig, daß ihm die Tränen kamen. Du kannst dir sicher vorstellen, wie mir zumute war. Er stand auf und wurde wieder ernst. ‹Du mußt mit einem Element anfangen, entweder mit der Erde, der Luft, dem Feuer oder dem Wasser. Nun?› Ich überlegte und wählte die Erde. Carson schien sich über meine Entscheidung zu freuen. ‹Ein weites Gebiet. Wir werden morgen früh beginnen. Du kannst auf dem Sofa schlafen. Die Polsterung ist schon ziemlich hin, aber es wird wohl gehen.›

Am nächsten Morgen warf er mich in aller Herrgottsfrühe aus dem Bett. ‹Die Erdmagie ist dran, folge mir.› Ich ging mit ihm nach draußen, und er reichte mir eine Schaufel. Mit seinem Stiefelabsatz zog er auf dem Boden einen Kreis. Er zeigte darauf und meinte: ‹Grab acht Fuß tief, nein, lieber neun.›

So einen festen Boden hatte ich mein Lebtag nicht gesehen. Er war hart wie Granit. Die Sonne brannte auf mich hernieder, und ab und zu mal schaute Carson vorbei, um meine Arbeit zu inspizieren. ‹Erdmagie›, pflegte er dann ermutigend zu sagen. Zehn Tage arbeitete ich an der Grube, dann hieß er mich die ausgehobene Erde eimerweise in den Fluß schütten. Als ich damit fertig war, ging ich zu Carson rüber und erklärte ihm, daß ich jetzt bereit wäre für die Erdmagie. Sein Kommentar lautete: ‹Bau zuerst noch ein Plumpsklo über der Grube.›»

Ich bekam einen regelrechten Lachanfall. Ben schaute drein wie ein begossener Pudel.

«Erzähl ruhig weiter, Ben», beeilte ich mich zu sagen. «Was geschah weiter? Ich wollte dich nicht kränken, aber es ist zum Lachen.»

«Nun ja, eines Abends saß Carson am Tisch. Ich spülte

gerade die Plastiknäpfe, die er als Teller bezeichnete. Da glaubte er, an der Eingangstür einen Schatten zu sehen. Aber anstatt sich die Mühe zu machen nachzusehen, griff er nach seiner Schrotflinte und schoß die Tür einfach aus den Angeln. Zum Glück war niemand draußen. Daraufhin setzte er sich wieder, nippte weiter an seinem Gin und trug mir auf, die Tür zu reparieren.

Dieser verdammte Hexenmeister! Was dieser Typ mir alles angetan hat, darf ich keinem Menschen erzählen. Ich kann von Glück reden, daß ich noch einmal mit dem Leben davongekommen bin.»

Ben sah aus, als würde er gleich in Tränen ausbrechen. Ich musterte die beiden und lachte in mich hinein. Ben hatte ich zuletzt im kanadischen Hinterland getroffen und Drum bei einer Zeremonie im mexikanischen Urwald. Ich fragte mich, ob ich unsere neue Begegnung allein dem Zufall zu verdanken hatte, denn ständig kreuzten sich unsere Wege und leider nicht immer unter angenehmen Umständen.

Vanessa kam auf mich zugeritten, und ich gratulierte ihr zu ihrem Erfolg. Ich sagte ihr, sie solle schon vorausreiten und im Stall auf mich warten. Ben und Drum warfen ihr lüsterne Blicke zu und starrten ihr auch noch nach, als sie davonritt. Das beunruhigte mich.

«Erzähl mir mehr über David Carson», forderte ich Ben auf.

Bei dem Namen zuckte er zusammen. Selbst Drum ließ das dumme Gaffen.

«Wenn es nach mir geht, will ich ihn nie wiedersehen und auch nichts über ihn hören. Er war schlimmer als Red Dog und Ruby zusammen.»

Der Ansager gab über den Lautsprecher bekannt, daß das Turnier nach einstündiger Mittagspause fortgesetzt würde.

Große Trecker fuhren auf den Platz. Sie zogen Geräte hinter sich her, mit denen sie den Boden planierten. Als wir auf den Würstchenstand zugingen, beklagte sich Ben noch immer über das Unrecht, das David Carson ihm angetan hatte. Ben und Drum orderten je drei Hot dogs und jede Menge anderen Junk-food. Ich bestellte für mich und Vanessa Hot dogs und Getränke. Ben und Drum lobten die «ausgezeichnete» Küche und verschlangen heißhungrig ihre Mahlzeit. Ich entschuldigte mich und begab mich zu Vanessa. Sie war gerade dabei, voller Stolz Shahzonn zu striegeln, und plauderte lustig mit zwei dabeistehenden Freundinnen.

«Mom, wer waren denn die zwei verrückten Typen, mit denen du geredet hast?» Lächelnd umarmte ich sie. «Schatz, das ist eine lange Geschichte. Hier hast du einen Hot dog und eine Cola. Ich bin in einer Dreiviertelstunde zurück. Ist das in Ordnung?»

«Aber sicher, Mom», kicherte Vanessa. Shahzonn zog beim Saufen aus dem Wasserschlauch merkwürdige Grimassen.

«Auf Wiedersehen, Mrs. Andrews», zwitscherten die beiden Mädchen.

Ich ging wieder rüber zu Ben und Drum, die ausgestreckt auf dem Rasen lagen und sich in der Sonne aalten. Ich setzte mich zu ihnen in den Schatten einer Weide. Ben, der sich gerade eine Zigarette drehte, blickte auf. «Du solltest wirklich mal bei Doris und Jake Hawks-Above reinschauen, wenn du das nächste Mal nach Kanada fährst. Sie wohnen ganz in der Nähe von Billings.»

«Warum sollte ich, Ben?»

«Nun ja, Jake ist ein Indianermischling mit deutschen Vorfahren oder so. Er züchtet Rodeopferde außerhalb der Reservation nördlich der Crow Agency.»

«Daran bin ich eigentlich nicht interessiert, Ben.»

«Vielleicht aber an etwas anderem. Er hat auch diese Lipizzaner und ein paar von den großen weißen andalusischen Pferden, die aussehen wie riesige Araber. Er betreibt die Aufzucht ganz heimlich. Ich glaube, er ist dabei, eine neue Rasse zu züchten.»

«Das hört sich allerdings interessant an», gab ich zu. Allmählich fand ich Gefallen an dem Vorschlag. Von der andalusischen Rasse, die er erwähnte, hatte ich bisher kaum etwas gehört.

«Du hast bestimmt noch nie schönere Pferde gesehen. Das verspreche ich dir.»

Ben war es tatsächlich gelungen, meine Neugier zu wecken. «Das hört sich recht ungewöhnlich an. Meinst du, daß sie in zwei Wochen zu Hause sind? Dann fliege ich nämlich zu Agnes, und eigentlich könnte ich in Billings haltmachen.»

«Na klar, schreib ihm einfach, daß du kommst. Ich werde es ihm auch noch ausrichten.» Er wühlte in seiner Jeanstasche nach einem Bleistiftstummel und kritzelte die Adresse auf ein Blatt Papier. Ich konnte die Buchstaben kaum entziffern. «Hier ist seine Adresse. Laß dir diese Chance nicht entgehen, Lynn. Es ist ein echtes Erlebnis!»

Dann war es lange Zeit still. Das Schweigen wurde schließlich vom Ansager unterbrochen, der die erste Springklasse des Nachmittags aufrief. Gemeinsam gingen wir zurück zu den Toren. Dort trennten wir uns. Beim Abschied machte ich noch eine Bemerkung darüber, welche Überraschung es gewesen war, sie auf der Pferdeschau in Santa Barbara anzutreffen. Wie eigenartig, sich gerade an einem solchen Ort zu begegnen.

«Vielleicht ist das... Wie heißt noch das Wort, Ben?»

«Karma», entgegnete Ben.

«Vielleicht ist das Karma», meinte Drum.
«Kann schon sein», gab ich lachend zurück.
Vanessa und ich fuhren bald darauf mit Shahzonn im Anhänger ab. Wir genossen die schöne Abendstimmung auf der Rückfahrt nach Los Angeles.

In der Wildnis hinter einer Kletterpflanze
beginnt das Jetzt. Blüten strecken sich der Sonne entgegen.
In seiner Erdbehausung unter dem Himmelsgewölbe,
unter dem Dach seines Schädels, malt ein Höhlenmensch
die Verbindungsbögen zwischen Jäger und Beutetier.
Er zwingt sie alle unter dieses Joch;
die Tiere wimmern.

William Stafford

3
Im Labyrinth der Pferde

Ich setzte mich ins Wohnzimmer und schrieb einen kurzen Brief an Jake Hawks-Above, worin ich darum bat, ihn und seine Pferde besuchen zu dürfen. Flugnummer und Ankunftszeit in Billings teilte ich ihm vorsichtshalber gleich mit.

Gut eine Woche später erhielt ich folgende handschriftliche Antwort:

Liebe Mrs. Andrews,

normalerweise empfange ich keine Besucher, da ich aber mit Ben und Drum gesprochen habe und sie Freunde von mir sind, dürfen Sie sich meine Pferdezucht gern ansehen.

Leider kann ich Sie nicht persönlich am Flughafen abholen, aber ich werde einen meiner Arbeiter vorbeischicken, denn er muß an diesem Tag sowieso in die Stadt, um Futter zu besorgen.

Er heißt Axel und wird Sie am Flughafen erwarten. Ich kann Sie dann jederzeit nach Billings zurückbringen.

Mit freundlichen Grüßen
Jake Hawks-Above

Meine Neugier hatte mir inzwischen keine Ruhe gelassen, und so setzte ich alles daran, etwas mehr über Hawks-

Above und seine Pferde zu erfahren. Doch in keinem Pferdemagazin fand ich einen Hinweis auf ihn, niemand schien ihn zu kennen. Dennoch beschloß ich, hinzufahren und mir diese außergewöhnlichen Tiere anzuschauen, von denen Ben so geschwärmt hatte. Kaum stand meine Absicht fest, buchte ich meinen Flug nach Alberta, Kanada, mit einem kurzen Zwischenaufenthalt in Billings.

Ich hatte mir die Stadt wesentlich kleiner vorgestellt. Der Flughafen lag auf einem Felsplateau am nördlichen Stadtrand. Das Stadtzentrum vermutete ich südöstlich davon.

«Sind Sie Lynn?» begrüßte mich ein schäbiger Cowboy, als ich mit meiner Schultertasche den Flugsteig verließ. Er sah genauso bleich und verwittert aus wie seine Jeans.

«Richtig», sagte ich und gab ihm die Hand. «Axel», stellte er sich vor. «Gehen wir. Ich muß noch Futter besorgen.»

Ich wartete, bis er in seinen alten roten Pickup eingestiegen war. Beim Zurücksetzen spie der Motor riesige dunkle Rauchschwaden aus. Dann stieg ich auch ein, und waghalsig fuhr er los. Die Maschine klapperte und ächzte, so als hätte sie dringend einen guten Mechaniker nötig. Axel achtete aber nicht auf den schadhaften Motor, der zeitweise aussetzte. Er langte in seine Levis-Jacke und zog eine Halbliterflasche Whiskey hervor, nahm einen kräftigen Zug aus der Flasche und reichte sie dann mir.

«Durst?» fragte er.

«Nein, danke.» Ich griff nach der Türklinke und betete darum, heil am Ziel anzukommen.

«Recht haben Sie. Ist sowieso nur billiger Fusel.»

«Meinen Sie nicht, daß Alkohol am Steuer gefährlich ist?»

«Gefährlich? So'n Quatsch! Ich hab 15 oder 20 Autos zu Schrott gefahren, immer wenn ich nüchtern war. Hatte aber noch nie einen Unfall beim Saufen.»

«Wenn Sie möchten, kann ich fahren.»

«Schätzchen, ich habe mir geschworen, nie einzusteigen, wenn eine Frau am Steuer sitzt.» Er trat die Kupplung, schaltete herunter und zog an einer Autoschlange vorbei. Als er nach dem Überholen wieder auf die rechte Fahrspur einscherte, entgingen wir nur mit knapper Not einem Frontalzusammenstoß.

«Erzählen Sie mir von Ihrem Chef», begann ich und hoffte, ihn dadurch etwas abzulenken, damit er unser Leben nicht weiter aufs Spiel setzte.

«Der? Ein Wahnsinniger. Liebt diese verdammten Zuchtpferde heiß und innig. Der hat doch nichts anderes als seine Pferde im Kopf.»

Plötzlich trat Axel auf die Bremse, und ich konnte mich gerade noch festhalten, sonst wäre ich durch die Windschutzscheibe geflogen und mitten auf der Kühlerhaube gelandet.

«Entschuldigung, warum muß die Ampel auch gerade rot werden. Diese verdammten roten Ampeln können einem einen richtigen Schrecken einjagen. Da lob ich mir Stoppschilder, die kann man einfach überfahren.»

Wie durch ein Wunder erreichten wir die Futterhandlung, und er parkte den Pickup direkt vor der Laderampe.

«Bin gleich zurück», sagte Axel. «Ich muß nur noch aufladen.»

«Ich werde mir inzwischen die Beine vertreten», entgegnete ich.

«Dann lassen Sie mich besser die Tür öffnen», sagte Axel. «Sie fällt ab und zu raus. Wollte sie anschweißen lassen, aber da waren Idioten am Werk.»

Axel ging auf die Beifahrerseite und öffnete mir die Tür. Das Geräusch, das dabei entstand, hörte sich an, wie wenn jemand einer Katze auf den Schwanz tritt. Ich ging ein paar

Runden auf dem mit Kies bestreuten Parkplatz der Futterhandlung, während Axel im Büro verschwand. Durch die Scheibe sah ich, wie er mit dem Mann drinnen seine Flasche leerte.

«Hoffentlich geht das gut!» sagte ich zu mir selbst und ging zurück zum Wagen.

Ein paar Minuten später waren zwei Männer damit beschäftigt, Säcke mit Futtermitteln auf die Ladefläche des Pickups zu werfen. Jedesmal, wenn ein Sack die Ladefläche traf, kam ich mir vor wie ein Jo-Jo, das auf und nieder hüpft.

Ich fing gerade an, meinen Aufenthalt in Billings zu bereuen, als Axel eilig einstieg. Mit halsbrecherischer Geschwindigkeit brausten wir los, daß der Kies nur so hochwirbelte und wir dicke Rauchschwaden hinter uns ließen.

«Dieser Mistkerl wollte doch wahrhaftig Geld von mir», meinte er. «Diese Unternehmer haben vielleicht Nerven. Tun so, als ob wir uns das Geld aus den Rippen schneiden könnten. Dabei haben wir Kredit.»

Axel fuhr in einem Tempo, das ich dem klapprigen Wagen kaum zugetraut hätte. Kurz darauf hatten wir den Highway erreicht und fuhren nun in östlicher Richtung aus Billings heraus.

Bald darauf überquerten wir den Yellowstone-Fluß. Immer seltener tauchten am Straßenrand Häuser auf, und die Landschaft wurde zunehmend eintöniger, bis sie schließlich in einer flachen Prärie auslief. In Hardin hielten wir noch einmal zum Tanken. Axel bezahlte das Benzin und kam mit ein paar Limo-Dosen zurück, zum Nachspülen, wie er sagte. Am Steuer bat er mich, ihm die nächste Halbliterflasche aus dem Handschuhfach zu geben. Ich reichte sie ihm, und alle paar Meilen nahm er einen Schluck heraus, klemmte die Flasche zwischen seine Beine und nippte dann an der Limo.

Ich fragte ihn nach der Bergkette in der Ferne.

«Das sind die Big Horns, Schätzchen. Es heißt, daß da oben heute noch Indianerinnen leben, ein paar Überlebende des Custer-Massakers. Die Leute behaupten, daß diese Frauen Steine vom Himmel regnen lassen können. Ich glaube ihnen auch, denn als ich einmal da oben Jagen war, geriet ich mitten in einen dieser Stürme. Verdammt schlimm so etwas! Sah aus wie Hagel, nur daß es Steine waren.»

«Und was haben Sie gemacht, um sich zu schützen?» fragte ich.

«Ich bin gleich in einen ausgehöhlten Baumstamm gekrochen, der in der Nähe lag, sonst wäre ich wohl noch lädierter, als ich eh schon bin.»

Wir bogen in östlicher Richtung in einen Feldweg ab. Der Wagen röhrte wie eine Messerschmitt aus dem Zweiten Weltkrieg, aber Axel dachte nicht im Traum daran, langsamer zu fahren. Wir wirbelten dichte Staubwolken hinter uns auf, gemischt mit dunklen Rauchschwaden von verbranntem Öl. Langsam gewannen wir an Höhe, und je höher wir kamen, desto mehr Bäume wurden sichtbar.

«Sind Sie ein Halbblut, Axel?» erkundigte ich mich.

«Wo denken Sie hin! Ich bin ein Weißer. Allerdings mit Indianern aufgewachsen, und ich werde mich hüten, ihre Lebensweise zu mißachten. Manche sind Hexen. Wenn man eine von ihnen verärgert, kann man besser gleich sein Haus verriegeln. Dem alten Sam Heyman ist es so ergangen. Er geriet zufällig in die Machenschaften der Indianer hinein und nannte sie abergläubische Idioten. Keine vier Tage später war der alte Sam völlig verrückt. Erzählte, daß er ständig von dem Geist eines alten Häuptlings verfolgt und als abergläubischer Idiot beschimpft wurde. Niemand konnte ihm helfen, weder seine Familie noch die Ärzte.

Man schaffte ihn schließlich ins Irrenhaus nach Deer Springs.»

Von dem Feldweg bogen wir ab in einen langen Schotterweg, der von hohen Kiefern gesäumt war. Ich entdeckte ein Schild, auf dem HAWKS-ABOVE zu lesen war. Die Ranch lag vor uns zwischen Bäumen. In der Ferne konnte ich schneebedeckte Berge erkennen. Wir bogen nach rechts ab und fuhren an einer hohen und massiven braunen Bretterwand entlang, die ein riesiges Anwesen einzäunte. Die Ranch lag in einem waldreichen Gebiet, so daß nur ein paar trübe Sonnenstrahlen durch das dichte Laubwerk drangen. Axel brachte den Wagen zum Stehen.

«Ich lasse Sie jetzt hier raus, weil ich noch zu den Ställen muß. Läuten Sie einfach dort drüben. Irgend jemand wird Sie schon abholen.»

«Danke schön, Axel. Es war... hm, recht interessant.»

Mit weichen Knien stieg ich aus dem Wagen. Axel brauste eilig davon. In der Nähe des Tores hing eine Miniatur-Kirchenglocke. Ich zog am Glockenstrang und läutete mehrmals hintereinander. Wie ich dort so stand mit meiner Schultertasche, die Hand am Glockenstrang, kam ich mir recht töricht vor. Ich wartete eine Weile und versuchte es dann noch einmal. Quietschend begann sich das riesige Tor zu öffnen. Ein großer, dunkelhäutiger Indianer lugte um die Ecke und sah mich aus zusammengekniffenen Augen an. Er mochte zwischen sechzig und siebzig sein, war grauhaarig und hatte einen Bürstenschnitt.

«Sind Sie die Mrs. Andrews?» fragte er streng.

«Lynn Andrews, ja... Sir!» Das mußte Jake sein.

«Gut, daß Sie geschrieben haben. Ich hätte Sie sonst nie reingelassen. Hier ist es üblich, daß jeder, der herumschnüffelt, erschossen wird. Kommen Sie, gleich ist Fütterungszeit.»

Ich ging durch das Tor, das er sogleich hinter mir zumachte und mit einem Vorhängeschloß verriegelte. Ich folgte ihm auf dem gepflegten Weg, der von riesigen Kiefern und vereinzelten Espen gesäumt war. Hier oben war es ziemlich frisch, und ich war froh, daß ich einen Pullover dabeihatte. Die Pferde in den ersten Gehegen waren allesamt Halbblüter.

«Rodeopferde», sagte Jake.

Die Tiere hatten etwas Trauriges an sich, so als ob ihre Wildheit nicht ihrem Innersten entsprach. Ein Wallach mit rötlich-braunem Fell schob seinen Kopf neugierig über das Gatter. Jake versetzte ihm einen harten Faustschlag auf die Nase.

«Zieh deinen Kopf ein», knurrte er böse. Dann wandte er sich zu mir und meinte barsch: «Die müssen lernen, wer hier der Herr im Haus ist.»

Das Pferd bäumte sich auf und schnaubte ein paarmal. Ich wich zurück und wußte, daß ich diesen Mann nicht ausstehen konnte, ganz gleich wer er war. Ein frischer Wind kam auf, und ich legte mir den Pullover um die Schultern. In der Gegenwart dieses Sonderlings überkam mich ein Frösteln und eine leichte Unruhe. Als wir um eine dunkle Ecke bogen, verschlug es mir allerdings den Atem, und beinahe hätte ich meinen seltsamen Gegner vergessen. Etwa dreißig Meter von mir entfernt stand ein schwarzer Hengst. Ich blinzelte, um sicherzugehen, daß mich meine Augen nicht täuschten. Noch nie hatte ich ein so vollkommen geformtes Tier gesehen. Eine winzige Frau hielt das tanzende Geschöpf an der Leine. Seine Augen flackerten rotglühend, dabei fixierte er mich so wie ein schwarzer Panther seine Beute. Er hatte das makellos geformte Haupt eines Arabers, das im Verhältnis zu seinem übrigen Körper etwas klein wirkte. Sein mächtiger, gewölbter Nacken glich dem eines

Lipizzaners aus der Spanischen Reitschule in Österreich. Er hatte einen zierlichen Knochenbau, war aber insgesamt größer als ein gewöhnlicher Araber. Hocherhobenen Hauptes und Schweifes wieherte er uns zu.

Jake griff nach der Leine und riß daran. Der Hengst bebte am ganzen Leib und verharrte dann völlig regungslos. Da Jake es versäumte, uns miteinander bekannt zu machen, reichte ich der Frau meine Hand und stellte mich selbst vor.

«Ich bin Doris Hawks-Above», antwortete sie mit dünner Stimme und blickte dabei zu Boden. Ich empfand vom ersten Augenblick an Mitleid für sie.

Ach, du meine Güte, dachte ich im stillen. Da braut sich ja was zusammen.

Jake begann mir sein geheimnisvolles Zuchtprogramm zu erläutern. Ohne auf nähere Einzelheiten einzugehen, erzählte er mir, daß er im wesentlichen Kreuzungen zwischen echten arabischen Vollblütern und einer Rasse wildlebender Andalusier vornahm, die es nur noch in der russischen Steppe gab. Ich hatte zwar noch nie von Andalusiern aus der russischen Steppe gehört, aber ich hörte trotzdem aufmerksam zu. Ich strich über die festen Muskeln des Pferdes. Als ich an manchen Stellen etwas fester zudrückte, zuckte er zusammen, und aus meiner Erfahrung als Heilerin wußte ich sofort, daß er große Schmerzen haben mußte.

Ich wollte diese Tatsache zur Sprache bringen, doch der bitterböse Blick von Jake ließ mich augenblicklich verstummen. Doris wandte sich ab. Auf ihrem Gesicht lag ein Ausdruck von Güte und Schönheit. Ich schätzte sie auf Mitte fünfzig, aber sie hatte die makellose Haut einer 25jährigen. Sie benahm sich so, als hätte sie ihre Seele Jake überantwortet und als reflektierte sie nun mit ihrer eigenen

Güte das Böse in ihm. Ihn mit dem Bösen gleichzusetzen war vielleicht etwas übertrieben, aber daß er ein übler Kerl war, daran bestand kein Zweifel.

«Ein außergewöhnliches Tier!» sagte ich nur.

«Ja, es ist beinahe perfekt, aber noch nicht ganz.»

«Wann und wie werden Sie diese Pferde der Öffentlichkeit vorstellen?»

«Sobald die Zucht nur makellose Pferde von durchweg hoher Intelligenz hervorbringt. Es werden dann Dressurpferde sein wie die Lipizzaner oder Trakehner.»

«Wie kommt jemand wie Sie dazu, so edle Pferde zu züchten?»

«Schönheit hat stets etwas Magisches an sich», entgegnete Jake und schien mich auf einmal mit lüsternen Blicken zu mustern. Dann strich er dem Pferd ganz sanft und genüßlich über Hals und Schultern. Ein kühler Nordwind fegte über meine Schultern und ließ die Espen erzittern.

Jake machte auf dem Absatz kehrt und führte den tänzelnden schwarzen Hengst zu einem Stall mit tiefhängendem Dach und hohen Toren. Keines der Tiere konnte aus diesem Stall hinaussehen.

«Kommen Sie hier herüber», sagte Doris und deutete auf einen anderen schmalen Durchgang zwischen zwei Pferden. Die Einzäunung bestand aus Holz und Draht. Die untergehende Sonne spiegelte sich golden und purpurrot in den glatten Drähten, so daß diese aussahen wie Adern in einem riesenhaften lebenden Organismus. Wir bewegten uns durch ein dichtes Labyrinth aus Pferchen und Ställen, in dem es nur so von Zuchtstuten, Fohlen und Hengsten wimmelte. Die Tiere wurden halbwild gehalten und waren alle nicht sonderlich gepflegt. Manche Pferde hatten eingewachsene Hufe; beschlagen war keines. Ihre langen, dichten Mähnen hingen verfilzt und zottelig herab. Sie rollten mit den Augen und bewegten ständig den Kopf hin und her. In der Mitte des Labyrinthes stand ein kleines dunkles Haus, sozusagen die Versorgungszentrale des Ganzen. Doris ging mit mir um unzählige Ecken. Nach einer Weile stellte ich mit Entsetzen fest, daß ich nicht mehr wußte, wo der Ausgang aus diesem riesigen Irrgarten war.

«Warum sind die Stalltüren so hoch?» wollte ich von Doris wissen.

«Weil wir den Pferdemist im Winter sammeln, und wenn er eine bestimmte Höhe erreicht hat, können die Tiere endlich hinausschauen. Bei Temperaturen unter dem Gefrierpunkt ist Mist ein idealer Wärmespender.»

«Ach so!»

Auf einmal vernahm ich ein nervöses Wiehern. Wir befanden uns am Eingang zu einem großen eingezäunten Gatter. Als silberweiß-leuchtende Silhouette hob sich ein großer weißer Hengst gegen den Himmel ab. Er bäumte sich auf und bockte und blitzte uns aus weit aufgerissenen Augen an.

Es verschlug mir fast den Atem, aber Doris sagte: «Keine Angst.»

Von der gegenüberliegenden Seite des Gatters ertönte noch ein Wiehern. Mir kam es vor wie eine Herausforderung. Vor einem zweiten Tor bockte und schnaubte ebenfalls ein weißer Hengst, der dem ersten verblüffend ähnlich sah. Wild dreinblickend galoppierte er in das Gehege.

«Sie werden sich gegenseitig töten», stammelte ich in dem Glauben, die beiden Hengste seien irrtümlicherweise zueinander gelassen worden.

«Wo denken Sie hin, das sind Brüder», beruhigte mich Doris, «sie begrüßen sich bloß.»

Ich besah mir das Schauspiel von weitem. Die beiden Pferde stürmten aufeinander zu und bremsten erst kurz vor dem Zusammenprall ab. Verblüfft stellte ich fest, daß es wirklich zwei völlig identische Pferde waren. Sie bäumten sich auf und fuchtelten wild in der Luft herum, bissen sich und gifteten sich an, machten aber keine Anstalten, sich gegenseitig richtig weh zu tun. In Windeseile galoppierten sie stolzen Hauptes über die schwarze Erde. Das verfilzte Stirnhaar reichte ihnen bis zu den Nüstern, und ihre prächtigen zottigen Mähnen bildeten einen krönenden Abschluß. Ihre Schönheit verschlug mir die Sprache. Wäre die Welt in diesem Moment untergegangen, ich hätte es nicht bemerkt. Wie ich mich danach sehnte, diese Pferde einmal reiten zu dürfen!

Doris hatte mich die ganze Zeit aufmerksam beobachtet. Lächelnd sah ich zu ihr hinüber. Sie war gerade im Begriff, etwas zu sagen, besann sich dann aber eines Besseren. Ich hatte den Eindruck, als wollte sie mich in letzter Minute vor irgend etwas warnen. Gleich darauf erschien Jake und brüllte sie an, sie solle das Tor öffnen. Als sie seine Anordnung befolgte, stoben die Hengste sogleich aus dem Gatter hinaus zu ihren Ställen. Ohne die Pferde wirkte das Gehege auf einmal völlig leblos. Ich hatte das Gefühl, dem Tod gegenüberzustehen und mitanzusehen, wie langsam alles Leben aus einem Körper entweicht, wenn seine Seele ihn für immer verläßt. Böse Zweifel und Angst stiegen in mir auf. Ich wollte, daß mich dieser Jake Hawks-Above sofort nach Billings zum Flughafen brachte, wie er es im Brief zugesagt hatte. Als ich seine Stimme hörte, zuckte ich zusammen. Er war leise von hinten an mich herangetreten.

«Kommen Sie, ich zeige Ihnen die Stammbäume. Die sind faszinierend.» Als hätte er meine Gedanken gelesen, fügte er noch hinzu: «Danach fahre ich Sie zurück nach Billings.» Seine Augen waren so winzig, daß ich noch nicht einmal sagen konnte, welche Farbe sie hatten.

Das Heim von Doris und Jake war klein, aber sehr sauber und ordentlich. Die Dachsparren des Holzhauses zierten Hunderte von indianischen Kunstgegenständen, darunter vierzig oder fünfzig antike perlenbestickte Pfeifenbeutel nebst Pfeifen, Peyote-Scheibchen, zu Girlanden aufgefädelt, Büffelhäute, Satteltaschen aus enthaarter Büffelhaut, Trommeln in allen Größen und Variationen, Bärenfallen, Pfeile und Bögen, allerhand Rasseln und eine große Anzahl Medizin- und Stammesbündel. Der gesamte Fußboden war mit wunderschönen Navajo-Teppichen ausgelegt. Das Feuer im gemauerten Kamin war fast erloschen. Wir drei nahmen in Schaukelstühlen vor dem Kamin Platz. Doris zündete ein paar Laternen an und verteilte sie im Raum. Dann setzte sie sich wieder zu uns und stellte eine Karaffe Traubenkirschwein und drei Gläser auf einen quadratisch zugeschnittenen Kieferstamm zwischen uns.

«Sie leben hier ohne elektrischen Strom», stellte ich fest.

«Ich mag keinen Strom», antwortete Jake mürrisch. Er erhob sein Glas und nahm einen tüchtigen Schluck Wein, gleichzeitig gab er mir zu verstehen, daß es unhöflich wäre, es ihm nicht gleichzutun. Ich prostete ihm also zu. Auch Doris erhob ihr Glas.

«Ich bin mächtig beeindruckt von ihren bildschönen Hengsten», begann ich vorsichtig.

Er nickte mit dem Kopf. «Aber was denken Sie wirklich darüber?»

«Wie meinen Sie das?»

«Haben Sie das Teuflische in ihren Augen gesehen? Das Böse in ihrem Wesen?» Er sprach jetzt mit erhobener Stimme. «Haben Sie *meine* Pferde gesehen?»

«Ja, ich habe ihre Wildheit wohl bemerkt», entgegnete ich leise.

Ohne mich weiter zu beachten, fuhr er fort: «Nichts

haben Sie gesehen, denn sonst wüßten Sie, daß sie vom Satan besessen sind.» Kopfschüttelnd fügte er hinzu: «Fragen Sie sich eigentlich nicht, warum ich mich so eingehend mit Pferdezucht beschäftige, insbesondere aber mit diesen dämonischen Pferden?»

Irgendwas war ganz gewaltig faul an diesem Mann. «Allerdings», gab ich ruhig und gelassen zu.

«Kommen Sie, ich möchte Ihnen die Stammbäume zeigen.» Er stand auf.

Ich erhob mich ebenfalls, nur Doris blieb sitzen und starrte in die glühende Asche. Ich folgte Jake in sein Büro. Er hängte eine Laterne an einen Nagel und schloß dann die Tür. Ich fand es etwas merkwürdig, daß er die Tür verriegelte. Vor einer Wand stand ein breiter spanischer Sekretär, übr dem vier Pferdeschädel prangten.

«Seit vierzig Jahren züchte ich nun schon Pferde, und dies sind die Schädel meiner ersten Zuchthengste.»

Der Raum war ein einziges Kuriositätenkabinett. Jedes Fleckchen an Wand und Balken war geschmückt mit Knochen, Haarbüscheln, Häuten, Kräutersträußchen und anderen seltsamen Dingen, die ich nicht kannte. Jake zündete zwei schwarze dünne Kerzen an, und mir stockte der Atem, als ich zwischen den beiden Kerzen einen menschlichen Schädel erkannte. Auf eine schwarze Altardecke gebettet, schien er mich grimmig und wie hypnotisiert anzulächeln. Die Oberfläche des Schädels war reichhaltig verziert mit Edelmetallen und Juwelen, die im flackernden Kerzenlicht hier und da funkelten und blitzten. Ich fragte mich, ob er ihn bei irgendwelchen rituellen Handlungen einsetzte. Schaudernd betrachtete ich die furchteinflößende Trophäe.

Jake lachte. «Das ist der Schädel meines großen Meisters. Er war Österreicher. Als ich auf der Suche nach edlen Pferden nach Wien kam, traf ich zufällig diesen großen

Mystiker und wurde sein Schüler. Seine Initialen lauteten H. M. Der Name eines Lehrers ist unwesentlich, es zählt nur das Wissen, das er vermittelt. So wie ich es mir zur Aufgabe gemacht habe, das perfekte Pferd zu züchten, suchte er nach dem perfekten Menschen. Das war noch vor dem Krieg. Er ging dann nach Nepal, und dort war ich viele Jahre sein Schüler.»

Wortlos sah ich ihn. Ich fühlte mich äußerst unwohl, ja, ein Schauder kroch mir über den Rücken. Perfekte Menschen und perfekte Pferde, wie schrecklich! dachte ich. «Und wo bleibt da die Schönheit und Kraft der Natur?» entfuhr es mir.

«Was», brüllte er mit lauter Stimme. «Ohne Führung bringt diese nur Mutanten von minderer Intelligenz hervor.»

Unvermittelt drehte er sich um und ging an seinen Schreibtisch. Er begann, eine Schublade nach der anderen herauszuziehen. Bündelweise hielt er mir Blätter unter die Nase und zeigte mir eine Ahnentafel nach der anderen. Aus seinen kleinen dunklen Augen leuchtete der helle Wahnsinn, während er über eingefrorenen Samen längst verstorbener Hengste und Kreuzungen zwischen Genen dozierte, bis ich kein Wort mehr verstand.

«Ich bin dabei, das Superpferd zu züchten», erzählte er ganz aufgeregt. «Ein Pferd mit paranormalen Fähigkeiten, das verglichen mit gewöhnlichen Pferden ein Gott sein wird. Mein Lehrer ist an seinen idealen Menschen gescheitert, aber ich werde mein Ziel mit Pferden erreichen.»

«Warum ist das so wichtig?»

«Weil ich einmal sterbe. Mein Werk hingegen wird weiterleben zum Andenken an meinen ehrwürdigen Meister. Ich habe es beinahe geschafft. Lassen Sie mich Ihnen mein Meisterwerk präsentieren.»

«Ja, gern.»

«Gut, dann wollen wir auf den Geist des Pferdes trinken. Wir trinken aus dem Schädel meines Meisters, zuerst ich und dann Sie. Wenn Sie also Mut genug haben, trinken wir aus der Gehirnschale, in der einst der Inbegriff allen Denkens im gesamten Universum ruhte, der Ort der Erkenntnis für eines der wenigen Genies auf dieser Erde.»

Der Schädel sah aus, als wollte er lächeln, und die juwelenbesetzte Schädeldecke funkelte und glitzerte im Schein der Kerzen. Meine Hand zitterte. Ich schluckte.

«Daraus soll ich trinken?» fragte ich ungläubig.

«Ja, zu Ehren der perfekten Spezies und auf alles Bekannte und Unbekannte. Ich will Sie nicht zwingen, doch wenn Sie sich weigern, werden Sie eines der größten Wunder unserer Zeit nie zu Gesicht bekommen. Ich schenke jetzt ein.»

Jake zog eine große mundgeblasene Flasche unter dem Altar hervor. Die Schädeldecke drehte sich im Scharnier, und in die sich darbietende Höhlung goß er eine blutrote Flüssigkeit hinein. Er nahm den Schädel, prostete mir zu und trank ihn dann mit einem Zuge leer. Nachdem er nochmals eingeschenkt hatte, reichte er mir die Gehirnschale. Mit beiden Daumen in den Augenhöhlen hielt ich die Schale fest umschlossen. Schließlich trank ich einen Schluck. Der Wein schmeckte süß und erinnerte mich an japanischen Pflaumenwein. Hastig gab ich den Schädel zurück an Jake. Sein anfangs noch hämisches Grinsen verwandelte sich in brüllendes Gelächter.

Ich war wie hypnotisiert und spürte plötzlich, daß ich in Lebensgefahr schwebte. Ein seltsames Körpergefühl beschlich mich. Ich blickte quer durch den Raum auf zwei flache verschwommene Gegenstände. Es waren Tische, aber einen Augenblick lang nahm ich sie als Schilde war.

«Nur eine kleine Vorsichtsmaßnahme», bemerkte Jake und musterte mich von oben bis unten. «Das Gebräu, das Sie da soeben getrunken haben, kenne ich bestens aus meiner Zeit in Nepal. Es ist ganz harmlos, erzeugt aber die wunderbarsten, zuweilen jedoch auch die schrecklichsten Träume.»

Suchend schaute ich mich nach etwas um, womit ich mich hätte schützen können. Das einzige, was ich sah, war ein riesiger Knochen, der mir als Waffe allerdings ziemlich lächerlich vorkam.

«Ben und Drum erzählten mir, daß Sie mit einem alten Kameraden von mir befreundet sind», fuhr Jake fort.

Seine Worte spießten mich wie mit Dornen auf. Am liebsten wäre ich davongerannt.

«Ich habe mir deshalb erlaubt, ihn hierher einzuladen, und er ist tatsächlich gekommen. Ich brauche Sie wohl nicht miteinander bekannt zu machen.»

Neben dem Altar öffnete sich eine Tür. Ich fühlte mich einer Ohnmacht nahe, denn vor mir stand Red Dog. Er war ganz in Schwarz gekleidet – schwarze Jeans, schwarze Straußenlederstiefel und ein schwarzes, besticktes Cowboyhemd mit silbernen Kragenspitzen. Seine roten Bart- und Kopfhaare waren wie immer ungekämmt, und er grinste mich hämisch an. Er schien von meinem Anblick entzückt zu sein. Sekundenlang starrten wir einander an, und das Blut gefror mir dabei in den Adern. Irgendwo im Hintergrund vernahm ich Jakes Gelächter. Wie hatte ich nur so dumm sein können und mich in diese Falle locken lassen? Aber es war geschehen. Agnes hatte einmal zu mir gesagt: «Wisse um deinen Tod.» Nun, jetzt war es soweit. Ich brachte kein Wort heraus. Lag es an dem mit Drogen versetzten Wein, oder war ich einfach stumm vor Entsetzen? Ich wußte es wirklich nicht.

Zu allem Übel erschienen auch noch Ben und Drum. Beide hatten ein verächtliches Grinsen im Gesicht.

Mit resoluter Stimme stellte Red Dog daraufhin fest: «Deine Verwundbarkeit ist ein genialer Schutz, aber auch eine Riesendummheit. Deinetwegen habe ich meine Macht eingebüßt und meine größte Blamage als Zauberer hinnehmen müssen. Ohne die Schwesternschaft der Schilde wärst du ein Nichts gewesen. Selbst diese Frauen wissen nichts mit der Jaguarmaske anzufangen. Wie bedauerlich, daß sie diesen Unfähigen in die Hände gefallen ist. Mit ihrer Hilfe hast du mich damals in Yukatan ausgetrickst, sonst gehörte die Maske jetzt mir. Aber diesmal werde ich aus deinem Schädel trinken.»

Der Raum war plötzlich in rotes Licht getaucht. Obwohl ich um meine bevorstehende Hinrichtung wußte, kam mir die Situation zugleich auch komisch vor. In meiner durch die Droge gesteigerten Verwirrung versuchte ich mir eine passende Reaktion vorzustellen. Vielleicht sollte ich schreien. Vielleicht auch lachen oder kämpfen. Ich ballte die Faust. Dann sah ich auf einmal, daß Red Dog einen eigenartigen Zug um den Mund hatte, den ich früher nie bemerkt hatte. Und seine Zähne waren größer und spitzer als sonst.

Das Rot des Raumes wurde zu einem durchscheinenden Violett. Jake sagte irgend etwas, worauf Ben ihm antwortete. Ihre Stimmen hörten sich immer wirrer und merkwürdiger an.

«Setze sie auf einen Stuhl, Drum», hörte ich Red Dog sagen. «Sie ist völlig weggetreten. Hol einen nassen Lappen und wisch ihr damit über das Gesicht. Vielleicht kommt sie dann wieder zu sich.»

Drum führte mich zu einem Stuhl, und ich nahm Platz. Ben, Drum, Red Dog, Jake, der Raum – alles um mich herum schien so fremdartig. Das Kerzenlicht bildete seltsame Muster und erfüllte den ganzen Raum mit einem phantastischen Goldschimmer. Drum kam mit einem kalten, nassen Waschlappen zurück und wischte mir damit über Gesicht und Stirn. Ich wehrte mich energisch gegen den Lappen, aber Drum lachte nur hämisch und riß Witze über meinen verwirrten Zustand.

Red Dog redete mit Jake. Ihre Worte dröhnten mir in den Ohren. «Ich will ihn sehen», sagte Red Dog.

«Ich habe ein Pferd gezüchtet, das einmalig ist auf dieser Welt, ein Pferd, das drei Tage ohne Nahrung und Wasser auskommen kann.»

Ich merkte, daß Ben sich nach vorn gebeugt hatte und mich beobachtete. Ich nahm sein Gesicht nur verschwommen wahr. In seinen Augen war ein mörderisches Leuchten. «Dummkopf», sagte er.

Ich wollte antworten, aber ich hatte einen ganz trockenen Mund, der sich anfühlte, als wäre er voller Watte.

Ich konzentrierte mich wieder auf Jakes Stimme. «Die Perfektion des Pferdes ist eine Sache der Ästhetik. Da nützen uns auch die Computer nichts. Der Mensch sollte sich perfektionieren, so wie ich es mit meinen Tieren getan habe.» Er und Red Dog waren von einem dunklen violetten Licht umgeben. Ich sah die beiden wie durch ein Kaleidoskop. Jake nahm den Schädel seines Meisters und hielt ihn an einem Henkel aus geflochtenen Lederriemen.

«Komm und zeig mir deine Züchtung und bring Lynn mit. Sie möchte vielleicht noch ein letztes Mal ein Pferd sehen.»

Drum und Ben zogen mich aus dem Stuhl, und gemeinsam folgten wir Red Dog und Jake nach draußen. Es war stockfinster, und ich hatte das Gefühl, daß wir ständig im Kreise liefen. Der Wind auf meinem feuchten Gesicht wirkte leicht belebend. Wir betraten eine überdachte Einzäunung, in der zahlreiche Laternen brannten. Von all dem Staub und Stroh mußte ich niesen. Als ich aufblickte, sah ich eine schattenhafte Gestalt. Sie kam direkt auf mich zugesprungen und nahm die Form eines weißen Hengstes an. Das Pferd war riesig, viel größer als alle, die ich bisher gesehen hatte. Es scharrte mit den Hufen, bockte und schnaubte. Unsere Anwesenheit schien es zu ärgern. Jake ging auf es zu, legte den Schädel um den Pferdehals und band die Lederriemen um den Widerrist. Der Schädel hing wie eine scheußliche, böse Blume an dem eleganten silberfarbenen Hengst. Doch selbst mit diesem furchtbaren Totenkopf war er das herrlichste Tier, das ich je gesehen hatte. Ich mußte auf einmal weinen.

«Mein Gott», sagte ich mit einer Stimme, die mir selber fremd war, «er ist so wunderschön.»

Alle fanden es spaßig, daß ich etwas gesagt hatte.

Jake bekam leuchtende Augen. «Ich habe ihn geschaffen. Er heißt Arion und sieht doppelt so weit wie jedes andere Pferd. Er wittert Wasser auf hundert Meilen Enternung, und er hat ein so feines Gehör, daß er durch sieben Meter dicke Wände hören kann. Sein Nervensystem hält fast jeder Belastung stand. Ich weiß es, denn ich habe ihn getestet.»

«Ja, das merkt man», sagte Red Dog. «Aber wie sieht es mit seinen magischen Kräften aus?»

«Das wird nicht mehr lange dauern», antwortete Jake. «Schon in der nächsten Generation wird diese Rasse in der Lage sein, Bilder zu projizieren, durch die sich ein jeder täuschen läßt. Sie werden verschwinden können und nach Belieben wiederauftauchen. Pferde verkörpern den alchimistischen Traum. Sie stehen für unser instinkthaftes Wesen, das zu gottähnlicher Macht gelangt ist.»

«Deinem Erfolg steht nichts mehr im Wege, Jake»,

entgegnete Red Dog. «Wenn man bedenkt, was du schon alles erreicht hast.» Anerkennend klopfte er Jake auf die Schulter. «Vielen Dank, daß ich Arion sehen durfte, und ich bedanke mich auch für das hübsche Geschenk, das du mir mit Lynn gemacht hast. Sie ist wirklich dumm und schwach.»

«Ich halte sie für ziemlich harmlos», sagte Jake mit einem Blick auf mich.

«Ohne ihre Lehrmeisterinnen ist sie absolut harmlos», versicherte Red Dog.

Drum, der meinen Arm festhielt, meinte dazu: «In meinen Augen hat sie nie irgendwelche Macht besessen.»

«Genau, sie hat einfach Glück gehabt», sagte Ben, der meinen anderen Arm festhielt.

«Nun, ich habe noch ein Hühnchen mit ihr zu rupfen», ließ Red Dog verlauten. «Ich brauche ihren Körper nur an einer bestimmten Stelle zärtlich zu berühren, und keine Macht auf Erden kann sie retten. Mit diesem Gnadenstoß werde ich ihr ein schnelles Ende bereiten.»

Ich wußte, daß Red Dog auf einen tödlichen Punkt anspielte, auf eine Körperstelle, die nur wenigen Zauberern, Akupunkteuren und geschickten Kriegern bekannt ist und an der die entsprechende Manipulation zum Tode führt. Nur ein Wunder konnte mich noch vor dem sicheren Tod bewahren.

«Bist du fertig, Lynn?» erkundigte er sich. «Es ist an der Zeit, daß du deinen Ahnen Gesellschaft leistest.» Mit geballter Faust, aus der zwei Finger wie Pfeile herausragten, schritt er langsam auf mich zu.

Ihn so auf mich zukommen zu sehen war wie ein Schlag ins Gesicht. Ich schüttelte mich, so als wollte ich den Grauschleier von meinem Gesicht abstreifen. Mein Adrenalinspiegel stieg schlagartig an. Ich sah, wie Arion sich mit gespitzten Ohren zu mir wandte, geradeso, als hätte er jedes einzelne Wort von Red Dog verstanden. Im warmen Licht der Petroleumlampen schien er auf einmal in allen Regenbogenfarben aufzuleuchten, es kam mir vor wie eine Halluzination. Als Red Dog nach meiner linken Schulter griff – Ben und Drum hielten mich noch immer am Arm fest –, bäumte sich Arion auf und stieß einen schrillen Warnschrei aus. Er schoß nach vorn und rammte mit seinem Kopf Red Dog, der meterweit fortgeschleudert wurde und Drum mit sich riß. Ben hielt mich fest umklammert, und so wurden wir beide im Kreis herumgewirbelt. Jake ergriff eine Peitsche und zielte damit nach Arion, der Red Dog zu zertrampeln versuchte, aber es gelang dem Zauberer, seinen Hufen auszuweichen. Als Arion direkt auf uns beide zustürmte, ließ Ben meinen Arm los. Plötzlich bäumte sich das Pferd auf und trat Jake mit den Hufen ins Gesicht, der alte Mann fiel rücklings gegen eine herunterhängende Lampe, die krachend zu Boden fiel. In Sekundenschnelle brannte das ganze Stroh lichterloh. Arion, mein Retter und Beschützer, blieb vor mir stehen. Ich griff in seine seidige Mähne und schwang mich auf seinen Rücken so wie früher als Kind auf mein Pferd Sugar, mit dem ich ohne Sattel und Zügel über das weite Farmland bei Seattle geritten war.

Um mich her herrschte ein völliges Chaos. Jake blutete im Gesicht. Er versuchte, das Feuer mit seinem Hemd zu ersticken. Mit Jutesäcken bewaffnet rannten Ben und Drum ziellos hin und her und kämpften vergeblich gegen die Flammen an. Red Dog angelte sich eine Mistgabel und hielt sie wie einen Speer, während ich mit Arion am Gatter entlangjagte. Rosafarbener und schwarzer Rauch erfüllte die Luft und stieg langsam in den nächtlichen Himmel auf. Mit letzter Kraft klammerte ich mich an Arions Mähne. Ich mußte dauernd husten, und Tränen rannen mir über das

Gesicht. Auch die anderen waren dem Ersticken nahe, denn das ganze Gehege hatte Feuer gefangen. Dann explodierte ein Benzintank, und ich sah gerade noch, wie das Haus in Flammen aufging. Alles war in dichten Rauch gehüllt. Ich bekam keine Luft mehr, und mir wurde schwarz vor Augen.

Arion bäumte sich auf und riß das Gatter ein. Im Galopp ritten wir hinein in das Labyrinth der Pferde. Aus allen Richtungen ertönte das aufgeregte Wiehern der verängstigten Tiere. Wir stürmten die Gänge entlang, und ich öffnete ein Tor nach dem anderen, da sich die Riegel von meinem erhöhten Sitz aus leicht zurückschieben ließen. Ich sah auch Doris, Axel und andere Männer Stalltüren öffnen. Von Red Dog und Jake war nichts zu sehen, Ben und Drum waren ebenfalls spurlos verschwunden. Vielleicht waren sie alle verbrannt, dachte ich.

Ich fühlte ungeahnte Kräfte in mir aufsteigen, als ich mich an Arion festklammerte. In einem mörderischen Tempo raste er auf die Umfassungsmauer zu. Voller Entsetzen merkte ich, wie er zum Sprung ansetzte. Er streckte sich unter mir wie eine Riesenschlange, und wir schossen hinaus in die Finsternis. In seiner Mähne hingen noch immer brennende Funken; meine Kleidung roch versengt. Arion landete weich und federnd auf allen vieren, so sicher wie ein Wunderpferd. Dann galoppierten wir in Richtung Berge.

Mit beiden Händen umfaßte ich den Ledergurt, mit dem der juwelenbesetzte Schädel an Arions Hals festgemacht war. Er gab mir genügend Halt. Die Wirkung der Droge machte sich jetzt in heftiger werdenden Wellen bemerkbar. Ich konnte mich auf keinen Punkt konzentrieren und schmiegte mich eng an den Pferdehals. Von klein auf war ich geritten, aber nie auf einem Pferd wie diesem. Er schien genau zu wissen, wo es hinging, und so gab ich mich ganz in seine Obhut. Seine stampfenden Hufe hallten wider, als wir durch den Wald flohen. Ich weiß bis heute nicht, wie ich es schaffte, nicht vom Pferd zu fallen, aber ich schaffte es.

Wir ritten einen steilen Berg aus Schiefergestein hinab. Als ich mich umdrehte, sah ich nichts als eine gewaltige, laut prasselnde Feuersbrunst. Bis zum Kamm des Gebirges war der Himmel rot gefärbt. Winzige Lichterfunken sprühten wie Glühwürmchen aus Arions Hufen, als er über den Schiefer stob. Ich wußte nicht recht, was mit mir geschah. Ich bewegte mich wie im Traum. Eine angenehme Kühle umfing mein Gesicht, es fühlte sich so an, als könnte ich eine Hautschicht nach der anderen abziehen. Dann machte sich in meinem Kopf ein tiefer Ton breit, er vibrierte bald so sehr, daß meine Ohren stark schmerzten und ich alles nur noch verzerrt wahrnahm. Himmel und Erde wurden zu einer zweidimensionalen Fläche, die sich vor mir öffnete und schloß. Dieses Bild zerfiel in mehrere oszillierende Löcher, und ich wußte, daß ich durch eines dieser Löcher hindurch mußte. Ich drängte Arion zu der Öffnung hin, die am meisten Helligkeit ausstrahlte. Er wendete sich nach links, und wir tauchten ein in das Licht, das ich als einen merkwürdig verdichteten Strahl empfand. Wir ritten durch einen langen röhrenförmigen Gang. In der Ferne erblickte ich einen See, der im Mondlicht schwarz und violett schimmerte. Ein Dunstschleier lag auf dem Wasser, und aufsteigende Bläschen zerrissen die Wasseroberfläche.

Arion steigerte sein Tempo und stürmte direkt auf den See zu. Er spannte seine kräftigen Lenden an, hielt Kopf und Hals schwanenhaft gebeugt, und so tauchten wir mit aller Kraft in das Wasser ein. Um uns herum wurde alles dunkel, und ich weiß nicht mehr, wo die Wirklichkeit endete und wo der heilige Traum begann. Das, woran ich mich erinnere, ist stellenweise sehr verschwommen.

Während wir in die Tiefen des Sees hinunterstiegen,

wurden wir von neugierigen Fischen beäugt. Wir konnten offensichtlich hier unten gut atmen. Es gab keine Probleme, jegliches Leben schien den gleichen Gesetzen zu folgen, und es spielte keine Rolle mehr, ob wir nun Pferd, Mensch oder Fisch waren. Unser Leben wurde von einer gemeinsamen Quelle genährt. Das Wasser glich dem Wind; es fühlte sich angenehm an auf meinen Wangen und Beinen. Arions Mähne wogte ebenso wie mein eigenes Haar im Wasser. Ich verlor jeden Halt und mußte mich an Arions fliegender Mähne festklammern. Seine Haare fühlten sich an wie wallende Seide. Wie von Wellen getragen preschten wir weiter vor in die Tiefe. Dort auf dem Grund des Sees erwarteten uns spiralförmige Perlmuttmuscheln, so groß wie Höhlen, und in der Ferne schimmerten Korallenriffe. Die Farbabstufungen des Wassers waren beachtlich, doch mit zunehmender Tiefe wurde es immer dunkler.

Arion galoppierte den sandigen Boden entlang, und was ich dann sah, ließ mich erschauern. Es war ein grauenerregender Anblick. Arion blieb stehen und scharrte mit den Hufen im Sand und auf dem moosigen Grund. Vor mir lag ein riesiges Feld, auf dem sich meterhoch Menschenknochen türmten. Auf einem Haufen lagen Schädel, auf einem anderen Hüftknochen, und anderswo stapelten sich Rippen. Auf dem trüben Grund zu meiner Rechten entdeckte ich eine Frau, die sich ihren eigenen Körper aus dem Rückgrat und anderen Knochenteilen formte, die um sie herumlagen oder spitz aus dem Sand herausragten. Aus ihren riesigen Augenhöhlen starrte sie mich durch das Dunkel hindurch an. Sie erhob sich, streckte mir im blaßgrauen trüben Wasser ihre knochigen Finger entgegen und faßte gierig nach mir.

«Hier liegen die Knochen von gefallenen Schamanen»,

sagte sie, «sie sind ertrunken und haben ihren Schamanentod nicht überlebt.»

«Wer bist du?» fragte ich.

«Ich bin die Göttin deiner Angst. Ich bin klein und winzig. Ich verkörpere all diese Knochen und alles, was du nicht sehen willst. Ich bin all das, was du vor dir selbst verbirgst. Ich bin dein Hang zur Furcht. Laß mich mit dir reiten auf deinem weißen Hengst, und ich werde für immer verwandelt sein.»

Ich reichte ihr meine Hand und half ihr hinter mir aufs Pferd. Arion machte kehrt, und wir schwammen auf die Riesenmuscheln zu. Es kam mir vor, als ritten wir auf einer gigantischen Seeschlange dahin. Arion bewegte sich im Wasser wie in seinem Element, mühelos schwamm er in eine riesige Spiralmuschel hinein. Ihre dicken perlmuttfarbenen Wände fühlten sich an der Oberfläche ganz samtig an. So ähnlich stelle ich mir die Unterseite eines Walfisches vor. Auf einmal erstrahlte um mich herum ein helles Licht, und es wurde ganz warm. Das grelle Licht ließ nach, und vor mir standen zwei wunderschöne Frauen, die eine jung, die andere alt. Die junge Frau stand mitten im Feuer.

Sie trat auf mich zu und sagte: «Ich bin die Göttin deines Todes. Du bist eine junge Schamanin. Wenn andere mich in dir entdecken, können sie das Wissen gegen dich verwenden. Das wird dir zum Verhängnis werden. Nimm mich mit auf deinem weißen Hengst, und ich werde für immer verwandelt sein.»

Ich reichte ihr meine Hand, und sie sprang hinter mir auf.

Arion schwamm hinüber zu der anderen Frau, die jetzt über einem Teppich aus Seetang trieb. Sie lag auf der Seite und schien zu schlafen. Es war eine sehr alte Frau.

«Verzeihung», sprach ich sie an.

Sie schlug die Augen auf.

«Ich möchte dich nicht stören, aber würdest du mir bitte sagen, wer du bist?»

Sie lächelte. «Ich bin die Göttin deiner unkontrollierten Gedanken, die jederzeit deinen Tod bedeuten können. Du mußt dich versteckt halten. Sei dir deines eigenen Wertes bewußt und schütze ihn. Träume nur mit voller Absicht. Nimm mich mit auf deinem weißen Hengst, und ich werde für immer verwandelt sein.»

Ich gab der alten Frau meine Hand, und flink wie der Wind sprang sie hinter mir auf. Arion schoß an die Oberfläche, und wir schnellten aus dem Wasser. Trotz der rutschigen Steine gelangte er sicher ans Ufer und galoppierte auf eine Wiese zu. Ich hatte das Gefühl, es wäre schon Morgen, denn es war taghell, doch dann sah ich den Halbmond, der leuchtendorange am Himmel stand. Unter hohen Bäumen mit knorrigen Wurzeln kam Arion zum Stehen. Das Gelände war offen und stieg allmählich an. Bei genauerer Betrachtung sah ich, daß der Boden ausgetrocknet und verbrannt war.

Wir stiegen alle ab. Sogleich begann Arion, aufgeregt vor uns hin und her zu laufen, warf den Kopf zurück und wieherte hilfesuchend. Es war der juwelenbesetzte Schädel, der ihn störte, und ich wußte, was zu tun war.

«Komm her, Arion», rief ich und schlug sachte auf den Boden.

In gelbe Lichtstrahlen getaucht, kam Arion zu mir herüber. Er fing an zu scharren und grub mit dem Huf seines mächtigen Vorderlaufs ein Loch in die Erde. Es dauerte nicht lang, da war es tief genug. Ich tätschelte Arion und nahm ihm den Schädel ab. Dann ließ ich ihn in das Erdloch fallen, und auf allen vieren verbuddelte ich ihn unter der Mithilfe meiner drei Verbündeten. Danach warfen wir Erde darüber und begossen den festgedrückten Boden mit unseren Tränen.

Bald darauf brach ein grüner Sproß durch die Erde und wuchs als wunderschöner Baum dem Licht entgegen. Früchte in schillernden Farben hingen von seinen Zweigen herab.

Vor dem Baum stand ein Mädchen.

«Wer bist du?» fragte ich.

«Ich bin die Göttin deiner Schliche und Tricks, alle deiner Bemühungen in der Welt. Du brauchst jetzt nicht zu kämpfen. Du bist allein. Du hast dich gefunden. Hab keine Angst. Iß mit mir von diesem Baum der Erkenntnis, und du wirst für immer verwandelt sein.»

«Laß mich davon essen», antwortete ich.

Zuerst fütterte ich Arion, dann aßen wir Frauen. Die Früchte hatten die Form von Äpfeln, aber glänzten in einem tiefen, dunklen Blau.

Ich fand mich vor einem prasselnden Lagerfeuer wieder, gebettet auf alten indianischen Decken. Mir tat alles weh, und einen Augenblick lang wußte ich nicht, wer ich war. Als der Mond hinter einer Wolke hervorkam, erblickte ich eine menschliche Gestalt, im Schein des Feuers wirkte sie purpurrot und geisterhaft. Es war Twin Dreamers, die mir am Feuer gegenübersaß. Bei ihrem Anblick schreckte ich hoch und wurde sogleich wach. Ich hatte schreckliche Kopfschmerzen, wahrscheinlich der Katzenjammer von der Droge, die Jake mir verabreicht hatte. Ich fühlte mich wie ein nasser Mehlsack und mußte mich erst mühsam wieder orientieren.

Twin Dreamers trat an mich heran und kniete sich neben mich. Sie drückte mich sanft in die Rückenlage zurück und legte mir eine Handarbeit aus aufgenähten Stacheln auf die

Brust. Es war mir ein Rätsel, wie sie diese knifflige Arbeit im Schein des Feuers fertiggebracht hatte. Die Stacheln des Stachelschweins waren sorgfältig auf das Leder genäht und bildeten ein wunderschönes Sternenmuster, sie fühlten sich glatt und rund an.

«Ein bißchen Ruhe tut dir gut», sagte sie.

In ihrer Obhut entspannte ich mich. Ihr Gesicht war durch die Schatten kaum zu erkennen. Sie schien die Nacht zu beherrschen. Dennoch sah sie aus wie eine Verrückte mit ihren eingesunkenen Augen, die in der Dunkelheit funkelten und blitzten. Das Haar hing ihr strähnig und wirr bis zur Taille herunter und war genauso ungekämmt wie bei unserer ersten Begegnung. Sie hatte einen krummen Rücken und war schrecklich dünn. Bekleidet war sie mit einem langen Rock in einem verblichenen Blau und einer alten karierten Bluse mit Löchern an den Ellbogen. Sie zog sich einen Schal mit Fransen über die Schultern und musterte mich mit geschürzten Lippen. Sie mußte meinen staunenden Gesichtsausdruck wohl bemerkt haben, denn auf einmal verzog sie die Mundwinkel nach oben und blinzelte mit den Augen. Ihre Schultern wippten auf und nieder, und es dauerte nicht lange, da lachten wir beide lauthals. Trännen rannen über unsere Wangen. Weil sie immer weiter lachte, konnte auch ich nicht aufhören zu lachen. Ich weiß nicht, was in mich gefahren war: War es die völlig abwegige Situation, dieser Widerspruch von Leben und Tod, dieser kuriose Anblick der alten Schreckschraube oder die abwegigen Situationen, in denen ich mich stets wiederfand? Ich habe keine Ahnung, aber wir lachten unaufhörlich, und unser Lachen war der Anbeginn einer tiefen Verbundenheit zwischen uns.

Dann folgte eine lange Stille, und vor meinem geistigen Auge liefen blitzschnell die Ereignisse und Visionen der vergangenen Nacht ab.

Twin Dreamers durchbrach schließlich das Schweigen mit ihrer stark akzentgefärbten kehligen Stimme: «Ich bin eine Frau, die auf zwei Ebenen gleichzeitig träumt. Wer auf diese Weise träumt, der gilt als verrückt.» Sie lächelte mich mit ihren leuchtenden Augen etwas unsicher an. «Du denkst bestimmt auch, daß ich verrückt bin.»

«Eins weiß ich ganz sicher», entgegnete ich, «wir sind beide verrückt.»

Twin Dreamers gab mir einen Klaps aufs Bein und schüttelte sich vor Lachen.

«*Lila witkowin*», prustete sie. «Eine Verrückte.»

Ich mußte wieder lachen, merkte aber sogleich, daß Twin Dreamers ernst geworden war. Augenblicklich faßte ich mich.

«Die Leute haben Angst vor mir», begann sie. «Besonders die Männer. Sie sagen, daß ich Gewalt über die Männer habe, aber das stimmt nicht. Männer mögen mein Gesicht nicht, doch was kann ich dafür? Es ist halt mein Gesicht. Achselzuckend gab sie mir einen Klaps, und wir mußten wieder lachen.

Dann beugte sie sich über mich, griff nach der Handarbeit auf meiner Brust und begab sich wieder an die Arbeit. Die Perlen und Stacheln in ihren Händen leuchteten wie winzige Sternschnuppen.

«Ich kann arbeiten wie ein Mann. Ich bin sehr stark. Meine Stachelarbeiten sind die besten.» Sie zog an einem Faden, verknotete ihn und biß ihn dann mit ihren Zähnen ab. «Hier, das ist für dich. Es ist ein Beutel für deine Pferdemedizin.»

«Für meine Pferdemedizin?»

«Ja, für ein Haarbüschel von Arion. Pferde sind *wakan*, heilig. Sie sind voll des Geistes. *Xunkaukan yuwakanpi kin.*»

«Du kennst Arion? Woher?»

«Du hast doch den bunten Regenbogen auf dem Bauch deines Pferdes gesehen.»

«Ja sicher.» Ich starrte sie an und bekam eine Gänsehaut.

«Das bin ich. Ich bin Twin Dreamers, die Meisterin der Verwandlung.»

«Nun verstehe ich überhaupt nichts mehr.» Ich dachte daran zurück, wie Shahzonns Körper damals in allen Regenbogenfarben erstrahlt war. Ich hatte das Gefühl, als würde sich mein Geist aufspalten. Das gleiche Empfinden hatte ich auch immer dann, wenn ich in meiner Funktion als Schamanin mit dem Unbekannten und Unerforschten konfrontiert wurde, mit Bereichen, die außerhalb des normalen rationalen Bewußtseins liegen.

«Das bin ich», wiederholte sie lachend.

Zu meiner Freude hörte ich ein leises Wiehern. Ich drehte mich um und sah den Schatten von Arion, der auf der fetten Weide am nahegelegenen Hang graste.

«Ich wollte dich warnen, um dich von Ben und Drum fernzuhalten, denn ich wußte von Red Dogs Absicht. Er und Jake Hawks-Above wollten dein Licht auslöschen. Ich war eine Weile bei dir. Da ich mir den Geist deines Pferdes ausgeliehen hatte, konnte ich dir unterwegs zur Seite stehen. Du mußt auf deinem Weg allerdings noch viel lernen. Du brauchst eine Beschützerin.»

«Ich weiß nicht, was du für eine Frau bist, doch nimm dies als Geschenk.» Ich langte in meine Tasche, in der ich stets ein Büschel Süßgräser aufbewahrte, und sagte: «Ich danke dir aus tiefstem Herzen.»

Twin Dreamers hielt ein Ende des Büschels ins Feuer und entzündete die Gräser.

«Süßgräser habe ich schon immer gemocht», sagte sie.

«Sie sind *wakan.*» Sie lachte und räucherte uns ein, indem sie den Qualm über uns blies und uns damit segnete.

«Du hast mir das Leben gerettet», sagte ich.

«Mir ist kein eigenes Schicksal beschieden. Ich nehme die Gestalt eines anderen an, und für kurze Zeit lebe ich dann dieses Leben. Ich bin allein und werde auch in Zukunft immer allein sein. Das ist meine Bürde und gleichzeitig auch meine Unabhängigkeit. Ich lebe kein eigenes Leben. Ich verarzte deinen Geist und gehe dann wieder meinen Weg. Für mich gibt es keinen Tod, aber mir ist dein Tod im Traum begegnet. Sie, die Göttin des Todes, ritt mit uns und wurde umgewandelt. Das ist gut so. Es ist *wakan.*»

Ich richtete mich auf und sah sie staunend an, während ich mich bemühte, die Bedeutung ihrer Worte zu erfassen.

«Du lebst im Jenseits und kommst ab und zu zurück? Ist es das, was du meinst?»

«Ja, ich komme zurück. Wenn du jedoch zurückkommst, kannst du dich nicht daran erinnern.»

«Kannst du mich unterrichten?»

«Vielleicht kann ich dir etwas beibringen, vielleicht aber auch nicht. Ich kenne die Zusammenhänge. Du bist noch keine Meisterin der Verwandlung, aber ich kann dir zeigen, wie du dich in deinen Körper zurückdenken kannst. Ja, du kannst lernen, mit deinem Körper völlig neue Erfahrungen zu sammeln und ihn dann ganz bewußt in die Realität zurückzuversetzen.»

«Warum sollte ich so etwas tun wollen?»

«Weil du dann deinen Tod aussuchen kannst.»

Ich blickte sie mit weitgeöffneten Augen an.

«Erzähle mir von deiner Schamanenreise», forderte sie mich auf.

«Wo soll ich anfangen?»

«Beginn an der Stelle, wo du in die tieferen Welten vorgedrungen und in den Schamanensee eingetaucht bist.»

Sie legte beide Handflächen auf den Boden und wiegte ihren Körper vor und zurück. Dann schloß sie die Augen und lauschte.

Ich erzählte ihr jede Einzelheit meiner Erlebnisse, soweit ich mich daran erinnern konnte, jedes Gefühl und jede Erscheinung meiner Vision.

Zögernd begann Twin Dreamers über die Knochen der gefallenen Schamanen zu reden. «Diese Schamanen sind umgekommen, weil sie ihr Fleisch nicht hergeben wollten. Der Geist steckt in den Knochen. Sie konnten sich nicht überwinden, als Skelett – ihres Fleisches und ihrer Identität beraubt – in eine andere Ebene überzugehen. Diese Schamanen steckten voller Ängste und Abhängigkeiten. Deine Göttin entwickelte sich aus Angst und Furcht, aus jener Angst, die du sogar vor dir selbst verbirgst, weil du sie nämlich liebst. Du brauchst sie, um zu fühlen, daß du lebst. Sie gehörte zum Element Wasser.

Die zweite Göttin stand für das Element Feuer. Sie kannte deine Beharrlichkeit und Ausdauer und wußte auch, daß dir der Tod im Gesicht geschrieben steht, wenn es dir im Auf und Ab des Lebens an Ausdauer mangelt. Die Unbeirrbarkeit, mit der du deinen Lebenstraum verfolgst, ist eine besondere Art von Ausdauer. Zuerst mußt du deinen Traum klären. Wenn du den Tod fürchtest, heißt das, du lebst noch nicht richtig. Es handelt sich hierbei nicht um eine Willenssache.

Die alte Göttin stellte das Element Luft dar. Sie ist dir erschienen, weil du dein Leben lang nur Luftschlösser gebaut und dich ständig um irgend etwas gesorgt hast. Für diese Energieverschwendung hast du jetzt keine Zeit mehr. Damit ist nun für immer Schluß.

Die letzte Frau ging hervor aus dem Element Erde und aus dem elenden Schädel, den du dort begraben hattest. Sie erwuchs aus den Tränen deiner *Heava*, deiner eigenen Dunkelheit, deines Schattens. Die durstige Erde sog deine Tränen auf, und so wurde das Böse von Mutter Erde verwandelt. Die Göttin der Erde kannte deine Tricks und deine beharrlichen Bemühungen. Doch du mußt lernen, frei zu sein, unbelastet von allem, was du weißt. Das einzige Wissen, das zählt, ist das Urwissen, und dazu gehört das Wissen, daß jede deiner Handlungen die letzte sein kann.

In meiner Sprache heißt das Pferd *Medizinhund*. Wer auf einem Medizinhund reitet, muß die Balance halten. Du kannst nur dann in völliger Harmonie leben, wenn du auch die gegensätzlichen Aspekte deines Wesens akzeptierst. Und das wiederum bedeutet, *Heava* anzunehmen, den dunklen Schatten deines Geistes.»

«Einige von uns, die Zweibeiner», fuhr sie fort und ließ dabei den Sand durch ihre Finger rinnen, «sind imstande zu morden, und das nicht nur aus Notwehr. Wir lassen uns manchmal billig kaufen von allerlei bunten Monstren. Und trotzdem urteilen wir über andere und werden von ihnen abhängig, und verlieren den Bezug zu uns selbst. Ist es erst einmal so weit gekommen, gibt es keine Rettung mehr, und die Freiheit ist für immer verloren.»

Der Mond senkte sich langsam hinter ihr am nächtlichen Himmel.

Schließlich erzählte sie weiter. «Es gibt da eine alte Legende, die du bei den Geschichtenerzählern, den *Gedrehten Haaren* hören kannst. Sie ist schon viele Male und immer wieder neu erzählt worden. Ich möchte dir meine Version vortragen. Vielleicht hilft sie dir, dein *Heava* zu verstehen, den Berg der Finsternis, auf dem wir hocken und den wir unser Bewußtsein nennen.

Vor langer, langer Zeit lebte hoch oben im Norden eine Berglöwin, die kurz vor der Geburt ihres Jungen stand. Es war im Mond der hochträchtigen Büffelkuh. Da sie wußte, daß sie für ihre schwere Stunde Nahrung brauchte, ging sie auf Jagd. Sie stieß auf eine Schafherde und tötete eines der Tiere. Beim Erlegen der Beute kam sie jedoch selbst ums Leben; das Löwenbaby aber wurde noch vorher geboren. Die Schafe nahmen es an als eines der ihren, und so wuchs der kleine Berglöwe in dem Glauben auf, er sei ein Schaf.

Es gingen ein paar Jahre ins Land. Da kam eines Tages ein alter Berglöwe aus den Wäldern hinunter in die Ebene und sah den jungen Berglöwen, der wie ein Schaf auf der Weide graste. Der alte Löwe traute seinen Augen nicht. Er lief auf die Wiese, direkt auf den jungen Löwen zu, und dieser roch tatsächlich wie ein Schaf. Das war zuviel für den Alten, er packte den jungen Löwen am Genick und schleppte ihn hinunter zum Fluß. Dort zwang er ihn, sein Spiegelbild im Wasser anzusehen, und zeigte ihm, daß er genauso aussah wie er, nämlich wie ein Berglöwe und nicht wie ein Schaf. Das war eine bittere Erkenntnnis, denn er mußte einsehen, daß sein ganzes bisheriges Leben eine Maskerade gewesen war. Die beiden Löwen zogen daraufhin gemeinsam in die Wälder zurück, und der junge Löwe lernte beim alten das Jagen. Er hatte sein ursprüngliches Wesen wiedergefunden.

Dies ist eine Medizingeschichte. Sie hält dir einen Spiegel vor, in den du hineinschauen sollst. Bei unserer Geburt sind wir alle so frei wie der Berglöwe, doch für unser Leben in der Zivilisation werden wir schon in früher Jugend zu Schafen. Wenn dem nicht so wäre, müßte jeder so aussehen wie ich.» Sie hielt mir die Spitzen ihres verhedderten Haares hin, worin sich ein paar Grashalme verfangen hatten. Sie sah wahrhaftig aus wie eine Wilde. Wir grinsten uns an und mußten dann beide lachen.

«Verstehst du, was ich meine, Lynn?»

«Ich glaube ja. Du sagst, daß der Berglöwe unser instinkthaftes Wesen verkörpert, daß diese Anlagen aber im wesentlichen unterdrückt werden, und noch ehe wir sprechen lernen, sind sie tief in unserem Innersten verborgen.»

«Richtig, und weil wir unseren Instinkt verleugnen, entartet er zwangsläufig. Dieser deformierte Instinkt äußert sich dann im Leben als dein *Heava*».

«Dann ist also das, was unsere Psychologen als Neurose bezeichnen ...»

Twin Dreamers sah mich mit offenem Mund und bohrenden Blicken an.

«Entschuldige», sagte ich. «Unsere Ärzte nennen dies die dämonische oder dunkle Seite des Selbst. Doch jetzt verstehe ich, daß es eigentlich nur unsere angeborene Wildheit ist, die wir ständig unterdrückt haben.»

«Ja, wir werden gezähmt, und doch sind wir keine Haustiere, sondern von Natur aus grimmig und wild. Ohne Bewegung kommen wir im täglichen Leben nicht aus. Durch Bewegung und Aktion lernen wir verstehen. Doch vorläufig habe ich genug gesagt. Finde im Traum heraus, wieviel von deinem Instinkt übriggeblieben ist. Denk daran, daß Aktion nicht Reaktion ist. Sie ist eigenständig.» Dann zeigte sie auf Arion. «Dieses herrliche Pferd, das dort auf der Weide grast, symbolisiert instinktives Handeln. Deshalb macht dich auch der Anblick eines Pferdes gleichzeitig fröhlich und traurig. Dieses Pferd verkörpert die Wildheit, die du in dir selbst nie zugelassen hast.»

Unsere Blicke trafen sich, und auf einmal bekam ich ihre große Stärke zu spüren. Meine Wangen fingen an zu glühen, und mein Herz pochte. Ich war den Tränen nahe. Durch Twin Dreamers hatte ich etwas über mein ganzes Wesen erfahren, nicht nur über meine Eitelkeit oder meine Rolle in der Gesellschaft. Sie hatte recht. Ich dachte an all die Männer in meiner Vergangenheit, die meine Liebe zu Pferden völlig mißverstanden hatten. Dann fielen mir die vielen jungen Mädchen ein, die so vernarrt sind in Pferde. Vielleicht lag es an unserer gesellschaftlichen Struktur, daß wir Frauen einen ausgeprägteren Instinkt besitzen als die meisten Männer. Ich erzählte Twin Dreamers von meinen Gedanken.

«Stimmt», erwiderte sie. «Als Lehrerinnen und Medizinfrauen haben wir die Aufgabe, Männer und Frauen dazu zu bringen, sich wieder mit ihrem ganzen Wesen anzufreunden. Den Männern dieser Welt müssen wir helfen, daß sie wieder lernen, ihren Instinkt kreativ einzusetzen, anstatt sich durch Zerstörung und Krieg mitzuteilen.»

Ich hatte noch viele Fragen, aber Twin Dreamers wehrte ab. «Genug geredet. Schlaf jetzt!»

Sie wandte sich ab und rollte sich in ihre Decken ein. Ich wagte nicht zu sprechen und sie zu stören. Fast augenblicklich war sie eingeschlafen. Lange Zeit saß ich regungslos am Feuer. Viele Gedanken schossen mir durch den Kopf, und trotz meiner Müdigkeit war ich hellwach.

Ich stand auf und lief ein Stück hinaus auf die Wiese. Im Mondschein erstrahlte Arion silbrig und violett. Als ich meinen Arm um seinen Hals legte, wieherte er leise. Er wandte sein mächtiges Haupt und knabberte an meinen Jeans. Ich tätschelte ihn und fuhr ihm durch die Nackenhaare, wobei er wohlig zusammenzuckte. Dann kehrte ich zurück an das verglimmende Lagerfeuer. Im Hintergrund vernahm ich leise Huftritte. Arion folgte mir mit gesenktem Kopf. Er kam mit bis ans Feuer und wollte nicht von mir weichen.

Plötzlich überkam mich eine große Müdigkeit. Ich war völlig erschöpft. «Arion, mein wundervoller Medizinhund, ich brauche jetzt ein bißchen Ruhe.»

Die Bäume rauschten leise im Wind. Ich kroch unter meine Decken. Arion legte sich sanft an meiner Seite nieder, als hätte er nie etwas anderes getan. Wenn ein Pferd in deiner Gegenwart liegen bleibt und sich sogar neben dich legt, ist das ein großer Vertrauensbeweis. Ich streichelte ihn und legte zuletzt meinen Kopf an seinen Nacken, so wie es die alten Kelten und Beduinen jahrhundertelang zu tun pflegten. Wohlbehütet wie ein kleines Kind schlief ich ein.

Spiegelmacher kennen das Geheimnis –
man fertigt keinen Spiegel an nach dem Bilde des Menschen,
man bringt den Menschen zum Spiegel.

Jack Spicer

4
Auflösung

Am nächsten Morgen hörte ich Stimmen, hatte aber Schwierigkeiten mit dem Wachwerden. Um mich herum erscholl lautes Gelächter. Ich schlug die Augen auf, und es war noch früh am Morgen. Im Osten schob sich gerade ein Band goldenen Lichts über den Horizont. Arion graste weit draußen auf der Weide. Der Kaffee brodelte im Topf, und über dem Feuer brutzelten in einer Bratpfanne Eier und geröstetes Brot. Mir knurrte der Magen, ich hatte einen Bärenhunger. Twin Dreamers zog die Pfanne vom Feuer und legte geschwind Holz nach. Sie feixte mit jemandem hinter mir. Neugierig rollte ich mich auf die andere Seite.

Ich war ja auf alles gefaßt gewesen, aber als ich Agnes, Ruby und July dort sitzen sah, fiel ich doch aus allen Wolken. Die drei grinsten mich an, als wären sie nicht ganz beisammen. Mit einem Satz sprang ich auf, und wir umarmten uns alle vier gleichzeitig. Ich freute mich so, sie zu sehen. Alle lachten und schwatzten durcheinander.

«Wie seid ihr denn hierher gekommen?» wollte ich wissen.

«Du glaubst wohl, wir sind auf Besen hergeritten», entgegnete Ruby. «July hat uns mit ihrem gerade erstandenen Pickup gefahren.»

«Ich dachte plötzlich, du hättest dein Flugticket nach Kanada verloren», sagte Agnes.

Und Ruby meinte: «Wenn du dich in schlechter Gesellschaft befindest, kann fast alles passieren. Übrigens, ist das deine Tasche? July sagt, daß dein Name draufsteht, ich kann ja nicht lesen.» Ruby grinste. Sie fand ihre Witze über ihr Blindsein immer wieder lustig.

Und ich war immer wieder erstaunt, daß Ruby anscheinend besser sah als jede von uns. Zaghaft griff ich nach meiner Tasche. «Wo habt ihr sie gefunden? Da sind meine ganzen wichtigen Papiere drin.»

«Dann solltest du sie aber nicht mitten auf einem Feld stehenlassen. Das war sehr leichtsinnig.»

«Agnes, du hast ja keine Ahnung, was mir passiert ist. Ich habe Ben und Drum in Kalifornien getroffen, und sie...»

«Ich kann es mir schon denken», unterbrach mich Agnes. «Du hast dich mal wieder wie ein Dummkopf verhalten.»

«Ja, du solltest Ben und Drum in Zukunft meiden», stimmte ihr Ruby zu. «Die beiden meinen es nicht gut mit dir.»

«Zum Glück hat Twin Dreamers auf dich aufgepaßt, sonst müßte die Schwesternschaft jetzt auf ihre jüngste Schwester verzichten», sagte Agnes. «Doch jetzt laßt uns essen, denn ich sterbe vor Hunger.»

Ich öffnete meine Schultertasche und stellte erleichtert fest, daß anscheinend nichts fehlte, nicht einmal meine Brieftasche. Wir machten es uns auf den Decken bequem und frühstückten gemütlich. Arion kam zu uns herüber und beschnüffelte alles voller Neugier.

Gleich nach dem Frühstück nahm Twin Dreamers ihr Tuch und legte es mir um die Schultern. Sie half noch beim Geschirrspülen, umarmte dann July, Ruby und Agnes und wandte sich zuletzt an mich.

«Leider muß ich jetzt gehen.»

«Ich danke dir für deine Hilfe und deinen Rat», entgegnete ich.

«Damit ist jetzt erst mal Schluß, aber wir werden uns bestimmt wiedersehen.»

«Aber Twin Dreamers, ich habe noch so viele Fragen an dich. Bitte ...»

«Nein, mein Kind. Deine Reise geht jetzt in Richtung Norden. Komm, wir wollen noch mit Arion sprechen.»

Ich folgte ihr auf die Wiese. Als wir näher kamen, fuhr Arion mit dem Kopf hoch und streckte sein Gesicht der Sonne entgegen. Mit geblähten Nüstern inspizierte er die Luftbewegungen. Seine Augen waren hellwach und erkannten blitzschnell die Grenzen von Licht und Schatten. Twin Dreamers sah mich lange prüfend an, dann strich sie sanft über Arions Hals, bis sich sein Schweif im gleichen Takt wie sein hin und her wippender Kopf bewegte. Doch plötzlich bäumte er sich mit aller Gewalt auf und drehte sich nach den Richtungen des Windes. In seinem Blick lag Entschlossenheit zur Freiheit und zu seiner eigenen Wildheit. Und dann galoppierte er davon.

Meine Augen nahmen alles nur noch verschwommen wahr. Twin Dreamers trieb schräg von mir weg in Arions Richtung. Irgendeine Kraft drängte mich rückwärts. Twin Dreamers schien ihre Füße und Beine nicht zu bewegen. Einen Augenblick lang dachte ich, sie würde schrumpfen, so als sähe ich sie durch ein umgedrehtes Fernrohr. Auch die Wiese nahm ich verzerrt wahr. Sie schien sich auszudehnen zu einer gekippten Ebene, auf der alles in sich selbst zusammenfiel. Mich fröstelte. In der Ferne sah ich ein flackerndes Licht aufleuchten, das Arion ganz einhüllte. Es flackerte immer schneller und tat meinen Augen weh. Das Gras auf der Wiese funkelte wie Smaragde, und der Boden selbst wurde zu geschmolzenem Saphir. Arion war in Gold, Kupfer und Silber getaucht.

Ich sank auf die Knie und schnappte nach Luft. Das letzte, was ich von Arion sah, war seine dahingaloppierende Silhouette am Horizont, den Schweif hocherhoben wie eine Feuersäule im Wind. Plötzlich merkte ich, daß Agnes und Ruby neben mir standen und mich hochzogen.

«Was ist geschehen?» fragte ich.

«Wie soll ich das wissen?» gab Ruby zurück und blinzelte mit ihren opalisierenden Augen. «Aber es sah phantastisch aus.»

«Was mag bloß mit Twin Dreamers passiert sein?» wunderte sich Agnes. «Vielleicht ist sie in ein Loch gefallen. Sollen wir mal nachsehen, Ruby?»

«Wir sollen schon, aber wir müssen doch auf Lynn aufpassen, sonst fällt sie noch in dasselbe Loch.»

«Immer, wenn ich Lynn sehe, spielen sich die verrücktesten Dinge ab. Gut, daß wir sie nicht ständig um uns haben», meinte Agnes.

«Agnes», rief ich, noch immer ganz außer Atem, «das stimmt nicht. Es ist nicht meine Schuld.»

«Doch», erwiderte Ruby. «Wenn du dabei bist, steht alles kopf. Du siehst zwar ganz harmlos aus, aber ich schwöre dir, daß dir Wirrwarr und Chaos auf dem Fuße folgen.»

«Ist was, Lynn?» fragte July, die unbemerkt hinzugetreten war. «Du siehst aus, als hättest du einen Geist gesehen.»

«So etwas Ähnliches», stammelte ich.

Mit allerlei Späßen und Scherzen konnten sie mich schließlich wieder beruhigen. Bald darauf fuhren wir in Julys altem grünen Pickup einen holprigen Feldweg entlang. Wir saßen alle vier zusammengequetscht auf der vorderen Sitzbank. Der Wagen war groß und klapprig und an der Unterseite vom Schnee und Salz schon ziemlich zerfressen. Ausgestattet war er mit riesigen Winterreifen, die, als wir die Landstraße erreichten, ein dröhnendes Summen von sich gaben. Alle Reifen waren unterschiedlich, und die Radkappen fehlten. Beide Außenspiegel waren lose und klapperten im Wind. Die Fahrertür wurde nur durch Draht gehalten. Die Türverkleidungen waren voller Risse und Löcher. Aus dem aufgeschlitzten Sitzpolster quollen der Schaumgummi und die Wattierung. Eine alte Armeedecke bedeckte notdürftig die Löcher, und durch die Bodenbleche konnte man auf die Straße sehen. Eine alte Truthahnfeder und ein geschnitzter Pfeifenstein baumelten vom Rückspiegel herab, der an einer mit Perlen besetzten Platte befestigt war. Die Scheiben waren so schmutzig und schmierig, daß ich kaum hindurchsehen konnte, aber trotzdem machte es Spaß, die tanzenden Sonnenstrahlen zu beobachten, die in den Ölspritzern auf der Windschutzscheibe prismenförmige Muster annahmen.

Meile um Meile legten wir zurück. Nach einer Weile sagte ich zu Agnes: «Ich muß mit dir über Twin Dreamers reden.»

«Nur zu.»

«Also, Twin Dreamers hat mir erzählt, daß sie eine Meisterin der Verwandlung ist und der Tod ihr nichts anhaben kann. Hat sie sich vorhin auf der Wiese in Arion verwandelt, oder was ist da passiert?»

«Twin Dreamers gehört zur alten Schwesternschaft.»

«Aber du hast doch gesagt, daß die Schwestern dieser Gemeinschaft schon viele tausend Jahre alt sind.»

«Das ist richtig. Wer weiß, wie lange sie schon auf der Erde umherwandert.»

«Sind denn die Schwestern wirklich schon Jahrtausende alt?» fragte ich ungläubig.

«Ja, sicher», erwiderte Agnes. «Wir sind nicht erst gestern geboren, wie du weißt.»

July bekam ebenso große Augen wie ich. Einen Moment lang befürchtete ich schon, der Wagen würde ins Schleudern geraten. Wir rutschten mit den Rädern in eine Furche und stießen uns alle vier gleichzeitig den Kopf am Blech des Wagendaches. Ruby und Agnes waren bester Laune und knufften sich gegenseitig in die Seite. Mir verschlug es wieder einmal die Sprache. Aus irgendeinem Grund mußte ich plötzlich an Gertrude Stein auf ihrem Totenbett denken. Sie wurde gefragt, ob sie die Antwort auf ihre Fragen gefunden hätte. «Viel entscheidender ist doch, wie lautet die Frage», gab sie zur Antwort. Ich war völlig verwirrt. Wie konnte ich Agnes etwas fragen, wenn sie mit ihren Antworten meine rationale Denkweise immer wieder völlig ins Wanken brachte?

Agnes malte mit ihrem Finger eine Spirale auf das staubige Armaturenbrett und zeigte darauf. «Um Twin Dreamers und ihre Lebensweise zu verstehen, mußt du dorthin zurückkehren.» Sie zog die sich windende Linie noch einmal nach. Mir wurde davon leicht schwindlig. «Hier ist dein Tod», sagte sie.

«Das fühlt sich nicht an wie tödlicher Staub», meinte Ruby, nachdem sie eine Prise davon zwischen zwei Fingern zerrieben hatte. «Tödlicher Staub ist grobkörniger.»

«Wie du ja weißt», fuhr Agnes fort, «gilt die Spirale bei uns Indianern als heilig. Sie ist weitaus mehr als nur ein einfaches Gebilde aus Raum und Zeit. In ihr findest du auf alles die Antwort, Lynn.»

«Die Antwort, nach der du suchst», fügte Ruby hinzu.

July riß das Steuer herum, um einer Schildkröte auszuweichen.

«July, fahr gefälligst etwas langsamer», schimpfte Ruby.

«So schlecht wie du fährt keine. Ich will mit heilen Knochen in der Reservation ankommen, und du doch sicher auch, Agnes.»

«Aber sicher», entgegnete Agnes. «Doch laß mich noch mal auf das von eben zurückkommen, Lynn. Du tust gut daran, die Lehren der Spirale anzunehmen. Deshalb werde ich sie so lange wiederholen, bis du sie begreifst.»

«Ja, ja, Lynn, lerne du deine Lektionen. Von deinen Lektionen kriege ich Ohrenschmerzen. Also beeil dich, Agnes», warf Ruby mit qualvollem Gesichtsausdruck ein.

Agnes bohrte ihren Finger mitten in die Spirale aus Staub. «Wenn du geboren wirst, kommst du aus der Leere, aus dem Ungewissen. Aus dem Formlosen im Zentrum der Spirale wirst du geboren. Du schmückst dich mit den feinen Federn von Raum und Zeit, und legst dir einen Geist an. Du denkst, du bist dieser Geist. Deine Erdenwanderung führt dich spiralförmig vom Zentrum weg. Je weiter du dich fortbewegst, desto erdgebundener wirst du», sagte sie und fuhr mit ihrem Finger an das äußere Ende der Spirale. «Durch deine Erfahrungen und all deine Lebensumstände nimmst du Form an. Du erstarrst in Abhängigkeiten und in dem, was du Zeit nennst.»

«Das ist die allgemeine Bezeichnung dafür», redete Ruby dazwischen. «Zeit, Tageszeit, Nachtzeit, lauter Zeit.»

«Um die Form zu behalten», sagte Agnes etwas leiser, «mußt du dir ein denkendes Bewußtsein zulegen, ein Ego, das wiederum von der Zeit abhängig ist.»

«Um es kurz zu machen», sagte Ruby, «Agnes versucht dir klarzumachen, daß Twin Dreamers den Verstand, also ihr Ego, verloren hat.»

«Das verstehe ich nicht», entgegnete ich.

«Klar, daß du das nicht verstehst», meinte Ruby, «denn sonst würdest du uns nämlich unterrichten und wir hätten einen Dummkopf als Lehrerin.» Sie lachte über ihre eigene Feststellung.

«Twin Dreamers gehört nicht mehr den Traumtänzern der Zeit an», fuhr Agnes fort. «Bei unserer Erdenwanderung haben wir es mit drei Symbolen zu tun: dem Adler, der Uhr und dem Maulwurf. Twin Dreamers war eine der wenigen, die die Uhr zerschlagen konnten.»

Ruby lachte. «Genau, Twin Dreamers hat die Uhr kaputtgemacht. Sie ist die Frau, die die Zeit kaputtgemacht hat. Das ist eine ganze neue Sichtweise, Agnes.»

«Ich verstehe noch immer nicht. Wie kann sie die Uhr und die Zeit zerschlagen?»

«Durch die Auflösung ihres Egos ist sie in der Lage, in ein anderes Ego zu schlüpfen. Diese Kunst beherrscht sie so perfekt, daß sie eine andere Gestalt annehmen kann und somit Teil eines anderen Träumers Traum wird.» Agnes blickte mich kühl an und sagte dann: «Woher willst du wissen, ob du nicht auch auf die eine oder andere Weise eine Meisterin der Verwandlung bist? Vielleicht erinnerst du dich bloß nicht an deine Träume.»

Ruby gab mir einen Knuff in die Seite. «Im Grunde beherrschen wir alle die Kunst der Verwandlung, aber manche wissen es und manche eben nicht.» Sie langte mit ihrer Hand herüber und verwischte die Spirale kurzentschlossen. «So ähnlich hat sie es wohl gemacht», und damit meinte sie Twin Dreamers.

Die kanadische Grenze lag bereits hinter uns, und wir fuhren nun in westlicher Richtung. In der ersten Nacht übernachteten wir im Freien. Zum Abendbrot gab es im Feuer gebackene Kartoffeln. July und ich schliefen hinten auf ihrem Pickup. Wir schwatzten und lachten bis tief in die Nacht und sahen dabei hinauf zu den Sternen, zu den Pfaden unserer Seele. Es gab in der Gegend eine Menge

Insekten, die mich die halbe Nacht mit ihrem Summen und Surren plagten, aber zu guter Letzt schlief auch ich ein. Am nächsten Morgen brachen wir schon früh auf. Gegen Mittag hielten wir zum Essen an einem kleinen Restaurant am Wege. Es hieß «Bei Maria» und war von innen ganz schummerig und düster. Alle vier nahmen wir an einem wackeligen, rechteckigen Tisch Platz, der auf einem großen Metallfuß ruhte. Der Tisch erinnerte mich an meine Teenagerzeit in Seattle, wo wir damals nach dem Rollschuhlaufen an ebensolchen Tischen beisammensaßen. Agnes stach mit ihren Zahnstocher in die Löcher der verblichenen rot-weiß karierten Plastiktischdecke. Aus der Musikbox im menschenleeren Speiseraum plärrte Musik aus den Fünfzigern. Direkt neben uns stand eine schmierige Glasvitrine mit Sonnenbrillen, Tonkassetten und einem Sonderangebot für vergoldete Ringe und billige Uhren zum Muttertag.

Eine füllige Frau mit blauem Kopftuch und schmutziger Schürze kam zu uns an den Tisch. Mit den Worten: «Heute sind Hähnchen nach Art des Hauses mit Klößen besonders zu empfehlen» ließ sie vier Speisekarten fallen.

Wir sahen uns alle vier an und sagten wie im Chor: «Das nehme ich.»

Sie notierte unsere Bestellung, und wir gingen eine nach der anderen in den Waschraum, um uns frischzumachen. Bevor Agnes an unseren Tisch zurückkam, verschwand sie noch einmal kurz in der Küche. Wir hörten sie mit dem Koch reden. Sie kam mit einem großen Glas Wasser, in dem Eiswürfel schwammen, wieder heraus und setzte sich frischgekämmt und mit blitzenden Augen zu uns. Das Glas stellte sie in die Mitte des Tisches, wo bereits Salz, Pfeffer und eine halbvolle Flasche Ketchup standen. Dann lächelte sie und blickte in die Runde.

«Aber Agnes», sagte Ruby, «willst du mir mit deiner indianischen Weisheit auch noch das Essen verderben?»

Agnes lächelte stillvergnügt. «Lynn, schau dir mal dieses Glas an.» Mit ihren dunklen, knotigen Fingern hielt sie mir das Glas mit dem Eiswasser direkt vor die Nase. Ich sah, daß ihre dicken Fingernägel perfekt gefeilt waren. «Beschreib mir das Glas.»

«Also, es ist ein Glas frisches Wasser, und darin schwimmen Eiswürfel.» Mir war nicht ganz klar, worauf sie hinauswollte.

«Nimm einmal an, du und dein Leben, ihr seid dieses Glas Wasser.»

«Wie meinst du das, Agnes?»

«Du bist wie ein Eiswürfel, der auf dem Wasser schwimmt.»

«Du hast recht, Agnes», entgegnete Ruby bissig. «Ich weiß genau, was du meinst. Lynn ist zu mir immer sehr kühl.»

«Ruby, das stimmt nicht. Manchmal fürchte ich mich etwas vor dir, das ist alles.»

«Jetzt hör mal zu, Lynn», fuhr Agnes fort. «Stell dir vor, du bist jetzt ein Eiswürfel im Glas, und das Wasser im Glas ist das alles umgebende Meer der Erleuchtung. Und du treibst darauf wie ein Eiswürfel.»

«Zeig mir mal das Glas», bat Ruby. Sie entriß es Agnes und hielt es dicht vor ihre trüben blauen Augen. Die Eiswürfel klirrten, als sie ihren Kopf auf die Seite legte. «Das ist also Lynn, okay. Wie aus dem Gesicht geschnitten.»

Agnes schnappte ihr das Glas wieder weg. «Als Eiswürfel blickst du herab auf das Urmeer, und du erkennst eine große Wahrheit.»

«Welche?»

«Du erkennst, daß du aus der gleichen Substanz erschaffen bist. Du bestehst aus Wasser. Es gibt nur einen Unterschied. Weißt du welchen?»

«Ich bin gefrorenes Wasser.»

«Richtig, der Unterschied besteht in der Temperatur.»

«Das ist doch altbekannt», unterbrach Ruby sie aufs neue. «Wir wissen doch alle, daß Lynn ein Eisberg ist.»

«Ruby!» maulte ich sie an.

July, die uns schon die ganze Zeit beobachtet hatte, kicherte.

«Es ist wichtig zu wissen, was du tust, wenn du auf der guten alten Mutter Erde lebst», sagte Agnes, bückte sich und legte ihre Hand auf den Fußboden. «Und warum hast du eine Medizinfrau gefunden, die dich unterrichtet?»

«Um zu lernen.»

«Aber warum plagen wir uns damit herum, irgend etwas zu lernen? Und was noch wichtiger ist, warum quälen wir uns so mit unseren Gewohnheiten und Süchten ab? Die gleiche Frage hat dir unsere Schwester Zoila vor ein paar Jahren in La Caldera schon einmal gestellt. Wie lautet die Antwort?»

«Um Wissen zu erlangen.»

«Doch wozu brauchen wir Wissen, wenn wir es am Ende doch nur wieder verlernen müssen?»

«Um zu lehren und zu heilen.»

«Aber wozu das alles, Lynn?»

«Um das Männliche und das Weibliche auf Erden wieder in Einklang zu bringen.»

«Ja, aber warum?»

«Um den Menschen zu helfen.»

«Du kannst den Menschen niemals helfen.»

«Warum muß ich dann überhaupt all dies durchmachen?»

Wir hielten einen Moment lang inne, denn aus dem Nebenraum kam ein Paar herein, bezahlte seine Rechnung und verließ das Lokal.

«Wir machen diese Erdenwanderung nur aus einem einzigen Grund. Diese Schildkröteninsel ist ein riesiges Schulhaus. Wir sind nur deshalb hierher gekommen, weil wir eins werden wollen mit dem Großen Geist. Du würdest sagen, um die Erleuchtung zu erlangen. Und dennoch ist es das, wovor wir uns am meisten fürchten. Du bist aus dem gleichen Grund hier wie alle anderen auch.» Agnes richtete ihre Worte nun an Ruby. «Du als Eiswürfel versuchst, dich im weiten Meer der Erleuchtung aufzulösen. Aber wie machst du das?» «Ich bin sicher, du hast dafür eine einfache Erklärung», entgegnete Ruby und bohrte sich mit einem Zahnstocher zwischen den Zähnen herum.

«Du findest einen Lehrer», sagte Agnes, «und dieser Lehrer hält dir einen Spiegel vor. Wenn du bereit bist hineinzuschauen, wird der Spiegel zu einer Sonne, die dich erwärmt. Und langsam löst du dich dann im Meer auf.»

«Wie geht dieses Auflösen denn vor sich?»

«Gute Frage», warf Ruby prustend ein.

«Ja, in der Tat», pflichtete Agnes ihr bei. «Kannst du dich an die Lektionen von Zoila und Jaguarfrau erinnern?»

«Ja, natürlich, sogar recht gut. Wie könnte ich das je vergessen?»

«Die meisten dieser Lektionen, insbesondere deine Erfahrungen in La Caldera, sollten dir helfen, deinen Standpunkt zu finden und zu erkennen. Eine Kriegerin tritt der Welt unbeschwert gegenüber, leicht wie eine Feder. Du aber mußtest entdecken, daß du festsaßest in einem Sumpf voller Abhängigkeiten.»

«Ja, ich weiß. Doch wie bringt mich das zum Schmelzen?»

«Wenn du keine Kriegerin bist, wenn du der Welt nicht leichtfüßig gegenübertrittst, dann lauern auf dich viele Gefahren. Es kann dir passieren, daß du dich zu sehr in irgend etwas verstrickst. Wenn du beispielsweise in Traurigkeit verfällst, dann vergeudest du in Wirklichkeit deine kostbare Lebenskraft, und du als Eiswürfel wirst noch kälter. Bleibst du kalt und nimmst statt des Einsseins nur einen Zustand der Dualität wahr, dann bist du vom Meer des Großen Geistes getrennt. Der große Spiegel öffnet sich dir dann nicht, folglich gibt es auch keine Transzendenz.»

«Ich fange an zu verstehen.»

«Die Kriegerin muß direkt in den großen Spiegel hineinsehen, damit sie erwärmt wird und schmelzen kann.»

Die Serviererin rauschte mit unseren vier Tellern herein, die sie waghalsig auf ihrem Arm balancierte. Mit Getöse stellte sie die Teller auf dem Tisch ab und schob jeweils einen vor jede von uns. Dann verschwand sie wieder, um die Getränke zu holen. Ich ertappte mich dabei, wie ich noch immer ganz benommen auf die Eiswürfel im Glas starrte.

«Denk darüber nach», meinte Agnes.

«Ja, Lynn.» Ruby stach mit ihrer Gabel in einen Kloß. «Denk bitte darüber nach.»

Mir wurde auf einmal ganz eigenartig. Es mußte an dem Gleichnis liegen und an der Art und Weise, wie Agnes es mir erklärt hatte. Einen Augenblick lang glaubte ich, daß mein Körper dahinschwinde und mein Geist von einem Lichtermeer erfüllt würde. Dann fing ich mich wieder. Die Vorstellung jagte mir einen solchen Schrecken ein, daß ich heftig nach Atem rang.

Ruby schüttelte den Kopf. «Beinahe, Agnes. Noch nicht ganz! Sie kann einfach nicht loslassen.»

Agnes redete mir freundlich zu. «Lynn, du solltest

lieber essen. Du hast deinen Teller ja noch nicht einmal angerührt.»

Keine blickte von ihrem Teller auf, sie aßen wie die Scheunendrescher. Nur ich stocherte lustlos in meinem Essen herum. Dann bestellten wir alle einen Kaffee, und Ruby bestand auf einer Apfelpastete mit Eis. July sprach über ihren neugekauften Wagen. Er war das erste nennenswerte Stück, das sie jemals besessen hatte, und sie liebte es heiß und innig. Ich mußte an eine Freundin in Kalifornien denken. Sie war ganz unglücklich über ihren neuen Porsche und verärgert darüber, daß sie nicht das teuerste Modell bekommen hatte. «Oh, ich liebe meinen Wagen», schwärmte July, und ihr Lächeln war der Beweis für ihre Zufriedenheit.

Ruby rauchte eine Zigarette, und Musik aus den fünfziger Jahren schallte aus dem Nebenraum zu uns herüber. Agnes fing auf einmal an, ihren Fuß im Rhythmus der Musik zu bewegen. Dann formte sie, wie schon so oft, mit ihren Fingern ein merkwürdiges Symbol. Sie grinste mich an, und dabei kam eine Reihe blitzblanker weißer Zähne zum Vorschein. Ihre Schultern begannen sich hin und her zu wiegen, ihre Finger schlugen den Takt, und sie stimmte ein in die Musik: «A-la-la-la-la-bamba...»

All die verschiedenen Lichtquellen
geben Licht ab.
Das Licht des Herzens (die Sonne).
Das Licht des Geistes (der Mond).
Durch unser Herbeisehnen und Haben
wird alles möglich.

Linda Gregg

5
Die Macht über den Wind

Ja», sagte Agnes, «*Heava*, unser Schatten oder unsere dunkle Seite, ist nicht nur unsere unterdrückte Wildheit, sondern auch die Ursache für unsere Unfähigkeit, uns von unserem Ego zu lösen. Du mußt lernen, die Hütte deines Selbst zu verlassen und dich nie mehr danach umzublicken. Die Hütte deines Selbst, die deinem Ego entspricht, ist nicht, wo du lebst. Auf dem Weg von der Hütte deines Selbst zu deiner Traumhütte erfährst du, wer du bist. Der Weg, die Bewegung zwischen den vielen Hütten deines eigenen kleinen Dorfes, birgt in sich große Macht.»

Agnes zeichnete mit einem Zweig mehrere konzentrierte Kreise auf den sandigen Boden, während sie diese Antwort auf Julys Frage gab. Wir vier hockten auf einem Felsgrat hoch oben in den Bergen. Wie eine Bande von Plünderern und Banditen blickten wir hinab auf eine verschlafene Siedlung aus Holzhäusern entlang der Asphaltstraße, auf der wir nun schon seit Stunden gefahren waren. Ich hatte es mir auf einem ausgehöhlten Stein gemütlich gemacht. Genüßlich lehnte ich mit dem Rücken an der von der Sonne aufgeheizten Fläche und ließ mir den warmen Südwind ins Gesicht blasen.

«Ich bin entsetzlich müde», jammerte July. «Erst sitze ich über dreihundert Meilen hinter dem Steuer, und dann zwingt ihr mich auch noch, diesen Berg hochzuklettern. Ich brauche jetzt eine Ruhepause, sonst muß Ruby gleich weiterfahren.»

«Na gut, dann ruh dich eben aus», meinte Ruby kurz.

July zog sich ihr Tuch über die Schultern, rollte sich auf einem flachen Felsvorsprung zusammen und schlief kurz darauf ein. Agnes und Ruby blickten erst sie an und dann mich.

«Was ist?» Fragend sah ich sie aus halb zusammengekniffenen Augen an. Der Wind war stärker geworden, und vom aufgewirbelten Staub tränten mir die Augen.

Agnes war nicht mehr dieselbe. Ihr Gesicht erschien im Abendlicht noch dunkler und furchiger. Die Sonne im Westen sah aus wie ein riesiger goldener Feuerball. Als Agnes ihre Schultern straffte, war der türkisfarbene Himmel hinter ihr bereits mit vielen orangeroten Tupfern übersät. Sie strich sich übers Kinn und legte den Kopf schief. In dem Moment erinnerte sie mich an einen vorzeitlichen Raubvogel. Langsam bewegte sie ihre Hände auf mich zu und legte sie mir auf die Wangen.

«Sieh mich an», flüsterte sie.

Sie erschien mir wie eine Projektion quer durch die Zeit hindurch. Der Wind legte sich, und meine Augen hörten auf zu tränen. Sie starrte unentwegt in meine Augen. Um uns herum herrschte eine Grabesstille. Kein Lüftchen regte sich. Der Sturm, der uns eine Weile durchgeschüttelt hatte, war völlig abgeflaut.

«In deiner Mondhütte wohnt eine schwarzgeschwänzte Hirschkuh», murmelte Ruby aus dem Hintergrund. «Wenn sie mit den Ohren wackelt, weht der Wind. Diese Medizin sitzt tief in deinem Innersten. Weißt du denn nicht, daß das alles aus dir kommt?» Etwas an Rubys Stimme und die Eindringlichkeit, die darin lag, verursachte mir eine Gänsehaut.

Ich richtete meinen Blick weiter auf Agnes.

«Man kann lernen, die Windrichtung zu ändern.»

«Wie soll das gehen?»

«Wir tun es ständig. Wir sind uns dessen nicht bewußt.»

«Wann denn?»

«Wenn du deine Traurigkeit losläßt.»

«Aber was hat meine Traurigkeit mit dem Wind zu tun?»

«Alle Gefühle sind eng verknüpft mit dem Wind. Du mußt diese Gefühle durch dich hindurchfließen und ihren Weg gehen lassen, sonst ziehst du negative Energie an. Und genau das passiert, wenn du dich an deine unaufgelöste Traurigkeit klammerst.»

«Ich weiß, daß mich oft eine große Traurigkeit befällt, aber ich weiß nicht einmal, weshalb.»

«Der Tod deines Vaters steckt dir tief in den Knochen. Du hältst ihn in dir versteckt, damit du nicht ständig daran erinnert wirst.»

«Das mag wohl stimmen.»

«Ich lasse dich jetzt allein, und du gehst zurück in dein altes Denkmuster. Nun achte darauf, was passiert.»

Agnes entfernte sich ein Stück und kehrte mir den Rücken zu. Es gelang mir, ein Gefühl der Traurigkeit herauszukristallisieren. Ich merkte, wie es langsam in mir hochstieg und mich schließlich ganz erfüllte. Zugleich kam überraschenderweise von Süden ein stürmischer Wind auf.

Agnes drehte sich zu mir um. «Naturgemäß sind die Elemente zwar vorhanden, aber durch unsere überschüssige und mangelnde Energie treiben wir ein rücksichtsloses Spiel mit ihnen. In diesem Augenblick vergeudest du gerade deine Energie mit der Aussendung negativer Gedankenströme. Du bindest die Trauer in deinen Knochen und nimmst keine Rücksicht auf die Folgen, die deiner Schwester, dem Wind, daraus erwachsen.»

«Das war mir aber nicht bewußt.»

«Haben wir nicht schon viele Male über Energie gesprochen, sowohl über unsere eigene als auch die uns umgebende. Besteht nicht alles aus Energie?»

«Ja.»

«Hast du etwa vergessen, daß die Energie den Gedanken weiterspinnt?»

«Nein.»

«Du kannst viele Wege beschreiten, es gibt viele Philosophien und viele Religionen. Doch der Pfad der Kriegerin – der Pfad des Magiers oder Medizinmenschen – ist ein Pfad der Energie, die aus dem Herzen kommt. Frauen sind Energiespenderinnen. Die erste Hälfte ihres Lebens verbringen sie meist damit, für ihre Familie oder andere Menschen zu sorgen. Aber eine Frau weiß, daß sie sich trotz ihrer hinausströmenden Energie nicht verausgabt. In dieser männerorientierten Welt gilt sie vielleicht als die Unterlegene, doch selbst in ihrer bescheidenen Stellung sammelt sie noch zusätzliche Kräfte. Es gibt keine wildere Kriegerin als eine Frau, die gelernt hat, den Wind zu lenken. Wenn sie nämlich die Windrichtung ändern kann, dann kann sie auch ihre eigenen Gedanken lenken, oder ganz zum Schweigen bringen. Sie findet Ruhe und Besinnung und gelangt durch die äußeren Lebensumstände zu innerer Macht. Die alchemische Verwandlung der von außen nach innen gelenkten Energie ist die Alchemie der Erleuchtung.»

«Aber sind nicht viele Frauen empfänglich, und haben sie nicht ein ausgefülltes Innenleben?»

«Ja, sicher, aber redest du jetzt nicht von dir?»

«Doch, das tue ich.»

«Und kannst du die Windrichtung ändern?»

«Agnes, du weißt doch genau, daß ich es nicht kann.»

«So ist es eben. Wer mit offenen Augen träumt und wie

eine Milchkuh ständig sein seelisches Futter wiederkäut, der besitzt keine Macht.»

«In der Tat ein tolles Innenleben», rügte mich Ruby, als spräche mein zweites Ich mit mir.

«Du stehst als Kriegerin vor einem Dilemma, denn wie kannst du einen Wirbelwind erzeugen oder Energie aufwirbeln und sie dann umwandeln?»

«Aber es ist doch unmöglich, seine Gedanken ständig unter Kontrolle zu halten», erwiderte ich.

Agnes hob brüsk ihren Arm und antwortete: «Wie alles im Leben ist das, was du vor dir siehst, ein gewaltiges Instrument, ein Werkzeug.» Mit einer weit ausholenden Gebärde deutete sie auf den Horizont. Der Himmel leuchtete in allen Farben, und ich fühlte mich zurückversetzt an den Anbeginn der Zeit. Es war so, als sähen wir herab auf eine längst vergangene Welt. Über uns türmten sich vergoldete Gewitterwolken, aber hin und wieder drang goldenes und purpurrotes Licht durch. Der Wind fegte durch die tieferhängende Wolkenschicht und hinterließ einen dünnen Wolkenteppich, der so rosa war wie eine Babydecke. Vor uns erstreckten sich in einem prachtvollen Licht Kanada und der Norden von Montana über Hunderte von Meilen.

«Die Welt ist ein Instrument?»

«Ja, alles ist ein Instrument. Religionen, Medizinlehren, ja, auch der schöne Körper, mit dem du gesegnet bist. Deine äußeren Lebensumstände sind keineswegs problematisch. Es sind lediglich Herausforderungen oder Instrumente, durch die du wachsen kannst.»

«Du hast dir diese Instrumente ausgesucht», raunte Ruby mir zu, «sogar den Tod deines Vaters.»

«Du schaust nicht in die richtige Windrichtung», sagte Agnes und rückte meine Schultern um eine Vierteldrehung sonnenwärts. «Schau dorthin. Du hast nicht die Haltung einer Kriegerin, denn du siehst dem Tod deines Vaters nicht ins Auge, sondern wendest dich ab, und ein rauher Wind bläst dir ins Gesicht und nimmt dir jede Energie. Es kommt nicht darauf an, wer du bist, sondern in welche Richtung du schaust. Dann kannst du sehen, welche Winde dir entgegenwehen. Manche Winde sind freundlich gesinnt und wollen mit dir spielen. Es gibt heiße und kalte Winde. Es gibt verrückte Winde, die sich deines Geistes bemächtigen. Es gibt trügerische Winde, denen du nur auf eigene Gefahr folgen kannst. Es gibt mütterliche und väterliche Winde. Es gibt Medizinwinde und tugendhafte Winde. Es gibt Winde, die über den Boden streichen, und Winde hoch über dir. Willst du etwas über den Wind erfahren, dann studiere alles, was Flügel hat. Tiere mit Flügeln kennen die Winde besser als jeder Mensch.»

Der Wind legte sich, und dann war alles still. Plötzlich überkam mich eine unerklärliche Angst, denn mit der Windstille senkte sich die Dunkelheit auf uns herab; nur der Mond strahlte vom Himmel.

«Jetzt kommt der Nachtwind», erklärte Ruby. «Es ist ein düsterer Wind, der bei Vollmond zunimmt.»

Ich spürte, wie die Stille der Nacht mit jedem Atemzug in meinen Körper eindrang. Das Mondlicht hingegen konnte ich nicht spüren, ich erschrak darüber, und mich schauderte.

«Sieh es einmal von dieser Warte aus, Lynn», sagte Agnes, die meine Angst spürte und mir beruhigend über den Arm strich. «Der Wind ist ein Sänger, der größte Sänger aller Zeiten. Er kennt Tausende von Melodien und Sinfonien. Aber alle kannst du nicht hören, und das liegt weniger an der Größe deiner Ohren als an deiner geringen Hörfähigkeit. Hättest du Ohren für den Wind und hörtest ihm zu, du wärest nie ohne ein Lied. Alles, was fliegt, hört diese Musik und wird von ihr angelockt. Der Wind kann ein Verbündeter sein. Versuch es mal mit folgender Übung. Schließ deine Augen und denk an deinen Vater.»

Ich tat, wie mir geheißen, und spürte die Traurigkeit.

«Ja, es ist so, als würden dir dunkle Hände das Herz zerdrücken. Es schmerzt. Im Angesicht der Traurigkeit müssen wir die Sonne nachahmen.»

Verdutzt fragte ich: «Wie sollen wir das machen?»

Sie stand hinter mir, legte mir ihre Hände auf die Schultern und drehte mich etwas zur Seite, so daß ich direkt nach Westen blickte, wo die Sonne eben untergegangen war.

«Atme tief durch und stell dir die Sonne mit deinem dritten Auge vor. Nun leite das Sonnenlicht in deinen Körper, dorthin, wo dein Vater lebt. Finde heraus, wo du in deinem Innern deinen Vater weiterleben läßt.»

Die ungeheure Stille hatte etwas Beunruhigendes, aber schließlich gelang es mir doch, die Körperstelle zu finden, wo sich die schmerzlichen Empfindungen für meinen Vater konzentrierten. Ich sah sein Bild, völlig lebensecht, deutlich vor mir.

«Halte fest an deinem Vaterbild und an deinen Gefühlen für ihn.»

Das Bild war so erschreckend, daß mich gleich wieder Furcht ergriff. Ich wollte ihn nicht ansehen. Ich spürte heftige Schmerzen in der Brust. Hier, tief in meinem Herzen, lebte also mein Vater.

Mit heiserer Stimme sagte ich zu Agnes: «Ich trage ihn in meinem Herzen.»

«Laß nun die Sonne mit deinem geistigen Auge in dir hinabwandern, bis sie zu deinem Herzen gelangt. Das Bild deines Vaters darfst du dabei nicht loslassen. Sobald die Sonne dein Herz erreicht, laß dich von dir erleuchten und erzähl mir, was du siehst.»

«Mein Vater lächelt jetzt. Er ist etwa Mitte Dreißig, und zwischen uns liegt etwas, das aussieht wie eine riesige dunkle Kugel.»

«Was denn?»

«Es sieht aus wie Amber.»

«Was ist das?»

«Eine wachsartige Substanz aus dem Darm des Pottwals, die edlen Parfümen zugesetzt wird, damit der Duft nicht so schnell verfliegt.»

«Versetz dich in die Amberkugel und beschreibe mir dein Aussehen.»

«Ich bin schwarz und rund und schwerer, als ich aussehe. Ich mache einen soliden und harten Eindruck, bin aber in Wirklichkeit butterweich. Du könntest mühelos einen Nagel durch mich hindurchschieben. Ich rieche nach Moschus und bin alt. An den Fingerabdrücken auf meiner Oberfläche siehst du, daß ich schon oft angefaßt und geknetet wurde. Ich lasse mich nicht gut rollen, denn ich bin etwas klebrig. Ich bleibe überall kleben. Warum macht mich der Amber so traurig, daß ich weinen muß?»

Ich schluchzte laut, dicke Tränen schossen mir in die Augen und rannen über mein Gesicht.

«Weil du wieder die Windrichtung änderst. Merkst du es nicht?»

Von Westen her kam ein sanfter Wind auf, der mit meinen Haaren spielte und mich zärtlich umstrich.

«Aber warum? Wie geht das vor sich?»

«Weil du deine ganze Lebensenergie auf einen einzigen Punkt richtest. Doch nun sag mir, wozu liegst du als Amberkugel in Lynns Herzen?»

Es dauerte ein paar Minuten, bis ich antwortete. «Ich bin das Symbol für eine liebevolle Verbindung, die nie richtig ausgelebt werden konnte.»

«Und warum nicht?»

«Weil diese Beziehung so war wie ich, klebrig und undurchsichtig. Sie war umgeben von einem dichten Schleier der Verblendung, und weder Lynn noch ihr Vater konnten durch ihn hindurchsehen. Doch ein Hauch von Liebe schwebte immer über ihnen und durchzog ihr Leben wie ein roter Faden, obwohl sie sich jahrelang gegenseitig darum betrogen. Nie fanden sie die Gelegenheit, sich auszusprechen. Etwas Drohendes stand zwischen ihnen.»

«Was war dieses Drohende?»

«Ihr Vater entstammte einer alten europäischen Adelsfamilie, und mit seinen großen intellektuellen Fähigkeiten lehrte er Lynn, daß sie durchaus das Recht hatte, etwas Besonderes zu sein. Aber trotzdem hatte ihr Vater auch Zeiten, in denen er sehr verstört und gewalttätig war. Dann war sie in Gefahr.»

«Du hast immer noch nicht gesagt, welche Aufgabe du als Amberkugel in Lynns Herzen hast.»

«Ich muß zwischen ihnen stehen, um sie voreinander zu schützen.»

«Möchtest du diese Amberkugel in deinem Herzen gern loswerden?»

«Ich habe Angst davor.»

«Und wenn du sie einfach aus deinem Körper herausnimmst und auf einen flachen Stein legst?»

«Aber diese Amberkugel ist wie ein guter, alter Freund. Durch sie allein wird mir mein Vater nicht gefährlich.»

«Lynn, dein Vater ist längst tot. Sein Geist kann dir nichts mehr anhaben. Versuch einmal, den Amber in deinem Herzen beiseite zu schieben und deinen Vater anzusehen. Probier es wenigstens.»

Ich versuchte es und schob den Amber tatsächlich ein Stück zur Seite, so daß ich freie Sicht auf meinen Vater hatte.

«Oh, Gott, mein armer Vater.» Sein Anblick verschlug mir die Sprache. Mir kamen die Tränen. «Es tut ihm so leid. Es tut mir so leid.»

Mit offenen Armen kam mein Vater auf mich zu. Ich glaube, es war das erste Mal, daß wir uns ohne Furcht umarmten. Ich weinte herzzerreißend und mochte gar nicht mehr aufhören. Als der Mond schon hoch am nächtlichen Himmel stand, hielt mich Agnes noch immer im Arm.

Dann sagte sie: «Kannst du zusammen mit deinem Vater die Amberkugel nehmen und vorsichtig an einen anderen Platz außerhalb deines Körpers legen? Kannst du dich von deinem Vater lösen, Lynn?»

Lange dachte ich über diese Frage nach. Mich überkam eine ungeheure Sehnsucht nach einer Aussprache mit meinem Vater. Ich wollte, daß es jetzt immer so bleibt, denn ich hatte mich zum ersten Mal im Leben wirklich wie eine Tochter gefühlt. Davor hatte ich für ihn stets diese schwierige Rolle als Mutter und Tochter zugleich spielen müssen. Ich mußte ihn stets mit Vorsicht behandeln, und ich mußte auf ihn aufpassen. Wie dringend hatte ich einen normalen Vater benötigt – und jetzt stand er vor mir. «Wie kann ich ihn aufgeben?»

«Er ist jetzt jederzeit für dich erreichbar. Du kannst ihn immer in deinem Herzen treffen, aber du mußt ihn auch wieder loslassen. Halte seinen Geist nicht in deinem gefangen.»

Ich war meinem Vater sehr nahe und spürte, wie sein Geist mit meinem verschmolz. Er sagte mir, er sei glücklich darüber, daß ich wieder zu den Pferden zurückgefunden hatte, und er hätte es schon immer geahnt, daß mir Pferde guttäten. Ich sollte keine Angst mehr haben.

Nach langem Zögern gab ich Agnes meine Antwort:

«In Ordnung, wir können den Amber aus meinem Herzen herausnehmen. Ich fürchte mich nicht mehr.»

«Dann nimm jetzt zusammen mit deinem Vater die Amberkugel, tragt sie zum Weltenaltar und kommt hierher zurück. Wenn ihr fertig seid, laßt es mich wissen.»

Behutsam trugen wir unseren gemeinsamen Schatz bis an den Rand eines Vulkans, an dem ich damals in Guatemala oft gesessen hatte. Wir legten den Amber auf einen heiligen Platz auf einen der drei Steinaltäre. Dann setzten wir uns mit dem Rücken an zwei riesige Kapokbäume und begannen mit unserer Zeremonie. Wir fertigten Fetische aus unserem Traum an; einen für mich und einen für ihn. Diese Fetische verkörperten unser seelisches Chaos aus Ärger, Verwirrung, Freude und Schmerz. Jede dieser Figuren hatte etwas Wildes und Zahmes von der Erde und den Elementen. Dann segneten wir die Fetische mit Kopal und Süßgras und stellten sie als Zeichen unserer Ehrerbietung und zum Schutz neben den Amber. Als wir fertig waren, kehrten wir zurück in mein Herz.

«Nun laß ihn los», sagte Agnes. «Du wirst sehen, wie er sich auflöst, und weißt doch, daß er zurückkommt, wenn du ihn brauchst.»

Ich ließ die Hand meines Vaters los. Er verschwamm vor meinen Augen und war schließlich ganz verschwunden. In meinem Kopf herrschte völlige Leere.

«Halte deine Augen geschlossen», raunte Agnes mir zu.

Ruby und Agnes drehten mich mehrmals im Kreis herum. Als ich wieder zum Stillstand kam, glaubte ich, gen Norden zu schauen.

«Was sagt dir der Wind?» fragte Agnes.

Einen Augenblick lang war alles still. Dann kam plötzlich von Norden ein kalter, stürmischer Wind auf, der heftig pfeifend über mich hinwegblies.

«Dieser Wind bläst und heult, weil du deinen Vater in diese Richtung entlassen hast. Du warst sehr mutig und hast am Weltenaltar Medizin gemacht.»

Es blies jetzt ein richtig rauher Wind, der mich nach hinten wegdrückte.

«Ja, es ist wirklich irgend etwas passiert», sagte ich.

«Um die Windrichtung zu ändern, mußt du zuerst einmal deine Gedanken in eine andere Richtung lenken. Wenn du deine Energie stets in Form von Gedanken, insbesondere als negative Gedanken, *aus*-sendest, wird der Wind unruhig. Er kann richtig verrückt werden, wenn er nicht weiß wohin. Dein Bewußtsein schafft sich seinen eigenen Wind, den du allerdings nicht wahrnehmen kannst. Doch es ist ein Wind des Todes, des inneren wie auch des äußeren. Dieser Wind weiß, daß du stirbst. Was du für den Wind des Selbst hältst, ist in Wahrheit ein Wind, der dir den langsamen Tod bringt. Alles, was nach außen strömt, führt letztlich zum Tode.»

«Was kann ich tun, Agnes, um das zu verhindern?»

Stille trat ein. Sogar der heulende Nordwind legte sich. Meine Wangen wurden noch immer tränennaß, aber ich fühlte mich viel, viel besser. Der tiefe Schmerz in meinem Herzen war weggebrannt, und die Tränen, die jetzt noch flossen, waren Tränen der Erleichterung. Agnes hakte mich links unter und Ruby rechts, und so führten sie mich zu einer etwas abseits gelegenen Stelle.

«Leg dich auf diesen flachen Felsvorsprung und schließ die Augen», befahl Agnes. Nachdem mich die beiden Medizinfrauen in eine bequeme Lage gebracht hatten, erhielt ich die nächste Anweisung: «Konzentriere dich auf dein Inneres.»

Agnes fing nun an, mir im Uhrzeigersinn über den Bauch zu reiben. An manchen Stellen drückte sie ihren Daumen fest auf. Zunächst empfand ich diese Art von Massage noch als angenehm, doch dann begann es zu brennen und wurde unangenehm.

«Spüre die Hitze in deinem Bauchnabel», flüsterte Ruby mir ins rechte Ohr. «Und merke jetzt, wie sich der Wind dreht», kam es von Agnes. «Wie dein eigenes Selbst, das dir stets vorausgeht. Es ist zu deiner Rechten und zu deiner Linken. Es ist hinter dir, über dir und unter dir wie der Wind. Es gibt nur das eine Selbst. Ewig, endlos, zeitlos.»

Was sie sagte und wie sie auf meinem Bauch herumdrückte, das bereitete mir große Schmerzen. Plötzlich hatte ich das Gefühl, daß mein Körper aufbrechen und ich sterben würde.

«Ich explodiere gleich, Agnes.»

«Du bist die Sonne. Folge der Sonne auf den immerwährenden Pfaden des Windes. Die Sonne steht über deinem Nabel, deinem inneren Altar. Folge der Sonne von Ost nach West. Und jetzt fühle den Wind.»

Mein Bauch brannte wie Feuer. Mir war, als hätte mir jemand mit einer Zange ein glühendes Kohlestück auf den Bauch gelegt, das sich jetzt tief in mich hineinfraß. Ruby war an mein Fußende getreten und stimmte einen leisen Gesang an. Der Sturm, der eben noch heulte, flaute plötzlich ab. Auch Ruby verstummte. Eine unheimliche Stille wie in einem schalldichten Tonstudio brach über uns herein. Dann fühlte ich ein Prickeln, das langsam zu einem Zittern anwuchs. Die Erde begann zu beben – nein, ich war es, die bebte.

Ruby und Agnes standen jetzt beide neben mir und flüsterten mir von links und rechts ins Ohr. «Feuer, Sonne, Gedanken, Feuer, Sonne, Gedanken.» Immer wieder raunten sie mir diese Worte zu.

Ich wußte, was sie meinten. Aus meinem Nabel wuchs

eine riesige goldene Sonne hervor. Flammen züngelten an meinem Körper empor. Der Wind wirbelte auf einmal um uns herum wie ein winziger Tornado. Ich zitterte am ganzen Körper wie Espenlaub. Die Sonne wuchs immer weiter. Panik ergriff mich.

Agnes und Ruby flüsterten mir weiter in die Ohren, damit meine Konzentration anhielt. Solange sich Angst meiner bemächtigte, schrumpfte die Sonne wieder. In der Ferne hörte ich Wölfe heulen. Mein Körper zerbrach an manchen Stellen wie eine Eierschale. Um uns herum tobte der Wind mit ohrenbetäubender Stärke. Die Sonne wuchs immer weiter an. Mein Körper zog sich krampfhaft zusammen, und ich ließ mich fallen, denn ich hatte keine andere Wahl. Ich konnte es nicht aufhalten. Die Sonne zerbarst in ein weißglühendes Nichts.

Als ich am nächsten Morgen aufwachte, fand ich mich eingemummelt in eine Pferdedecke. Agnes kicherte. «Du siehst aus wie ein Präriehund, der gerade aus seinem Bau herauskriecht.»

«Sieht ganz so aus», antwortete ich schlaftrunken.

Ruby, July und Agnes standen um mich herum. Ruby tätschelte mir den Kopf.

Dann sagte sie: «Nun hast du es doch geschafft. Du hast deine innere Sonne gefunden.» Sie strich mir noch mal über den Kopf.

«Siehst du, du brauchst keinen Raketenträger», meinte Agnes. «Du mußt lediglich wach werden, das ist alles.»

Ich richtete mich auf, und wir sprachen eine Weile über meine nächtlichen Erlebnisse. Dann erzählte ich ihnen, was ich über die griechische Sagengestalt Ikarus wußte. Ikarus war mit seinen künstlichen Flügeln so hoch zum Himmel aufgestiegen, daß die Sonne das Wachs zum Schmelzen brachte, das seine Flügel zusammenhielt, und er ins Meer stürzte und ertrank. Ruby und Agnes hielten das Ganze für einen Witz und lachten aus vollem Halse. Ich mußte sie davon überzeugen, daß meine Geschichte durchaus nicht scherzhaft gemeint war. Ganz im Gegenteil, ich wollte sie mit einem Mythos bekannt machen, in dem die Sonne eine zentrale Rolle spielte.

«Er ist den falschen Weg gegangen», lautete Rubys Kommentar.

«He!» rief July. «Mir ist wohl was entgangen. Habe ich etwa schon wieder alles verschlafen?» Sie lächelte etwas hilflos.

«Du hast verpaßt, wie Lynn die Sonne ausgebrütet hat», erwiderte Ruby.

«Lynn hat die Sonne geboren?» fragte July und sah uns dabei groß aus ihren dunklen Mandelaugen an. «War es das?»

Agnes klopfte July auf den Rücken. «So etwas Ähnliches», sagte sie. Dann wandte sie sich an mich. «Und jetzt müssen wir feiern. Du wirst lernen, die Sonne zu Bett zu bringen. Ich bin zufrieden. Vor lauter Angst hast du dich früher von deiner inneren Sonne ferngehalten. Komm, jetzt müssen wir aber schleunigst ins Tal hinabsteigen.»

Ich stand auf und streckte mich. Im Osten zog purpurrot und rosa die Morgenröte auf. Die Berggipfel warfen lange Schatten über die weiten Täler.

Vor dem Abstieg huldigte ich der Sonne und der Macht der vier Winde. Ich brachte den Winden Maismehl, *Paho*, dar. Während dieser Zeremonie fegte der Westwind in lustigen Sprüngen über die Prärie. Zärtlich blies er über mich hinweg, so als wollte er sich mit mir anfreunden.

Agnes trat auf mich zu. «Kein Zweifel, der Westwind ist dein Verbündeter.»

Später, als wir den langen Bergpfad hinuntergingen, kam mir das Erlebte noch einmal in den Sinn, und ich dachte: «Welch eine Nacht!»

So sage ich, daß heute sich die Macht der Frau offenbart.

Lewis MacAdams

6
Die Blitzwurzel

Hinter uns lag eine größere Stadt; wir fuhren immer noch in Richtung Norden. Agnes gab July Anweisungen, wie sie zu fahren hatte: «Bieg hier ab», «fahr geradeaus» und so weiter.

Nach einer Weile fragte ich mich, ob wir uns wohl verfahren hatten. Es kam mir so vor, als würden wir ziellos in der Gegend umherfahren. So dichtgedrängt zu viert nebeneinander zu sitzen war nicht gerade ein Vergnügen. July fuhr, neben ihr saß Ruby, die durch ihr ewiges Herumgezappel ständig gegen den Schaltknüppel stieß. Dann kam ich und schließlich Agnes am Fenster. Die kurvenreiche Straße, die wir jetzt befuhren, führte in einen Cañon, der von steilen ockergelben Felsen begrenzt wurde. Agnes war nervös. Sie kurbelte die Scheibe herunter und hielt den losen Außenspiegel fest, damit sie die Straße hinter uns im Auge hatten. Ich wurde von ihrer Unruhe angesteckt und blickte mich auch dauernd um. Wonach mochte sie bloß Ausschau halten? Alles, was ich sah, war ein unscheinbarer schwarzer Lieferwagen, der von der Landstraße in einen Feldweg abbog.

«Agnes, du machst mich ganz nervös», sagte ich. «Was ist denn los?»

Sie schien angestrengt über irgend etwas nachzudenken. Mit einer abwehrenden Handbewegung gebot sie mir zu schweigen. Ein langer Grashalm hing ihr aus dem Mund. Sie ließ den Spiegel nicht aus den Augen.

«Agnes, mach endlich das verflixte Fenster zu», schimpfte Ruby, «ich bekomme einen steifen Hals.»

Ruby, die nicht stillsitzen konnte, malte mit dem Finger fortwährend das Zeichen für «unendlich» auf ihr Knie, wieder und wieder. Plötzlich wurde Agnes ganz starr.

«Was hast du?» fragte ich sichtlich besorgt.

«Dacht' ich's mir doch. Es überrascht mich nicht im geringsten.» Agnes nahm den zerkauten Grashalm aus dem Mund und warf ihn zum Fenster hinaus. Dann kurbelte sie die Scheibe hoch.

Ruby und Agnes unterhielten sich daraufhin lang und breit auf Cree. July machte ein ängstliches Gesicht, ich hingegen verstand kein einziges Wort von dem, was sie sagten. Ruby schüttelte empört den Kopf.

«Wir sollten schnell was unternehmen», schlug sie vor.

«Bieg ab, July. Nimm den kleinen Weg dort drüben.»

July drehte so heftig am Steuer, daß der Wagen beinah ins Schleudern geriet. Die plötzliche Hektik von Agnes wirkte ansteckend. Dann stellte sie den Motor ab. Der Wagen stand gut versteckt im hohen Riedgras neben einem Wasserlauf.

«Los, aussteigen», befahl Agnes und riß die Wagentür auf. Sie packte meine Hand und zerrte mich hinaus. «July, verwisch die Reifenspuren. Beeil dich, du hast nicht viel Zeit.»

July hob einen grünen Zweig vom Boden auf und rannte mit eingezogenem Kopf an die Stelle, wo wir eben abgebogen waren. Den Blick auf die Straße geheftet, verwischte sie die Spuren, die wir auf dem sandigen Boden hinterlassen hatten. Den Zweig warf sie ins Gebüsch und rannte zurück zu Agnes. Dann hockten wir uns alle vier ins Schilf. Durch das Gras hindurch konnte ich auf die Straße schauen. In dem

Moment flitzte der unscheinbare schwarze Lieferwagen vorbei. Es sah so aus, als säßen drei Männer im Führerhaus.

«Würde mir eine von euch mal verraten, was hier gespielt wird?» fragte ich.

«Ja, das kann ich dir sagen», erwiderte Agnes. «Das war Red Dog, der da eben an uns vorbeigefahren ist.»

«Red Dog.» Dieser Name ließ mich erschaudern. Panische Angst überkam mich; eine Gänsehaut lief mir über den Rücken.

«Lynn», fuhr Agnes fort, ohne auf meine Panik einzugehen, «du bist durch die Schwesternschaft von allen Seiten beschützt worden. Jetzt ist er völlig aus dem Häuschen, weil er nicht wußte, daß du mit der Pferdemedizin vertraut bist. Red Dog ist furchtbar wütend, er wird nicht mehr mit sich spaßen lassen. Normalerweise ist er auf Macht versessen, aber jetzt hat er es auf dich abgesehen. Komm, wir haben noch eine Menge zu tun.»

Ich folgte ihr an den Bach, wo sie offenbar nach irgend etwas suchte.

«Gib mir mal dein Klappmesser», sagte sie zu Ruby.

Ruby zog das Messer aus ihrem Stiefelschaft, klappte es auf und reichte es ihr.

«Was suchst du eigentlich, Agnes?»

«Blitzwurzel, und du solltest darauf hoffen, daß ich eine finde, aber nicht um meinetwillen, sondern um deinetwillen.»

Auf allen vieren kriechend, tastete sie mit ihren Händen den Boden ab. «Hier», sagte sie. Sie nahm das Messer, steckte es tief in die Erde und drehte es hin und her, um den Boden zu lockern. «Helft mir», rief sie. Wir knieten uns neben sie, und wie nach Knochen scharrende Hunde gruben wir mit den Händen an der von Agnes bezeichneten Stelle, bis wir auf etwas Festes stießen.

«Immer sachte», sagte Agnes. «Beschädigt sie nicht.»

Vorsichtig stach sie um die Wurzel herum, wobei sie das Messer als Hebel benutzte. Dann hoben wir weiter Erde aus, bis Agnes die Wurzel herausziehen konnte. Sie war riesig und hatte die Form einer übergroßen verwachsenen Kokosnuß. Nachdem Agnes die Klinge zum Säubern durch das Gras gezogen hatte, gab sie Ruby das Messer zurück. Ein paarmal klopfte sie gegen die Wurzel, damit die Erde herausfiel, holte dann ein Taschenmesser hervor, dessen Klinge sie mit den Zähnen herauszog, und schnitt damit die Wurzelhaare ab.

«Kommt hier rüber», rief sie.

Wir folgten ihr zu einem Fels, der aus dem Wasser herausragte. Sie tauchte die Wurzel in den Bach und wusch sie. Als sie damit fertig war, legte sie sie auf den Stein. Ruby und sie sprachen nun zu der Wurzel auf Cree. July starrte sie aus großen Augen an; die Angst stand ihr im Gesicht geschrieben. Die Beschwörung dauerte ein paar Minuten. Dann öffnete Agnes noch einmal ihr Taschenmesser.

«Mein Schnitzmesser», meinte sie dazu.

Sie fing an, die Wurzel mit ihrem Messer zu bearbeiten. Erst war sie noch mit Eifer und Überlegung bei der Sache, doch plötzlich überkam sie wieder die Hast. Ich wollte sie etwas fragen, doch Ruby hielt mir die Hand vor den Mund, um mich am Sprechen zu hindern. Die Wurzel nahm langsam Form an, aber ich konnte noch nicht erkennen, was sie darstellen sollte. Hie und da schnitt sie Kerben in die Figur, befühlte die abgeschabten Wurzelstücke und besah sich dann ihr Werk. Es sah aus wie ein gedrungenes Pferd und war etwa dreißig Zentimeter lang.

Ruby fuhr mit der Hand über das Wurzelstück. «Du bist ziemlich begabt, Agnes», sagte sie. «Deine Abstammung läßt sich nicht leugnen.»

Agnes gab dem Pferd noch den letzten Schliff und ritzte ihm zum Schluß einige Symbole in den Hals.

Vom Schotterweg drang das Geräusch heulender Reifen herüber. Ein Lieferwagen fuhr an uns vorbei. Blitzschnell duckten wir uns.

«Das ist er», flüsterte Ruby. «Ich kann ihn riechen.»

Das Herz klopfte mir bis zum Halse. Ängstlich preßte ich mich an July, der genauso zumute war wie mir. Agnes rannte vor zu unserem Wagen und kam mit ihrem Medizinbündel zurück. Sie breitete es auf dem Felsen aus. Nach einigem Suchen fand sie einen kleinen Kristall, den sie mit Hilfe eines Steins in den Pferdekopf schlug. Mit dem vorstehenden Kritall sah die Figur jetzt aus wie ein Einhorn. Am Himmel zogen dunkle Wolken auf. Ein lauter Donnerschlag erschütterte die Luft, und sein Echo rollte über uns hinweg. Blitze zuckten durch die Wolken, und gleich darauf fielen die ersten Regentropfen.

July rannte zum Wagen und kam mit ein paar Regenumhängen aus Segeltuch zurück. Bis wir sie endlich übergezogen hatten, waren wir schon völlig durchnäßt.

Agnes schnitt eine dünne Scheibe von der Wurzel ab und reichte sie mir. «Iß», sagte sie. Die Wurzel schmeckte bitter, aber ich schluckte sie trotzdem herunter. Die leichte Übelkeit, die ich anfangs verspürte, legte sich wieder.

«Gib mir deine Hand», befahl Agnes.

Ich streckte sie ihr hin. Mit der Klinge ihres Taschenmessers ritzte sie mir die Spitze des Zeigefingers ein. Ich sprang hoch und wollte das Blut aufsaugen, aber sie hielt mich zurück und drückte mir einen dicken Blutstropfen aus dem Finger.

«Denk daran, daß das Blut einer Frau machtvoller ist als Männerblut. Male nun einen Blitz auf die Flanke des Pferdes.»

Ich tat, wie mir geheißen, und fuhr im Zickzack über die Figur.

Dann stach sich Agnes selbst in den Finger und setzte mit ihrem Blut ein ebensolches Zeichen daneben. July und Ruby machten das gleiche auf der anderen Seite der Pferdefigur. Dann band sie der Figur etwas um den Bauch, das aussah wie die Flaumfeder eines Adlers und noch irgendetwas, das ich aber nicht sehen konnte.

«Es wird Zeit», drängte Ruby.

«Wir sind fertig», entgegnete Agnes.

Wir gingen zur Straße rüber. Auf Agnes' Geheiß hin versteckten wir drei uns im Schilf und hielten Wache. Während Rubys Gesicht ausdruckslos blieb, kaute ich unentwegt an meiner Unterlippe. Agnes schlich derweil in gebückter Haltung an den Straßenrand. Sie versteckte sich hinter dem dunklen knorrigen Stamm einer Eiche. Ihr Umhang bot eine gute Tarnung, sie war praktisch nicht mehr zu sehen.

Fünf bis zehn Minuten waren bereits verstrichen, und wir saßen noch immer zusammengekauert im Regen. Dann hörten wir das tuckernde Geräusch eines Lastwagenmotors. Obwohl es nicht dunkel war, kam er mit eingeschalteten Scheinwerfern die Straße entlang. Ich war durchnäßt, fühlte mich hundeelend und wußte nicht, was da gespielt wurde. Es regnete in Strömen. Agnes und der Baum, hinter dem sie sich versteckt hielt, waren kaum zu sehen.

Kurz bevor der schwarze Lieferwagen vorbeirollte, sprang Agnes aus ihrem Versteck hervor, rief ein Wort, das ich nicht kannte, und warf einen Gegenstand, vermutlich das geschnitzte Pferd, mitten auf die offene Ladefläche. Er prallte mit einem dumpfen Geräusch auf. In dem Moment erzitterte der Boden von einem grollenden Donner, und der Wagen geriet auf der rutschigen Straße ins Schlingern. Drei grelle Blitze zuckten über den Himmel. Ich wußte nicht, ob ich wegrennen, sitzen bleiben oder vor Angst sterben sollte.

Im Geiste sah ich schon, wie Red Dog mit einem Knüppel hinter uns herrannte und uns zu Tode prügelte. Doch was dann geschah, war wie eine gespenstische Szene aus einem Krimi. Der Wagen schlitterte weiter und geriet dann völlig aus der Kontrolle. Er prallte gegen die Böschung neben dem Seitenstreifen, kippte um und rutschte quer über die Straße, bis er liegenblieb. Red Dog, Ben und Drum krochen oben aus der Tür heraus. Sie blickten um sich, das pure Entsetzen stand ihnen in den Augen. Red Dog hob ein fürchterliches Geschrei an, in das Ben und Drum gleich darauf einstimmten, und dann rannten die drei blindlings jeder in eine andere Richtung.

«Man könnte meinen, sie stünden in Flammen», rief ich aus.

«Schlimmer noch», meinte Ruby.

Agnes kam auf uns zu: «Laßt uns von hier verschwinden.»

Rasch stiegen wir in den Wagen ein und brausten davon. Gerade als July den nächsten Gang einlegte, fuhren wir an Red Dog vorbei. Beim Zurückschauen sah ich seinen angstverzerrten Blick. Laut schreiend sprang er blitzschnell in einen Graben.

Agnes und Ruby knufften sich in die Seite und lachten auf den nächsten zwanzig Meilen fortwährend.

«Er wird uns für eine Weile in Ruhe lassen», sagte Agnes triumphierend.

Ich wollte Agnes fragen, was es mit der seltsamen Wurzel auf sich hatte, besann mich dann aber eines Besseren. Agnes würde mir schon bei passender Gelegenheit alles erzählen.

Allmählich ließ der Regen nach. Ruby bestand darauf, einen Umweg zu fahren, weil sie abseits der normalen Route eine besonders gute Stelle zum Fischen kannte.

Ich bin ein Dieb, der lächelt
und Worte ersinnt,
um mit den Tieren zu singen.

Ich trage die Kappe eines Diebes,
und meine Flügel sind unsichtbar.

Ich bin dein Schutzengel,
deine bestgehütete Lüge.

Für deine Kinder zaubere ich
Pfiffe und Tränen hervor.

Schenk mir dein Vertrauen.

Jessica Tarahata Hagedorn

7
Der heilige Clown

Hast du dich verirrt, Ruby?» fragte Agnes gereizt.

«Es ist hier irgendwo. Ich weiß es genau. Was kann ich dafür, daß ich blind bin?»

Seit einer ganzen Weile ging es von einem Holperweg zum andern. Ruby suchte immer noch ihren Angelplatz. Schließlich gab sie July ein Zeichen anzuhalten. Aufmerksam lauschte sie dem Wind und prüfte die Luftströmung mit ihren Fingern.

«Wenn ihr erst einmal die Forellen schmeckt, werdet ihr euch freuen», sagte sie.

Trotz des Regens am frühen Nachmittag hatte sich der Himmel wieder aufgeklärt und zeigte sich nun in einem tiefen Türkisblau. Luft und Bäume waren reingewaschen vom Sturm, und jedes Blatt und jeder Grashalm glitzerte in der Nachmittagssonne.

«Hier sind wir richtig», rief Ruby aus. «Genau hier.»

Wir bogen vom Weg ab und fuhren noch ein paar hundert Meter weiter.

«Stell den Wagen dort unter den Bäumen ab, July», befahl Ruby und schnupperte wie ein Bluthund.

July fuhr auf die Stelle zu und parkte den Pickup zwischen ein paar Pappeln. Dann stiegen wir alle aus und liefen hinunter an den Fluß. Ruby und July trugen die Angelruten und die übrige Ausrüstung.

«Das ist der Platz, genau hier», strahlte Ruby.

Biber hatten an einer schmalen Stelle einen Damm gebaut, der den Fluß zu einem kleinen See aufstaute, genauso wie Ruby es uns beschrieben hatte.

«Seit meiner frühesten Kindheit komme ich nun schon hierher», rief sie freudig erregt. «Dieser Angelplatz war der Geheimtip meines Großvaters», sagte sie und hielt ihre Handfläche dicht über das Wasser, so daß sie die kleinen Wellen gerade noch spüren konnte. «Gut, daß wir genug Angeln für uns alle dabeihaben.»

Sie setzte sich auf einen umgestürzten Baumstamm, der weit ins Wasser hineinragte. Das gestaute Wasser schwappte leise gegen das Ufer. Besonders tief schien es hier nicht zu sein, denn durch das Wasser hindurch konnte ich die dunklen Schatten der Felsen sehen. Ruby war damit beschäftigt, ihre Angelschnüre und -rollen zu überprüfen. Zu mir gewendet, sagte sie: «Steh doch nicht so herum. Geh und fang ein paar Grillen oder grab nach Würmern. Ohne Köder kannst du nicht angeln.»

Ich beobachtete sie eine Weile. Wie war es möglich, daß sie trotz ihrer völligen Blindheit all das tun konnte, was sie tat. Mit geschickten Händen befestigte sie einen Haken und ein paar Bleikügelchen am Vorfach der Angelschnur.

«Keine Angst, Lynn», beruhigte sie mich. «Ich spieße mich nicht selber auf. Diese Dinge beherrsche ich im Schlaf. Nun mach schon.»

Da ich keine Lust hatte, Grillen zu fangen oder nach Würmern zu suchen, ging ich rüber zum Wagen und holte den Campingkocher und das Kochgeschirr, denn das würden wir brauchen, wenn wir tatsächlich etwas fangen sollten.

Agnes und July spielten Grashüpferfangen. July stöberte die Insekten im Gebüsch auf und scheuchte sie dann zu

Agnes hinüber, die lauthals lachend nach ihnen grapschte. Die gefangenen Grashüpfer stopfte sie in ein Einmachglas.

Vom Westen her kam ein lauer Wind auf; wie gebannt lauschte ich dem leisen Rauschen in den Blättern der Bäume über mir. Ich holte mir einen Schlafsack und breitete ihn aus. Der Wind sang ein Lied, wie freute ich mich über diese Musik. Ich legte mich zurück, schloß die Augen und lauschte der Melodie. Es war so angenehm, daß ich gar nicht aufstehen und mich diesem Gesang entziehen mochte. Ich kam ins Träumen und hatte das Gefühl, der Wind sei lebendig. Zu gern hätte ich sein leises Singen durch meinen Mund tief in mich hineingesogen.

«Labst du dich schon wieder am Wind?» feixte Ruby. «Laß uns auch noch was übrig.»

Ich fuhr in die Höhe. «Aber ich wollte doch nicht...» Ich verstummte.

«Los, komm, du schlafende Schöne, wir gehen angeln.» Sie versetzte mir einen sanften Tritt mit ihren Stiefeln.

Eilig sprang ich auf. Ruby hatte sich von mir abgewendet und war schon halb am Ufer. July und Agnes, die ihre Angelhaken bereits mit einem Köder versehen hatten, standen am Ufer verteilt und warfen gerade ihre Köder aus. Als ich auf Ruby zuging, drehte sie sich um und hielt mir einen zappelnden Regenwurm unter die Nase.

«Da hast du einen Köder für deinen Angelhaken.»

Mit spitzen Fingern nahm ich den Wurm entgegen. Wir setzten uns. Ich war zwar als Kind leidenschaftlich gern mit meinem Vater fischen gegangen, hatte aber in all den Jahren nie einen Köder am Angelhaken befestigt.

Der Wurm fühlte sich glitschig an. «Warum nehmen wir keine künstlichen Fliegen?» wandte ich ein und besah mir widerwillig das zappelnde Etwas zwischen Daumen und Zeigefinger.

Ruby war sichtlich verärgert. «Weil wir eben lebende Köder verwenden, deshalb. Du kennst dich doch mit Ködern aus, sollte man meinen. Du bist doch schon seit Jahren Red Dogs Köder.»

Sie schob mir eine Angelrute hin und legte mir behutsam den Haken in meine freie Hand. Herausfordernd sah sie mich an: «Nun komm schon, Lynn. Dieser Wurm ist der Preis für den Fisch. Bald werden auch wir Wurmfutter sein. So etwas geht schneller, als du denkst. Sei doch nicht so egoistisch. Betrüge den Wurm genausowenig um sein Schicksal, wie er dich um deins betrügen würde.»

Mit großem Widerwillen zog ich den Wurm schließlich auf den Haken. Ein Gefühl der Übelkeit stieg in mir hoch.

«Ich weiß, daß das Leben aus Jagen und Gejagtwerden besteht, und trotzdem kann ich mich darüber aufregen.»

«Jeder von uns ist Nahrung für unsere Brüder und Schwestern. Ob wir nun hungrige Wölfe, Fische oder der Wind sind, wir alle verschlingen einander und werden verwandelt. Dein Problem ist es, daß du zu sehr dem Traum nachhängst. Du gehst zu nahe an die Dinge heran und verlierst dadurch den großen Überblick. Du vergißt den Träumer. Dort in dem Fluß wohnt eine kriegerische Forelle, die sich ihr ganzes Leben lang auf diesen Kampf vorbereitet hat. Es ist ihr Schicksal und deins. Wenn du deine Forelle triffst, respektiere die Macht dieses Augenblicks und überlaß dich voll und ganz deinem Schicksal.»

Voller Zweifel sah sie mich an und erhob sich dann. Sie ging hinüber zu einem Baumstumpf, der halb im Wasser lag. Ich faßte mir ein Herz, ergriff meine Angelrute und folgte ihr. Nicht weit von uns war eine Stelle, wo das Wasser über einen Felsbrocken hinwegschoß und winzige Stromschnellen bildete, die das Wasser wild aufschäumen und hochwirbeln ließen.

«Paß auf», sagte Ruby. Sie warf ihre Angelrute schwungvoll aus; der Köder versank in der Mitte des Flußes, noch vor der Stelle, wo er in den See mündete. Sogleich hatte ein Fisch angebissen, und sie zog eine etwa 30 Zentimeter lange Forelle aus dem Wasser.

«Jetzt bist du dran», sagte sie. Sie zog den zappelnden Fisch am Kiemen über eine Schnur und befestigte einen neuen Köder am Haken.

Agnes und July, die weiter unten am Flußufer angelten, hatten kein Glück. Ich warf meinen Köder ebenfalls aus und holte die Leine langsam wieder ein, bis sie straff war. Es machte großen Spaß, aber die Fische bissen nicht an. Ruby warf ihre Angel nochmal aus. Wieder war sie erfolgreich, und lachend holte sie eine große Forelle ein.

Wir angelten über eine Stunde. Agnes und July waren völlig frustriert. Außer Ruby hatte keine von uns etwas gefangen. Sie konnte mit etlichen Bachforellen und ein paar Regenbogenforellen aufwarten, und dabei hatte sie noch mindestens ein halbes Dutzend kleinerer Fische wieder zurück ins Wasser geworfen. Verärgert standen wir drei um sie herum.

«Okay, Ruby», sagte Agnes mit finsterer Miene, «erzähl uns dein Geheimnis. Was machen wir falsch?»

«Wieso falsch? Nichts macht ihr falsch. Natürlich braucht ihr etwas Glück. Das ist das ganze Geheimnis. Aber ihr müßt lernen, euch euer Glück selber zu machen.»

Die Hände in die Hüften gestemmt, stand Agnes vor Ruby und starrte sie zornig an. «Und wie geht das?»

«Was ist es euch denn wert? Ihr müßtet eigentlich wissen, daß die Geheimnisse eines Anglers nicht mit Gold zu bezahlen sind. Außerdem werden solche Geheimnisse sorgfältig bewahrt. Warum sollte ich euch eins davon verraten? Was habt ihr denn schon für mich getan, wofür ich euch eines der bestgehüteten Geheimnisse anvertrauen könnte?»

«Ruby!» riefen wir alle wie aus einem Munde. «Nun sag schon, wie du es anstellst, so viele Fische zu fangen!»

«Schon gut, meine Damen», entgegnete sie und klatschte vor Freude in die Hände. «Paßt gut auf, ich zeige euch jetzt ein echtes Anglergeheimnis.» Sie führte uns ihren Arm vor, und schüttelte am Ärmel, um zu zeigen, daß alles mit rechten Dingen zuging, dann zog sie ein Stück Priem aus ihrer Tasche. Sie biß etwas davon ab und kaute ein paar Minuten darauf herum. «Nun gebt acht», sagte sie kauend. «Was jetzt kommt, nennt sich Magnetisieren eines Angelhakens.»

Sie hielt den Haken hoch und spuckte darauf. «Das funktioniert immer. Ihr müßt einfach spucken. Spucke ist Geist. Zusammen mit Kautabak wird sie zu einer Mischung aus Materie und Geist, die dem Haken Glück bringen. Ein ausgewogenes Verhältnis von Materie und Geist ist immer glückbringend. Merkt es euch gut. Und wenn der Haken Glück hat, dann habt ihr es auch.»

Sie reichte mir ein Stück Priem. «Fang du an, Lynn.»

«Na gut, wenn du es sagst. Aber ich habe nie einen Priem gekaut. Womöglich wird mir davon schlecht.» Der Kautabak schmeckte süß und brannte auf der Zunge. Nachdem ich eine Weile gekaut hatte, spuckte ich auf meinen Haken, so wie Ruby es zuvor gemacht hatte. July und Agnes taten das gleiche.

Ruby warf ihre Angel weit aus. «Seht ihr die Aushöhlungen dort im Wasser unter den Felsen?» fragte sie, während wir Würmer auf den Haken zogen. «Dort, wo die Wirbel auftreten.»

Wir nickten. Als sich ihre Angelschnur straffte, zog Ruby ruckartig und holte sie ein. «Dort drüben sind die

Ruheplätze der Forellen. Wenn du deinen Köder da auswirfst, beißt garantiert ein Fisch an, denn meist ist er dann hungrig und müde.»

Wir verteilten uns am Ufer und hielten Ausschau nach den von Ruby beschriebenen Stellen. Als jede von uns eine solche Stelle entdeckt hatte, warfen wir voller Zuversicht unsere Köder aus. Zuerst biß bei July einer an, dann bei Agnes. Beide zogen sie eine große zappelnde Forelle aus dem Wasser. Schließlich ruckte es auch an meiner Angelschnur. Ich glaubte, einen Wal gefangen zu haben, und war ganz aufgeregt. Als ich die Angel einholte, hing nur ein winziger Fisch daran. Agnes und July lachten über meinen kläglichen Fang. Ruby kam zu mir herüber und kniete neben mir nieder. Ich war gerade damit beschäftigt, den Fisch vom Haken zu befreien. Sanft strich sie über die zuckende Forelle.

«Schau mal, nun stehst du deinem Schicksal direkt gegenüber. Dieser Fisch ist jedoch noch jung, fast noch ein Kind. Laß ihn wachsen und komm nächstes Jahr hierher zurück. Vielleicht ist er dann so weit, daß du ihn essen kannst.»

Ruby reichte mir den Fisch. Ich warf ihn zurück in den Fluß. Mit elegantem Schwung tauchte er unter und verschwand in der Tiefe. Ruby entfernte sich wieder, während ich noch eine Weile sitzen blieb und die Wellen beobachtete, die ans Ufer klatschten.

Ruby hielt voller Stolz ihre Schnur mit den aufgereihten Fischen hoch, und jeder konnte sehen, daß wir genug Fische gefangen hatten. Der Tag neigte sich. Die goldenen Sonnenstrahlen verwandelten die Bergwelt um uns herum in einen olympischen Wohnsitz der Götter. Es war die rechte Zeit zum Essen.

Wir säuberten die Fische unten am Flußufer, nahmen sie

aus und ließen die Eingeweide den Bibern. Dann machten wir ein Feuer und hockten uns auf unsere Schlafsäcke. Inmitten der kanadischen Rocky Mountains mit ihren vergoldeten Berggipfeln veranstalteten wir ein zünftiges Fisch-Barbecue. Nachdem wir das Geschirr gespült hatten, gingen wir noch einmal hinunter an den Fluß und beteten zum Geist der Fische. Zum Dank hinterließen wir Tabak und Maispollen.

Bevor der Morgen dämmerte, wachte ich auf. Es roch nach verkohltem Kiefernholz. Ruby und Agnes waren auch schon auf. Sie schwatzten und wärmten sich die Hände über der Glut. July lag zusammengerollt in ihrem Schlafsack. Ihr gleichmäßiges Atmen sagte mir, daß sie noch fest schlief. Mein eigener Schlafsack war vom taubenetzten Boden ganz klamm. Die Sterne standen noch am Himmel. Umrißhaft erkannte ich die grünen Berghänge, hinter denen gleich die Sonne aufgehen würde. Unten vom Fluß her hörte ich das Rauschen des Wassers.

Als die Sonne ihre ersten Strahlen über die Berggipfel schickte, teilte ich mir mit Agnes und Ruby gerade geröstetes Brot und die Überreste vom Fisch. Dann leerten wir noch das letzte Glas mit eingemachten Brombeeren. Da wir dringend neue Vorräte brauchten, bot ich mich an, mit dem Wagen in die nächste Stadt zu fahren und dort alles Nötige einzukaufen.

Ich hatte mir eine Einkaufsliste geschrieben und ratterte nun die staubige Straße entlang. Eine halbe Stunde später fuhr ich tuckernd in ein kleines Städtchen hinein, idyllisch gelegen inmitten von grünen Feldern, an die sich Hügel und Berge anschlossen. Als erstes fiel mir ein Secondhandshop ins Auge. Hier könnte ich bestimmt einen warmen Pullover erstehen. Der Laden lag am Ende einer kleinen Straße, hinter der Haushalt- und Eisenwarenhandlung und dem

Lebensmittelgeschäft, den beiden wichtigsten Einkaufsläden in der Stadt. Nur mit großer Mühe brachte ich den schweren Pickup in die schmale Straße und in eine Parklücke hinein. Ich stellte die Zündung ab, schwang mich über den Vordersitz und öffnete die Beifahrertür.

Durch das Spiegelglasfenster wirkte das Ladenlokal ziemlich düster. Ich nahm die paar Stufen auf einmal und trat ein. Drinnen umfing mich ein muffiger Geruch. Im vorderen Teil des Ladens stapelten sich allerlei Gebrauchtwaren.

«Hallo, ist dort jemand?» rief ich.

Es kam keine Antwort. Weiter hinten im Laden entdeckte ich Ständer mit gebrauchter Kleidung und ein paar Regale, vollgestopft mit alten Taschenbüchern. Bücherregale haben immer eine große Anziehungskraft auf mich. Eine halbe Stunde verstrich, und ich las gerade in einem alten Buch mit Filmgeschichten, als sich jemand hinter mir bemerkbar machte.

«Oh, haben Sie mich aber erschreckt.» Ich blickte in das dunkelhäutige Gesicht einer jungen Indianerin, die plötzlich vor mir stand. Ich hatte angenommen, daß niemand im Laden war.

Die Frau fragte, ob sie mir behilflich sein könnte. Ich kaufte ein paar Bücher, und schließlich unterhielten wir uns über ihre Cree-Großeltern in Montana. Dann probierte ich noch einen gelben Wollpullover an. Sie bestand darauf, ihn mir zu schenken. Da es genau das war, wonach ich suchte, willigte ich ohne viel Protest ein. Als Dank dafür reichte ich ihr eine Bussardfeder, die ich beim Angeln gefunden hatte. Sie stellte sich vor als Shirley, und so nannte auch ich ihr meinen Namen. Zum Abschied umarmten wir uns, und mit einem innigen Gefühl der Wärme für diese junge Frau zog ich von dannen.

Mit meinem gelben Pullover ging ich rüber zum Supermarkt und kaufte zwei Kisten voller Lebensmittel. Ich hatte Schwierigkeiten, den sperrigen Wagen wieder aus der Parklücke zu bugsieren, aber dann fuhr ich in bester Laune zurück zu unserem Lagerplatz. Ich kurbelte das Fenster herunter und sog die trockene Luft ein, die nach frischem Kiefernholz duftete. Keine der Frauen beachtete mich, als ich den Wagen abstellte. Ich hatte noch ein paar Sandwiches gekauft und verteilte sie an July, Ruby und Agnes. Agnes betrachtete mich kritisch, nahm das Sandwich und legte es achtlos beiseite. Statt dessen zupfte sie an meinem Pullover herum.

«Schön», sagte sie. «Ich habe den noch nie an dir gesehen. Woher hast du ihn?»

«In dem Socondhandshop, wo ich ein paar Bücher erstanden habe, war ein unheimlich nettes Mädchen. Ihre Großmutter ist verwandt mit ...»

Agnes unterbrach mich in barschem Ton. «Also, wo hast du den Pullover her?»

Ich war sprachlos. «Oh ... Shirley hat ihn mir geschenkt.»

Ruby zupfte nun auch an meinem Ärmel. «Schöner Pullover», schmollte sie. «Ich kriege nie solche Geschenke.»

Agnes sah mich böse und unglücklich zugleich an. «Ich werde dir nie genug geben können, solange man dir solche Geschenke macht.»

«He, du kannst den Pullover haben. Am besten hol ich gleich für jede von euch einen. Was habt ihr denn bloß?»

Agnes machte einen niedergeschlagenen Eindruck. «Ich werde nie mit all den anderen mithalten können, die dich beschenken.»

«Agnes», rief ich empört. «Shirley gab mir aus reiner

Nächstenliebe einen schönen Pullover. Was ist daran auszusetzen? Ich wußte nicht, daß du einen Pullover brauchst.»

«Ich brauche keinen Pullover», schrie sie. «Wohl aber meine Enkel, denn sie sind nicht so vom Glück begünstigt wie du. Du bekommst doch aus heiterem Himmel etwas geschenkt.»

Ein Gefühl der Trauer beschlich mich. Es war so, als hätte die Wärme und Zuneigung, die ich für Agnes und Ruby empfand, einen Knacks bekommen. Ich war arg gekränkt und völlig niedergeschlagen. Es ging mir nicht in den Kopf, warum ein geschenkter Pullover eine solche Beleidigung für sie darstellte. Agnes lief im Kreis herum. Mit einem Fuß stieß sie den Campingkocher um. Sie war wütend und wirkte mit einem Male sehr alt.

«Der verdammte Gaskocher ist auch leer», schimpfte sie. «Gas ist teuer, und wir haben kein Geld mehr.»

Ruby zupfte wieder an meinem Pullover herum. Sie zog einen Schmollmund und zwickte mich dauernd in den Arm.

«Ich werde Gas holen», bot ich mich an.

«Nein», erwiderte Agnes schroff. «Du verstehst überhaupt nichts. Ich kann kein Gas kaufen gehen. Du und ich, wir leben in verschiedenen Welten. Während du eine erfolgreiche Weiße bist, bin ich nur eine Indianerin. Niemand versteht uns. Man hat uns alles weggenommen. Ich habe noch nicht einmal eine richtige Familie, denn mein Mann und meine Tochter sind tot. Und ich bin total abgebrannt. Guck dir den alten schäbigen Wagen an, mit dem ich herumfahren muß. Er ist nur noch ein Haufen Schrott. Ich hätte gern einen Porsche, werde aber nie einen besitzen. Du kannst dir einen solchen Wagen leisten, denn du lebst in einer anderen Welt. Die Bullen würden eine alte

Indianerin in einem schicken Porsche bestimmt gleich einsperren, aber dir wird das nie passieren. Und jetzt kommst du auch noch daher mit einem brandneuen Pullover!»

«Ein bereits getragener Pullover, bitte schön.»

«Das ist doch egal», rief Agnes. «Hier geht es ums Prinzip.»

«Genau», pflichtete Ruby ihr bei. Sie gab mir einen Schubs, ganz leicht nur, aber er reichte aus, um mich ein Stück wegzuschieben. «Ich komme mir vor wie eines deiner Dienstmädchen. Irgend etwas funkt uns ständig dazwischen, entweder deine Arbeit, deine Bücher oder daß du Geld verdienen mußt. Wie können wir je zusammenkommen?» Sie trat gegen ihren Schlafsack. «Und sieh dir diesen Schlafsack an. Ganz schmierig ist er und voller Löcher obendrein. Ich kann mir keinen neuen kaufen. Wer gibt schon einer alten Indianerin Geld? Ich bin anders als alle und könnte ebensogut tot sein. Ich hasse es, anders zu sein.»

«Du bist nicht anders, Ruby», sagte ich. Tränen rannen mir über die Wangen. «Du bist etwas Besonderes.»

«Ich bin es aber leid, etwas Besonderes zu sein. Ich wünschte, ich wäre eine Weiße wie du. Obendrein bin ich auch noch blind. Alt, indianischer Abstammung und blind. Das ist eine besonders gelungene Zusammenstellung, findest du nicht auch?» Sie humpelte umher, als wäre sie eine Greisin mit zittrigen Händen.

«Was soll die Rederei über das Geld? Ich frag' euch doch immer, ob ihr Geld braucht.»

«Wir brauchen kein Geld», schrie Ruby. «Wir wollen erfolgreich sein. Wir wollen, daß man sich an uns erinnert, so wie man sich an dich erinnern wird.»

«Was soll das heißen?» Meine Stimme überschlug sich fast. «Ich bin doch nur eine dumme Gans, die als eure Freundin zu euch kommt, um von euch zu lernen.»

«Woher soll ich wissen, daß du das nicht auch zu anderen Indianern sagst? Vielleicht bin ich dir völlig gleichgültig. Vielleicht benutzt du mich ja bloß.» Ruby hielt einen Moment inne und richtete sich dann empört auf. «Und das nach allem, was ich für dich getan habe.»

Ich kämpfte mit den Tränen. «Aber ich habe dich doch lieb.»

Wütend blickte sie mich an. «Woher soll ich das wissen? Man hat mich schon so oft betrogen und angelogen, und immer waren es die Menschen, die ich liebte. Warum sollte ich gerade dir trauen? Du tust sowieso immer so geheimnisvoll.»

«Aber du hast mich doch gelehrt, verschwiegen zu sein.»

«Das ist jetzt nicht wichtig. Vielleicht war es falsch von mir.»

«Nein», sagte Agnes abwehrend. «Ich kann dir nicht trauen, weil du im Leben einen Platz an der Sonne hast. Ruby und ich dagegen sind nur Indianerinnen, Außenseiterinnen. Sicher, wir wissen eine Menge, doch keiner bezahlt uns dieses Wissen. Wozu ist es also nütze? Wir leben wie ein paar alte Penner, wie Vagabunden.»

«Das stimmt nicht. Ich habe noch nie so außergewöhnliche und schöne Menschen wie euch gesehen.» Ich weinte dicke Tränen.

July, die etwas abseits auf dem steinigen Boden nahe des Flusses ihr Sandwich verzehrt hatte, kam langsam auf uns zu. «Was ist denn los?»

Als sie mich erblickte, wie ich so dastand und heulte, und um mich herum die aufgebrachten alten Frauen, blieb sie abrupt stehen, ging dann aber auf mich zu und legte ihren Arm um mich. «Einen schönen Pullover hast du da», sagte sie freundlich.

«Wenn du willst, kannst du ihn haben», schluchzte ich. «Ich will den verdammten Pullover sowieso nicht mehr.»

Verwirrt wich sie zurück. «Nein, Lynn. Also ehrlich, ich brauche deinen Pullover nicht.» Etwas verlegen blickte sie in die Runde.

«Mach nicht so ein jämmerliches Gesicht», schnauzte Agnes sie an. «Du würdest es eh nicht verstehen, July, denn du bist jung, und ich bin alt. Ich bin eine heruntergekommene Verliererin, während du noch dein ganzes Leben vor dir hast. Wir leben in verschiedenen Welten. Wir haben eigentlich nichts miteinander gemein.»

«Ich hab' doch gar nichts getan!» rief sie verzweifelt. «Ich bin zwar jung, aber was hat das damit zu tun?»

«Sei still, July», schalt Ruby. «Bist du froh darüber, daß ich alt und blind bin? Agnes ist pleite, und das ist eure Schuld. Jawohl, deine und Lynns. Es ist allein eure Schuld, daß es uns so schlecht geht.»

Agnes und Ruby stampften wutentbrannt durch die Gegend und zählten lauthals Beispiele dafür auf, wie schlecht es ihnen ging. Alles war falsch. Der Lagerplatz war schmutzig. Sie hatten kein Geld. Ihre Eltern hatten ihr Leben ruiniert. Sie lamentierten über ihr Alter und ihre Gebrechen sowie über die Tatsache, daß sie keine Weißen waren. Sie ließen eine endlose Schimpfkanonade über ihr Anderssein gegen mich und July los. Es war der helle Wahnsinn, und am Ende saßen July und ich da und weinten bitterlich.

«Alles war in Ordnung, bis du mit diesem gräßlichen Pullover hier aufgetaucht bist», rief Ruby. «Warum verschwindest du nicht einfach von hier, bis sich der Wind dreht?»

«Was soll das heißen?» fragte ich schluchzend.

Agnes zog mich hoch und brachte mich zum Wagen. Sie

hielt mir die Autoschlüssel unter die Nase. «Nimm sie. Ich glaube, es ist besser, wenn du jetzt fährst und später wiederkommst. Wir fangen noch einmal von vorn an.»

«Ja, laß uns allein», befahl Ruby. «Vielleicht hast du dann, wenn du zurückkommst, bessere Laune.»

«Ich soll gehen? Das ist doch nicht dein Ernst!»

«Doch», sagte Ruby nun mit eindringlicher Stimme. «Und wenn dir danach ist, komm zurück.»

Heulend stieg ich in den Wagen und fuhr los. Ich wollte noch etwas sagen, aber Agnes und Ruby winkten ab. Als ich dann die Straße entlangfuhr, kam mir in den Sinn, Shirley zu besuchen und mich zu betrinken. Mir standen noch immer Tränen in den Augen. Aber dann trat ich auf die Bremse und brachte den Wagen zum Stehen. Ich wollte mich von diesen beiden alten Frauen nicht vergraulen lassen, also wendete ich und fuhr zurück. Als ich mich dem Lagerplatz näherte, verlangsamte ich das Tempo.

Mit gemischten Gefühlen stieg ich aus dem Wagen. Ich spähte umher und fühlte mich wie eine Schildkröte in ihrem Panzer. Mit jedem Schritt glaubte ich, mir Agnes' Zorn zuzuziehen. Ich fand unseren Lagerplatz gekehrt und ordentlich vor. Agnes, Ruby und July saßen unten am Fluß und winkten mir zu. Zögernd ging ich auf ihre strahlenden Gesichter zu. Die drei Frauen begrüßten mich freudig.

«Hallo, Lynn», rief Agnes. «Wirklich prima Sandwiches. Danke schön.»

«Ja, phantastisch», meinte Ruby.

«Ich habe noch nie so ein feines Sandwich gegessen», sagte nun auch July. «Es war mit drei Sorten Wurst belegt und enthielt dazu noch eine ordentliche Portion Käse.»

Alle drei lachten mich freundlich an.

«Das ist aber ein schicker Pullover, Lynn. Hast du ihn

neu? Wo ist er her?» fragte Agnes. Nach anfänglichem Zögern erzählte ich ihnen die ganze Geschichte.

Diesmal schien Agnes sehr an Shirley interessiert, ebenso Ruby und July.

«Das Gelb steht dir gut, Lynn», versicherte Ruby. «Du solltest es öfter tragen.»

Agnes legte den Arm um mich, und wir setzten uns auf einen Stein. Ihre Augen leuchteten. Sie fand es toll, daß ich den Weg in ihren Kreis gefunden hatte, und sagte mir, wie sehr wir gegenseitig unser Leben bereichert hätten. Sie sprach über die Schwierigkeiten als Indianerin und daß sie und Ruby bewußt dieses Erdenleben als Indianerinnen gewählt hätten, um sich mit den daraus resultierenden Problemen auseinanderzusetzen. Sie redete noch eine ganze Weile so weiter. Ihre Worte hatten etwas Besänftigendes.

Dann ergriff Ruby das Wort. Doch statt sich über ihre wirklich schwierige Situation aufzuregen, erzählte sie, daß sie durch ihre Vergewaltigung und Erblindung in früher Jugend den eigentlichen Zugang zur Magie gefunden hätte. Als junges Mädchen hatte sie bei ihrem Großvater gelebt. Als sie einmal allein zu Hause war, kamen zufällig vier weiße Landvermesser an ihrer Hütte vorbei. Sie sahen die schöne und wehrlose Ruby und vergewaltigten sie. Anschließend blendeten sie das Mädchen, damit sie sie nicht identifizieren konnte. Ihr Leben war ruiniert, und sie wollte sterben. Ein Medizinmann aus dem Norden, ein Mann namens Four Deers, rettete sie und lehrte sie Hirschmedizin. Im normalen Leben hätte sie die Pforten der Wahrnehmung, die er ihr geöffnet hatte, nie kennengelernt. Als Blinde hingegen hatte sie außersinnliche Fähigkeiten entwickeln können, die, gelinde gesagt, erstaunlich waren.

«Es ist so schön, herumreisen und campen zu können», schwärmte Agnes. «Das letzte bißchen Wildnis zu erleben.

Nur wenige haben die Gelegenheit, sich an dieser heiligen Erde zu erfreuen.» Sie lächelte mich aufrichtig an.

«Und was ist mit deiner Geldnot und deinem Alter», fragte ich vorsichtig.

«Ich bin nicht pleite. Wer hat das gesagt? In Geldangelegenheiten wenden wir uns an dich.»

Ruby und Agnes lachten vergnügt.

«Wir haben alles, was wir brauchen», fuhr Agnes fort. «Wenn uns das Gas ausgeht, machen wir eben ein Feuer. Und wenn der Wagen zusammenbricht, dann können wir immer noch nach Arion suchen oder per Anhalter weiterfahren. Wir können uns von Fischen und allem, was wächst, ernähren. Hier draußen gibt es genug, um sich am Leben zu erhalten. Obendrein können wir dir noch etwas beibringen, und das gibt uns Erfüllung.»

Ruby quetschte sich neben uns auf den Stein. Von beiden Seiten wurde ich nun umarmt. Die schöne July, so scheu wie ein Reh, stand in der Nähe und beobachtete das ungewohnt herzliche Geschehen.

«Komm, setz dich zu uns, July», forderte Agnes sie auf. Und so saßen wir schließlich alle vier in einer Reihe traulich beisammen. Wir sprachen kein Wort, aber ich fühlte mich jetzt viel besser.

«Vorhin hattest du noch das Gefühl, die Hölle sei los», sagte Agnes. Ich nickte zunehmend. Agnes fuhr fort: «Ich war negativ eingestimmt, pessimistisch und sah alles nur noch in den schwärzesten Farben. Ich habe mich mit meiner negativen Einstellung isoliert und mir einen sehr einsamen verlorenen Raum geschaffen, in dem das Leben hart ist. Ruby und ich haben das getan, um dir vor Augen zu führen, daß deine Welt genauso ist, wie du sie dir zurechtbastelst. Du selbst suchst dir aus, ob du nur Verzweiflung und Leid siehst. Sicherlich sind diese Dinge da und müssen auch zur

Kenntnis genommen werden, aber nicht auf negative Weise. Wenn das Gas ausgegangen ist, gehst du arbeiten, um neues zu kaufen. Oder du steigst auf eine andere Energiequelle um. Ich weiß nicht, ob du es bemerkt hast, aber der Wind brauste und spielte verrückt, als das alles passierte. Ich war gefangen in einem negativen Dunstkreis. Was du auch sagtest oder tatest, es war in jedem Fall falsch, denn ich bewegte mich hinter einer Schattenwand, die keiner von uns beiden erklimmen konnte. Es gibt viele Menschen, die in dieser leidvollen Falle sitzen. Nimm dich davor in acht! Sie kommt deiner Beerdigung gleich, dem Tod deiner Träume und dem Anfang von Kummer und Sorgen.»

Wir erhoben uns, krochen die Böschung hinauf und gingen zum Wagen. Ich hielt Agnes am Ärmel fest. «Und was ist, wenn ich positiv eingestellt bin? Ich fühlte mich großartig, als ich das erste Mal hierherkam. Was passiert, wenn die anderen ihre Negativität auf mich übertragen?»

«Dann muß du dich selbst fragen, warum das geschieht. Weshalb wolltest du gerade mit einer bestimmten Person zu einer bestimmten Zeit im Leben zusammensein? Kann diese Person wachsen? Oder ist sie hoffnungslos verstrickt in ihren eigenen Pessimismus? Du bist eine Kriegerin, eine Jägerin. Du nimmst das Leben als Herausforderung. Was kannst du von diesem Spiegel lernen? Und kannst du diesem Menschen einen besseren Weg aufzeigen? Wenn nicht, dann solltest du aufgeben und Wege einschlagen, die erfolgversprechender sind. Laß es niemals zu, daß dir jemand die glücklichen Jagdreviere deines Geistes zerstört. Die gute Stimmung ist deine Basis. Gib auf sie acht. Geh dorthin, wo du frisches Gras und klares Wasser findest. Wo du fette Beute machen kannst.»

«Und wenn ich beschimpft und verletzt werde? Was ist dann?» fragte ich.

«Eine Kriegerin braucht stets eine Herausforderung. Wie kommt es, daß dich jemand beleidigen kann? Was passiert mit fehlgeleitetem Stolz? Wenn wir uns dergestalt aufplustern, sind wir für Beleidigungen geradezu prädestiniert. Sind wir hingegen nicht so aufgeblasen, kann uns kaum etwas erschüttern.» Sie lachte. «Übrigens, ohne falschen Stolz bist du eine kleinere Zielscheibe.»

«Manchmal bin ich nun mal negativ eingestellt. Was mach' ich dann?» Ich kam mir immer noch dumm vor, daß ich dem Affentheater von Agnes aufgesessen war.

«Beobachte dein Verhalten. Sieh auf dich selbst herab, als wärst du ein prächtiger Adler am Himmel. Sieh, wie dumm du bist, und vergib dir deine Dummheit. Du bist nur ein Mensch. Sieh, was die Donnervögel sehen. Verglichen mit der Größe des Himmels sind wir alle nur unbedeutende Zwerge.»

Ich erkannte das Ausmaß meiner Negativität und auch meine Dummheit, die es ihnen leichtgemacht hatte, mir einen solchen Streich zu spielen. Während meiner Unterhaltung mit Agnes hatte Ruby die Kisten mit den Lebensmitteln durchstöbert. Mit ihrem Klappmesser öffnete sie gerade eine Dose Birnen. Sie rutschte aus und schnitt sich den Finger an der scharfen Kante der Blechdose. Ich sah, wie das Blut von ihrer Hand heruntertropfte.

«Guck mal», rief sie. «War das nicht dumm von mir?»

Ich ging zu ihr. «Ruby, du hast dich geschnitten.»

«Ich werde es überleben», erwiderte sie und hielt den blutenden Finger in die Höhe. «Aber was ist denn mit dir los? Du stehst da wie ein begossener Pudel.»

«Ich ärgere mich, weil ich nicht gemerkt habe, daß ihr mich hereingelegt habt. Ich komme mir so furchtbar dumm vor.»

«Ich rechne fest damit, daß dir eines Tages ein Licht

aufgeht, Lynn», sagte Ruby. «Der Pfad des Wissens ist zuweilen schmerzhaft und auch mit Anstrengungen verbunden. Manchmal wird dir weh getan, und du wirst übel zugerichtet oder gar gebrochen. Doch wenn du merkst, daß du verletzt bist, dann brauchst du dich nicht schuldig zu fühlen. Fändest du es nicht auch unangemessen, wenn ich mir jetzt den Finger abhacken würde, nur weil ich mich geschnitten habe?»

Ich mußte ihr recht geben.

«Ebensowenig darfst du wegen deiner Schwächen und Fehler Schuldgefühle haben. Es wäre das gleiche, wie den Finger abzuschneiden, nur weil ich so töricht war, mich zu schneiden, und jetzt eine Wunde habe. Verstehst du?»

«Ja», entgegnete ich. «Es war eine gute Lektion.»

«Ich habe noch eine andere für dich.» Sie drehte sich zu mir um. Dann spuckte sie auf ihren blutenden Finger und rieb mit ihrer Hand darüber. Als sie mir den Finger wieder zeigte, war kein Schnitt mehr zu sehen. Die Wunde war völlig geheilt, einfach verschwunden. Hatte sie mich nun schon wieder ausgetrickst?

«Wie hast du denn das gemacht, Ruby?»

«Das ist nicht so wichtig. Worauf es allein ankommt, ist die Tatsache, daß ich mich nicht unnötig bestraft habe.»

Ich fühlte mich wieder einmal aus den eingefahrenen Denkmustern herausgerissen.

Der Hirsch wartet am Waldesrand
allein,
seine tiefen Wunden
fädeln die Stille auf wie eine Nadel,
oder denk an die Zeit, als er sich das Genick brach, du
hast auf das Tier gewartet,
für alle Fälle,
denn wer weiß schon, was ein jeder von uns braucht
in der Stunde des Todes.

Jack Crimmins

8
Die Geisterpuppen für Leben und Tod

Die Morgensonne schien mir ins Gesicht, als ich unten am Fluß saß und die gußeiserne Bratpfanne mit angefeuchteter Stahlwolle ausrieb. Auf der Wiese entdeckte ich einen friedlich äsenden Weißschwanzhirsch, und hoch über mir kreiste ein Habicht mit rotbraunem Gefieder. Der Greifvogel kam mit ausgebreiteten Flügeln nahe an mich herangeflogen, so als wollte er mich inspizieren.

Agnes watete barfuß in den Fluß und klatschte sich Wasser ins Gesicht. Ihr langes meliertes Haar hing lose herab. Zum Abtrocknen benutzte sie ein altes verschossenes Schnupftuch, mit dem sie sich hinterher die Haare zusammenband. Dann setzte sie sich zu mir und zog ihre Stiefel an.

«Wie sehe ich aus?» fragte sie.

«Du siehst toll aus», rief ich begeistert aus.

«Na gut», sagte sie. «Selbst ein alter Kojote kann sich noch sehen lassen.»

«Bist du ein alter Kojote, Agnes?»

«Mehr Kojote als du ahnst, und älter, als du es für möglich hältst.»

«Du siehst nicht aus wie ein Kojote und machst auch nicht den Eindruck einer Greisin.»

Sie rückte ihren silbernen Muschelgürtel zurecht. Ich glaubte, in ihren Augen einen leisen Spott zu sehen, aber vielleicht war es auch nur ihre Heiterkeit. Sie legte sich einen dunklen Schal um die Schultern.

Nach einiger Zeit fing sie an zu sprechen. «Als wir neulich oben auf dem Elk Horn waren, sagte ich, wir würden ein Fest feiern zu Ehren deiner inneren Sonne. Ich glaube, jetzt ist ein günstiger Zeitpunkt. Bevor wir das Lager verlassen, möchte ich, daß du als Vorbereitung auf dieses Fest noch eine letzte Aufgabe erfüllst. In Anbetracht der Tatsache, daß Red Dog dir auf den Fersen ist, erscheint mir dieser nächste Schritt unumgänglich. Komm.»

Wir wanderten den Fluß entlang, der sich wie eine Schlange durch das Tal wand. Von Westen her kam ein leichter Wind auf. Am Ufer hüpften wir über flache Steine, die die gleiche Farbe hatten wie das Fell der Grauhörnchen. Die hochgewachsenen Pappeln über uns warfen feine Schattenmuster auf das sandige Ufer.

«Lynn, es ist gut, daß du dich in deinem Innersten mit deinem verstorbenen Vater beraten hast. Das Licht um dein Herz herum leuchtet nun heller und hat ein gutes Zuhause gefunden.»

Agnes hielt einen Moment inne, bis wir um eine Flußbiegung herumgegangen waren. Währenddessen sammelte sie allerlei Dinge vom Boden auf: Federn, trockene Grasbüschel, Stöckchen und vieles mehr. Sie trug auch mir auf, alles aufzuheben, was mir gefiel oder mir sonst irgendwie ins Auge stach.

«Weißt du noch, welche Gefühle du hattest, als du an deinen Vater dachtest?» fragte sie. Sie deutete auf eine große Sandbank, und wir setzten uns. Dann breitete sie die Gegenstände, die sie unterwegs gefunden hatte, zwischen uns aus und holte ihr Taschenmesser hervor.

«Ja, ich entsinne mich.» Die Erinnerung kam wie ein dunkler Schatten über mich, und ein Schauder kroch mir den Rücken hoch. Mit einem Male kam ich mir vor wie die überdrehte Feder einer Uhr. In Brust und Schultern verspürte ich einen leichten Schmerz. Ich beugte mich vor, krümmte mich zusammen und zog die Schultern hoch. Völlig verkrampft saß ich da.

Agnes schüttelte mich heftig. «Du mußt locker werden», rief sie. «Deine Gefühle ziehen dich zu arg herunter.»

Ich bemühte mich um eine aufrechte Sitzhaltung.

«Deine Emotionen richten dich zugrunde. Das ist nicht im Sinne des Medizinweges. Es ist keine Befreiung. Es ist nichts Gutes. Du mußt dafür sorgen, daß sich dein *Heava* aufrichtet und daß er Obacht gibt. Zeig deinem *Heava*, daß du ihn nicht länger tolerierst.»

«Und wie soll ich das bewerkstelligen?»

«Ich habe dir schon oft erzählt, daß deine innere Mondhütte deiner äußeren Sonnenhütte entspricht. Der Mond ist jedoch stärker als die Sonne. Mit seiner Passivität bezwingt er die Erde und spendet doch nur Licht. Hast du je etwas über Geistergruppen gehört?»

«Nicht daß ich wüßte. Was sind das für Puppen? Und warum heißen sie Geisterpuppen?»

«Sie heißen Geisterpuppen, weil sie ein Teil von dir sind. Mit anderen Worten, du läßt sie durch deinen Geist lebendig werden.»

«Und nun wirst du mir vermutlich sagen, daß ich eine solche Puppe anfertigen soll?»

«Nein, du sollst gleich zwei von diesen Puppen machen. Ich schlage vor, du beginnst mit einer Klagefraupuppe.»

«Was ist denn eine Klagefraupuppe?»

«Du bist eine solche Puppe. Sie trägt in ihrem Bauch deinen ganzen Schmerz, deine Gier, deine Sorgen und Ängste. Mit anderen Worten, es ist eine Puppe, die ein sichtbarer Ausdruck deiner unsichtbaren inneren Trauer ist.

Sie besteht aus deinen irregeführten Winden, deinen Zwängen, deiner Negativität, aus all den Impulsen, die deinen Geist lähmen. Die Klagefraupuppe steht für deinen Tod. Sie dient deiner Transformation von einem Leben in ein anderes. Sie ist ein Fahrzeug, ein Kanu, eine Brücke. Sie wird zu einem Symbol auf dem Altar deiner Verwandlung von der unzulänglichen Hütte deines Selbst hin zu deiner Medizinhütte, wo deine heiligen Dinge dein Leben lang aufbewahrt werden. Zu diesen heiligen Dingen zählt auch die Knochenhüterpuppe, die du an zweiter Stelle anfertigen wirst. Diese Puppe verkörpert dein Leben, denn der Geist des Lebens steckt in den Knochen. Sie trägt in sich deine guten Absichten, all die Dinge, die du in diesem Leben verwirklichen willst. Im Körper der Knochenhüterpuppe findest du deine spirituellen und weltlichen Ziele wieder.»

«Aber warum heißen sie Geisterpuppen, Agnes?»

«Weil sie wie Schatten deines Geistes sind, die sich an dein Inneres erinnern.»

«So etwas wie Fetische?» Ich dachte an die wundervollen Schnitzereien und an die verzierten und mit Federn geschmückten Gegenstände, die die Indianer herstellten, um damit bestimmte Bewußtseinszustände darzustellen.

«Richtig, diese Puppen verkörpern die Kräfte in deinem Inneren – die Kräfte deines Lebens und deines Todes. Alles, was du im Leben nicht sehen und wahrhaben willst, beherrscht dein Leben. Deshalb ist auch die Klagefraupuppe so wichtig, und deshalb sollst du sie zuerst machen. Forme sie nach den finstersten Tiefen deines Geistes. Setze sie zusammen aus deinen zerbrochenen Träumen, aus all den Dingen, die du für immer begraben und mit denen du nichts mehr zu tun haben willst. Die Klagefrau verkörpert deinen Tod und deine Trauer über das Vergängliche.»

Agnes hatte die ganze Zeit über achtlos an einem Stück

Treibholz herumgeschnitzt, das voller häßlicher Auswüchse war. Da es neben uns im Sand lag, hatte ich es kaum bemerkt. Sie schmückte es nun mit Gras und Federn. «Etwa so», sagte sie und hielt die puppenähnliche Form hoch. Grimmig und furchterregend sah sie aus. Sie hielt sie mir direkt unter die Nase und legte sie dann neben sich in den Sand.

«Bei ihrem Anblick wird mir ganz unwohl», sagte ich.

«So sollte es auch sein. Dies wird deine erste Puppe sein. Danach kommt die Knochenhüterin dran.» Sie nahm etwas Sand zwischen die Finger und streckte ihre Hand dem Wind entgegen, der sanft alle Körnchen fortblies. «Hör auf deine innere Stimme, ganz tief im Innersten. Sie sagt dir, was du tun sollst. Denk daran, daß die Knochenhüterpuppe für deine Hoffnungen und künftigen Werke steht.»

Ich nickte zustimmend. Sie zog mich hoch und ging ein paarmal um mich herum. Dann räucherte sie mich mit Süßgras ein. Anschließend legte sie ihre Hand viermal auf meinen Solarplexus und sagte dann: «Jetzt geh an die Arbeit.»

Ich sah ihr nach, bis sie hinter der Biegung des Flusses verschwand. Der Wind blies durch ihr lose zusammengebundenes Haar und bauschte ihren Rock auf. Da saß ich nun. Als erstes baute ich aus den Steinen im Fluß ein Medizinrad. Anschließend segnete ich es mit Tabak und Maismehl und betrat den Kreis von Osten her. Den Eingang verschloß ich mit Tabak. Ich setzte mich in die Mitte, den Blick nach Westen gerichtet und betete zum Großen Geist und zur Mutter Erde. Dann meditierte ich über die Kräfte des Westens: den heiligen Traum, Tod und Wiedergeburt und die Innenschau. Ich versuchte, mich mit dem Tod und all den häßlichen Verzerrungen in mir auseinanderzusetzen. Ich sah die Verrückte in mir, wie sie an meinem Verstand zerrte. Und wieder mußte ich an meinen Vater denken und gab mich ganz der alten Traurigkeit hin, von der ich mich eigentlich schon gelöst hatte. Nachdem ich all diese Gefühle noch einmal durchlebt hatte, trat ich aus dem Medizinrad heraus und durchsuchte die Landschaft nach Gegenständen, die den verschiedenen Gefühlsregungen in meinem Inneren entsprachen. Die Auswahl war reichlich. Ich fand alte verklebte Federn, die Überreste eines toten Vogels mit merkwürdig verdrehten Beinen, einen kleinen ausgebleichten Rückenwirbel, Stöckchen mit bizarren Verästelungen und noch vieles mehr, das mich an mein *Heava* erinnerte. Meine Funde stopfte ich in einen alten Kartoffelsack, den irgendwelche Camper zurückgelassen hatten. Dann ging ich zurück zu meinem Medizinrad. Dort betete ich und weinte. Während ich zu den Gegenständen sprach, nahm die Puppe langsam Gestalt an. Ich konzentrierte mich auf meinen Solarplexus und auf meinen festen Willen. Mit meinem Taschenmesser begann ich, an dem etwa 30 Zentimeter langen Stück Treibholz zu schnitzen. Der reißende Fluß hatte das graue Holz ganz ausgewaschen, aber es ließ sich gut bearbeiten. Fasziniert beobachtete ich, wie aus dem Holz nach und nach eine gekrümmte Gestalt zum Vorschein kam. Mir war, als hätte sie schon immer im Holz geschlummert und nur darauf gewartet, von mir hervorgeholt und befreit zu werden.

Als die Klagefraupuppe schließlich vor mir lag, ließ sich ihre dunkle Macht nicht verleugnen. Sie war eine echte *Kachina*-Puppe, angefüllt mit all meinen bösen Ahnungen und Zweifeln. Ich fertigte kleine Medizinbeutel an mit Dingen, die mir etwas bedeuteten, nahm eine Strähne von meinem Haar, einen Tropfen Blut und Spucke, vermischte alles und befestigte die Beutel an Bauch, Rücken und Herz der Puppe. Sie war in einer grotesken Weise schön. Wer sie ansah, wußte sogleich, daß sie meinem *Heava* entstammte. Als ich endlich fertig war, hüllte ich sie in ein Stück Rupfen, das ich aus dem Kartoffelsack herausgeschnitten hatte, und legte sie vor den Stein, der nach Westen zeigte.

Ich drehte mich um und sah nach Osten, zum Ort der Erleuchtung. Im Geiste sah ich meine zukünftigen Ziele vor mir und stellte mir ganz genau vor, wie ich mein Schicksal selbst in die Hand nehmen wollte. Als ich so dasaß, spürte ich den Westwind im Rücken. Er blies mir so kräftig ins Kreuz, daß ich annahm, er sei gekommen, mich in meinen Bemühungen zu unterstützen und mir Mut zu machen. Ich dachte darüber nach, wie herrlich doch dieses Leben ist. Klarer als je zuvor erkannte ich, daß wir alle genau den Platz im Leben einnehmen, den wir uns ausgesucht haben. Wir sind keine Opfer der Umstände. Wir schaffen uns die Umstände selbst aufgrund von komplexen Motiven, die oft ungenannt bleiben, weil wir der Wahrheit nicht ins Auge sehen wollen oder können.

Durch die östliche Pforte trat ich aus dem Medizinrad heraus und ging auf die Suche nach Fasern, Steinen, Glimmer, Holz, Knochen und allem, was zur Fröhlichkeit meines Geistes paßte. Voller Erstaunen stellte ich fest, daß ich jetzt eine ganz andere Welt sah. Als ich nach den *Heava*-Gegenständen suchte, hatte ich meine bedrückenden und dumpfen Gefühle auf alles übertragen. Um mich herum hatte eine unnatürliche Stille geherrscht; ich war abgetrennt gewesen von der Natur. Wie ich nun am Flußufer entlangging, sah ich die gleichen Dinge mit anderen Augen. Mein Blick fiel auf Steine, die das Licht reflektierten. Auf einer Anhöhe entdeckte ich einen Ameisenhaufen. Ich war schon vorhin daran vorbeigegangen, hatte aber nicht bemerkt, daß auf dem Hügel winzige Kristallhörnchen herumlagen, die die Ameisen aus den Tiefen ihrer *Kivas*, den heiligen

Räumen unter der Erde, hervorgeholt hatten. Behutsam sammelte ich sie auf.

Ich bahnte mir einen Weg durch das Gebüsch und gelangte auf eine flache Wiese, von wo aus der Blick frei war auf eine bewaldete Anhöhe. Instinktiv ging ich darauf zu und fand dort einen langen Knochen, das Schienbein eines Hirsches, der unter den wunderschönen Laubbäumen sein Leben ausgehaucht hatte. Ich spürte deutlich, daß es eine Hirschkuh gewesen war, die wahrscheinlich ein Luchs hier überrascht hatte. Einen Moment lang hatte ich ihren verzweifelten Kampf vor Augen, bis sie sich dem Tode ergab. Das Leben ist ein Kampf, und am Ende müssen wir sterben. Die Hirschkuh war an einem gebrochenen Genick gestorben und hatte ihren letzten Atemzug von dem mit Salbei erfüllten Wind aus dem Norden genommen. Ich nahm den Knochen auf. Er summte zwischen meinen Fingern; da wußte ich, daß ich mit meiner Vermutung recht hatte.

Ich kniete einen Augenblick nieder und betete zum Haus der Hirschgeister. Sanft fuhr ich mit der Hand über die Stelle, wo der Knochen gelegen hatte. Zum Dank ließ ich eine Gabel Maismehl zurück und verbrannte ein paar Salbeiblätter.

Ich kehrte zum Medizinrad zurück und setzte mich wieder in die Mitte. Die gesammelten Gegenstände breitete ich vor mir aus. Dann nahm ich den Knochen, zog mein Taschenmesser hervor und fing an zu schnitzen. Dieser Knochen war wirklich wie geschaffen für meine Knochenhüterpuppe. Mit Fäden, die ich aus dem Kartoffelsack herauszog, band ich Zweige und Federn um den Knochen herum fest. Als Hals verwendete ich eine große Muschel. Aus einem gegabelten Ast modellierte ich zwei Beine, die ich mit Lehm und Bindfaden am Körper befestigte. Die Auswüchse am unteren der Gabel sahen aus wie Füße, in die ich mit dem Messer noch Zehen einritzte. Die Arme fertigte ich aus zwei kleineren Knochen, die zu klauenartigen Fingern ausliefen. Als Kopf nahm ich einen kleinen verwitterten Flaschenkürbis. Ich schnitt mir ein paar Haare ab, um eine Art Perücke zu machen. Dann stach ich kleine Löcher oben in den Flaschenkürbis und zog dünne Haarbüschel hindurch, die ich anschließend miteinander verknüpfte. An Stirn und Wangen legte ich Glimmerstückchen ein. Ich formte einen ovalen Mund und färbte die Lippen mit Beeren rot ein. Als nächstes band ich weiße und braune Federn zusammen und steckte sie der Puppe ins Haar. Dann rieb ich Blut in ein paar Haarsträhnen und legte sie ihr um den Hals. Im Gesicht verteilte ich helle Tonerde und Schlick. Aus flachsfarbenen Gräsern flocht ich ein Band und befestigte daran einen winzigen Medizinbeutel, in dem die Kristallkörnchen vom Ameisenhaufen steckten. Da die Puppe eine Kriegerin darstellte, fertigte ich aus einem kleinen biegsamen Stück Pappelholz einen Bogen an und spannte diesen mit Fäden aus dem Kartoffelsack. Ich schnitzte Pfeile, die ich ihr mit geflochtenen Gräsern am Rücken befestigte. Anschließend malte ich sie von oben bis unten mit rotem Beerensaft an und schmückte sie mit Flaumfedern, die sich in einem Busch verfangen hatten.

Am Nachmittag hatte ich mit meiner Arbeit begonnen, und jetzt fielen schon lange Schatten auf das nahegelegene Flußbett. Ich sog die klare, trockene Luft tief ein und genoß die Kühle des Jeansstoffes auf meiner Haut. Die unmittelbare Nähe des frischen Wassers wirkte ungeheuer belebend auf meinen Körper. Es wurde zusehends dunkel. Am farblosen Himmel tauchten die ersten silbergrauen Sterne auf und blinkten mir zu. Die Grillen zirpten, und unten am Fluß quakten die Frösche. Plötzlich raschelte es hinter mir im Gebüsch. Als ich mich umdrehte, sah ich zu meinem

Erstaunen Agnes und Ruby, die mit Armen voll trockener Zweige auf mich zukamen.

«Ihr habt mich aber erschreckt», rief ich.

«Nun, da du uns keine Rauchsignale geschickt hast, hielten wir es für besser, nach dir zu suchen», entgegnete Agnes.

Sie ließen das Feuerholz zu Boden fallen, und Agnes ging gleich daran, es in handliche Stücke zu zerbrechen. Es dauerte einige Minuten, bis sie das Anmachholz und die größeren Holzscheite zu ihrer Zufriedenheit aufgeschichtet hatte. Dann zündete sie das Feuer an. Sie blies solange, bis es brannte und die Flammen hochschlugen.

Ruby nahm mich nun bei der Hand und führte mich in den Süden des Medizinrades, den Sitz des Schutzschildes meiner Mädchenhaftigkeit. Dann legte Agnes die beiden Puppen vor mich hin, damit ich sie auswickeln sollte. Nachdem dies geschehen war, rückte sie sie ein Stück von mir ab, holte dann ihre kleine Pfeife hervor, zündete sie an und nahm ein paar Züge.

Ruby nahm einige Meter links von mir im Sand Platz. Sie begann rhythmisch auf ihrer runden einfelligen Trommel zu schlagen. Um uns herum herrschte Finsternis. Die Nacht breitete nun ihre Schatten aus. Bedrohlich krochen sie in unseren Kreis, während der Pfeifenrauch in dicken Schwaden zum Himmel aufstieg. Der Rauch erfüllte die Schatten mit Leben und verdunkelte immer wieder für Momente den Schein des Feuers. Agnes zog die Decke von ihren Schultern unf fächelte damit über das Feuer. Aus dem Rauch bildeten sich schimmernde Ringe, die erst in der Luft schwebten und sich dann spiralförmig auf das Medizinrad zubewegten. Sie paffte an der Pfeife und blies den Rauch zu mir herüber. Eine dichte Rauchwolke hüllte mich ein. Es war anscheinend kein gewöhnlicher Rauch, weil er sich nicht gleich auflöste. Vielleicht lag es auch an der plötzlich eingetretenen Windstille. Mit einem Mal wurde es unheimlich still. Das Licht veränderte sich, und die Schatten auf dem flachen Boden wurden zu filigranen Gebilden, die mich an Schneeflocken erinnerten.

Hinter hohen Wolken trat der Mond hervor und warf sein gespenstisches Licht auf uns herab. Er ließ die Konturen des Rauchs in hellem Licht erstrahlen. Wie hypnotisiert starrte ich in den Rauch, während mir dunkel bewußt wurde, daß hinter mir der wohl ungewöhnlichste Trommelschlag erklang, den ich je gehört hatte. Es war ein gleichmäßiger, starker und furchterregender Rhythmus. Ich blickte hinüber zu Ruby, konnte sie aber nicht erkennen, denn sie saß hinter einer dichten Wand aus Rauch. Ganz kurz sah ich durch den schwachen Feuerschein, wie ihre Hände die Trommel schlugen. Die Trommel kam mir vor wie ein zur Erde gefallener Mond, der von innen heraus glühte. Dann verschwand sie wieder hinter einem düsteren, undurchsichtigen Grau. Ich sah hinüber zu Agnes, doch sie hatte sich ebenfalls in Rauch aufgelöst, im wahrsten Sinne des Wortes. Die einzigen Dinge, die ich noch erkennen konnte, waren die Puppen, aber dann wurden auch sie in grauweiße Rauchwolken gehüllt. Fasziniert beobachtete ich, wie sie langsam meinem Blick entschwanden. Als ich merkte, daß ich nur noch mich selbst sehen konnte, lief mir ein Schauder über den Rücken.

Von einem Augenblick zum anderen verschwand der Mond hinter den Wolken; tiefe Dunkelheit umfing uns. Das Feuer prasselte. In zwei rotglühenden Holzkohlen glaubte ich die Augen eines Drachen zu sehen, doch dann verglimmten auch sie. Minutenlang war es stockfinster. Der Rauch roch merkwürdig süß. Ein paarmal mußte ich husten.

«Lynn, geh im Geiste zum Rauch», sagte Agnes. «Werde zum Rauch. Rauch ist Gebet. Dein Geist wird stark darin. Nun träume.»

Meine Augen brannten, und in meinen Ohren dröhnten die sonderbaren Trommelschläge. Ruby stimmte einen Gesang an. Ich folgte den silbrigen Rauchkringeln und hatte das Gefühl, daß sie mich dem Großen Geist näherbrachten.

«Zögere nicht länger und werde stark. Vertreibe deine Zweifel», raunte Ruby mir zwischen ihren Cree-Gesängen zu. «Sing mit mir, Lynn. Träume deinen heiligen Traum.»

Rubys Stimme klang erst nah und verhallte dann im Hintergrund, als wenn sie meilenweit durch den Raum getragen würde. Den Blick auf den Boden gerichtet, stimmte ich in den Gesang ein. Plötzlich fühlte ich mich beobachtet. Mein Kopf schnellte zurück, und ich stieß einen lautlosen Schrei aus. Hoch über mir schwebten, hervorgetaucht aus dem Rauch, die Geisterpuppen, größer als jede menschliche Gestalt. Die Knochenhüterpuppe hatte ein wölfisches Aussehen und sah mich glimmerglitzend aus bernsteinfarbenen Augen an. Wieder versuchte sich ein Schrei den Weg tief aus meinem Inneren zu bahnen. Ich schrie und schrie, brachte aber keinen Ton heraus. Ich versuchte mich aufzurappeln. Von rechts drang ein winziger Lichtstrahl zu mir herüber. Agnes' Hand bewegte sich am Lichtstrahl entlang auf mich zu, packte mich an der Schulter und drückte mich wieder zu Boden. Mein Kopf fühlte sich an, als sei er erfüllt mit Rauch und den losen Enden meiner Gefühle.

Dann sah ich zwei grobe Hände auf mich zukommen. Entsetzt mußte ich feststellen, daß es gar keine Hände waren, sondern gewaltige Klauen, die durch den aufsteigenden Rauch nach mir greifen wollten. In der Dunkelheit blinkten mit einem Mal winzige Lichtpunkte auf. Sie leuchteten so hell, daß meine Augen davon schmerzten. Hinter dem Licht kam die Knochenhüterpuppe zum Vorschein, riesig und lebendig. Sie wirkte stark und überzeugend und sah mich stolz und grimmig an. In ihrem zarten Federkleid und ihren blonden Haaren trat sie auf mich zu und zurück, vor und zurück.

Beim Anblick dieses phantastisch geformten Geschöpfes verkrampfte sich mein Magen. Ich wurde fast ohnmächtig. Kalte Schauder liefen mir den Rücken hinunter, aber trotzdem war ich fasziniert. Die Trommel schwoll an zu einem gespenstischen, tosenden Donner.

Nun trat die riesenhafte Klagefraupuppe mit rot-schwarzem Haar und herunterbaumelnden Armen in den Vordergrund. Während die Knochenhüterpuppe zu meiner Rechten anfangs noch einen furchterregenden Eindruck auf mich gemacht hatte, war sie in Wahrheit jetzt lieb und freundlich. Nichts dergleichen ging von der Klagefrau aus. Sie war brutal und unglücklich und verspottete die Knochenhüterin. Mit durchdringendem Blick musterte sie mich, aber wandte sich dann plötzlich wutentbrannt und mit tödlicher Leidenschaft um und schwang ihre Fäuste gegen die Knochenhüterin, die leichtfüßig den blutrünstigen Schlägen auswich. Dann bekamen sie einander zu packen, und ein Kampf auf Leben und Tod begann. Gnadenlos rangen sie miteinander, doch die Knochenhüterin konnte sich gegen ihre feindliche Angreiferin behaupten. In all dem Rauch waren die beiden kämpfenden Gestalten nur schwer zu erkennen.

«Paß gut auf, Lynn», flüsterte Agnes mir ins Ohr. «Alles, was du siehst, bist du selbst, dein sichtbares Ich und dein unsichtbares Ich.» Einen Moment lang glaubte ich angesichts dieser überlebensgroßen Kreaturen meine Selbstbeherrschung zu verlieren. Dann wisperte Agnes mir wieder ins Ohr: «Es reicht aber nicht aus, dein wahres Ich zu erfahren. Wenn du dich für machtlos hältst, kannst du nicht leben. Du wirst gefangen sein durch dein endloses Ringen und die Aggressivität in deinem Innersten.»

Vor meinen Augen tobte der Kampf unerbittlich weiter. Mein inneres Bewußtsein richtete sich nach dem Wind aus, der jetzt vom Westen her blies. In dicken Kringeln zog der Rauch an mir vorbei. Die ineinander verschlungenen Geisterpuppen trudelten zurück auf die Erde. Bald lichtete sich der Rauch, und die Puppen lagen friedlich auf ihrer Stoffunterlage, sie waren wieder auf ihre ursprüngliche Größe geschrumpft. Ich fühlte mich wie aufgelöst. Mit meiner Hand auf dem rauhen Gesicht der Knochenhüterin spürte ich den Druck eines abgrundtiefen Dunkels. Um mich herum zerrann die Zeit.

Wenn das pausbäckige Eichhörnchen
über das Dach des Maisspeichers hüpft,
erhellt auf einmal der Mond die Dunkelheit,
und ich weiß, daß es unmöglich ist zu sterben.
Jeder Augenblick ist wie ein Berg.
Ein Adler jubiliert in den Wipfeln des Himmels, er schreit:
Das ist es, wonach ich mich sehnte.

James Wright

GAS

9
Die Reise nach Norden

Am nächsten Morgen nach dem Frühstück brachen wir unser Lager ab. Eine leichte Brise wehte aus Südwest, am tiefblauen Himmel hingen dichte Federwolken. Ich war ruhig und gelassen. Die andern überließen mich mir selber und respektierten mein Schweigen. Ich nahm meine Pfeife und meinen Medizinbeutel und ging hinunter zum Fluß, weil dort unten ein guter Platz zum Alleinsein war.

An einer schönen Stelle mit hohen grünen Bäumen ließ ich mich nieder. Neben mir rauschte der Fluß. Ich legte meine rote Navajodecke ins duftende Gras und breitete darauf meine Medizinsachen aus. Lautes Vogelgezwitscher erfüllte die Luft. Ich setzte mich mit dem Gesicht nach Osten, wo vorhin die Dämmerung angebrochen war und nun die ersten goldenen Strahlen der Sonne den Horizont färbten. Meine jüngsten Erlebnisse gingen mir durch den Kopf, die Sache mit Hawks-Above, meine Abenteuer mit Arion und Twin Dreamers. Ich fragte mich, ob wohl Twin Dreamers und Arion auf einem dieser Lichtstrahlen entlangritten. Ich vermißte sie und freute mich darauf, sie wiederzusehen.

Unter meinen Medizinsachen auf der Decke befand sich auch das Hufeisen, das Twin Dreamers mir damals geschenkt hatte. Irgendwie gehörte es zu den Geisterpuppen, deshalb wickelte ich es zusammen mit der Knochenhüterin in ein rotes Baumwolltuch. Rot ist die Farbe der Frau und außerdem ein guter Schutz für geheiligte Gegenstände. Ich verwendete stets roten Stoff aus Naturfasern.

Da ich wußte, daß Agnes, Ruby und July zeitig aufbrechen wollten, sprach ich eilig ein Gebet, ordnete meine Medizinsachen und rollte alles in die Navajodecke. Als ich zum Wagen zurückkam, tranken Agnes und Ruby gerade den letzten Schluck Kaffee aus ihren Blechtassen. Sie lächelten mir zu.

«Hast du dich vom Fluß verabschiedet, Lynn?» fragte Agnes.

«Ja, hab' ich. Er wird mir fehlen.»

An diesem schönen Platz hatten wir alle eine Menge erlebt. July stand etwas abseits und hielt mit hocherhobenen Händen ein letztes Mal Zwiesprache mit dem Berg. Für die Geister des Ortes hinterließen wir zum Dank Blumen, Tabak, Salbei und Süßgras. Dann zwängten wir uns wieder auf die enge Vorderbank des Pickups. Als wir davonbrausten, blickte ich noch einmal zurück. Die Gegend sah wahrhaftig so aus, als wäre hier seit hundert Jahren keine Menschenseele vorbeigekommen.

Agnes hatte mich die ganze Zeit beobachtet. «Du hast den Geistern dieses Stück Landes gedankt, um alle Brücken hinter dir abzubrechen», sagte Agnes. «Du hast Tabak und Süßgras zurückgelassen. Das ist gut so.»

Ruby hatte auf ihrem Schoß einen alten Mokassin liegen, an dem sie gerade ein neues Lederband einzog. «Lynn haßt es, irgend etwas zurückzulassen», sagte sie.

«Ich glaube, du hast recht.» Es machte mich traurig, den Platz zu verlassen, an dem ich so viel erlebt hatte und an dem mir meine gespaltene Persönlichkeit so klar und deutlich vor Augen geführt worden war.

«Lynn, du steckst schon wieder im Sumpf fest», sagte

Agnes mißbilligend. «Du klammerst dich an deine Traurigkeit.»

«Ja, es stimmt», erwiderte ich. «Ich bin traurig.»

«Weißt du denn weshalb?» fragte Ruby mit zusammengebissenen Zähnen, denn sie biß gerade das Lederband ab.

«Nein, eigentlich nicht.»

«Erinnerst du dich an die Eiswürfel im Wasser der Erleuchtung?» fragte Agnes.

«Ja sicher, du meinst neulich in dem Lokal.»

Agnes blickte geradeaus auf die schneebedeckten Gipfel der Berge. Sie schimmerten in einem blaugrünen Licht und boten einen majestätischen Anblick. «Ho», rief sie ihnen entgegen und hob die Hand zum Gruß. Zu mir gewendet, sagte sie: «Nun, Lynn, erinnerst du dich noch an meine Worte, daß das Aufwachen sehr einfach ist? Im Grunde brauchst du nur warm zu werden.»

«Ja, ich weiß. Es ist so etwas wie ein Schmelzen.»

Lachend sagte sie: «Neulich hast du mit dem Warmwerden schon begonnen.»

«Wann denn?»

«Als du dich von der unbewußten Trauer um deinen Vater befreitest, hast du einen stattlichen Gegner besiegt. Daraufhin hat deine innere Sonne deine Medizinhütte erleuchtet und viel Wärme erzeugt. Die Flammen deines inneren Feuers schlugen hoch und höher. Deshalb bist du auch bis fast zur Mitte der heiligen Spirale vorgedrungen. Du bist beinahe geschmolzen.»

«Ich hoffe doch sehr, daß sie nicht hier im Auto zerschmilzt», warf Ruby ein.

«Das werde ich schon nicht. Ehrenwort», versicherte ich.

«Sei nicht so sicher», warnte Agnes. Sie malte mit ihrem Zeigefinger wieder eine Spirale auf das staubige Armaturenbrett. «Schau mal her», sagte sie. «Zuerst warst du hier, und dann bist du bis dorthin vorgerückt.» Sie zeigte auf zwei Punkte auf der Spirallinie, einer lag am äußeren Rand, der andere kurz vor der Mitte.

«Heißt das, daß ich meinem ursprünglichen Wesen näher gekommen bin?»

«Ja, du bist deinem Ursprung jetzt viel näher. Vielleicht hat sich aber auch nur dein ursprüngliches Wesen deinem realen Ich genähert.»

«Weißt du, was das bedeutet?» knurrte Ruby.

«Nein, eigentlich nicht», gab ich zu.

«Das heißt, daß du jetzt gefährdeter bist als in einer Schlangengrube. Am Ursprung gibt es weder Geburt noch Tod. Wenn du aber scheiterst, kann es sein, daß du dich nur noch in vielen Einzelheiten wiederfindest. Und es wird ewig dauern, um dieses Puzzle wieder zusammenzusetzen. Es kann aber auch sein, daß du am Ursprung verglühst.»

«Das erinnert mich an ein altes Kinderrätsel», sagte ich. «Es fängt an: ‹Hümpelchen, Pümpelchen fiel von der Bank›.»

Da sie mich gespannt ansahen, trug ich ihnen das ganze Rätsel vor, in dem ein Ei beschrieben wird.

«Ja, so etwas Ähnliches ist es wohl», meint Ruby. «Du willst gekocht, aber nicht gegessen werden.» Sie kicherte und stieß July an, die verzweifelt versuchte, den tiefen Schlaglöchern auszuweichen.

Auf der ebenen Straße kam der Wagen wieder auf normale Geschwindigkeit und verfiel in sein altes Dröhnen.« In gewisser Hinsicht hat Ruby recht», begann Agnes. Sie wollte weiterreden, doch Ruby fiel ihr ins Wort.

«Was soll das heißen, ‹in gewisser Hinsicht›?» platzte Ruby heraus. «Ich habe immer recht. July, sag du ihnen, daß ich recht habe.»

«Ja, du hast recht», versicherte July.

Agnes antwortete auf Cree. Es folgte eine lange Auseinandersetzung, in deren Verlauf die beiden alten Frauen sich gegenseitig anbrüllten, ohne darauf zu achten, was die andere gerade sagte. Als sie mit ihrem Geschrei fertig waren, schmollten beide mindestens eine Viertelstunde lang.

«Wir beide werden uns jetzt weiter unterhalten, Lynn», sagte Agnes schließlich, «wenn uns eine gewisse alte Hexe in Ruhe läßt und nicht dauernd dazwischenfunkt.»

«Gern», brummte Ruby, «das ist also der Dank für meine Freundlichkeit.»

Das Licht der Sonne flutete durch das Auto, während wir weiter in Richtung Norden fuhren. Ich fischte meine Sonnenbrille aus der Reisetasche und setzte sie auf. Ruby klappte die Sonnenblenden herunter, damit wir etwas im Schatten saßen.

«Die grelle Sonne regt mich genauso auf wie Lynns Dummheit», sagte Ruby gereizt.

Ich nahm mir vor, sie so lange wie möglich zu ignorieren. «Würdest du bitte weiterreden, Agnes?»

«Ich werde es versuchen», entgegnete sie. «Wir sprachen über das Schmelzen. Als du gestern nacht den Geisterpuppen begegnet bist, hast du deine eigene Persönlichkeit real erlebt. Du hast sogar etwas über deine Bedeutung auf Erden erfahren, nicht wahr?»

«Ja, ich habe erkannt, wie bedeutsam ich als Kriegerin bin und wie unbedeutsam in anderer Hinsicht, und mir ist das Wunder des Lebens bewußt geworden.»

Agnes blickte hinaus in die Ferne. Gedankenverloren meinte sie dann: «Wir sind gefangen in der Illusion von Leben und Tod. Wir nehmen aus der Fülle, aber was wir verlieren, ist unwiederbringlich und nicht mehr aufzuspüren.»

«Ich glaube, ich bin noch nicht bereit, darüber zu sprechen», sagte ich.

Agnes nickte zustimmend. «Ich verstehe.»

In der Ferne tauchte eine Tankstelle auf. Als wir näherkamen, sah ich die alten abgerundeten Tanksäulen aus Glas. Der Himmel spiegelte sich in der Tafelglasscheibe des Verkaufsraums, so daß die Öldosen in der Auslage kaum zu sehen waren. Wir rollten auf den Platz und kamen mit quietschenden Reifen vor der Zapfsäule zum Stehen. July stellte den Motor ab. Daraufhin durchstöberten wir alle unsere Taschen nach kanadischen Banknoten und reichten sie July, die sogleich aus dem Wagen sprang und Benzin zapfte.

«Wollt ihr ein Sodawasser?» fragte ich in die Runde.

Ruby und Agnes nickten. «Bring für July auch eins mit», rief mir Ruby hinterher.

Ich betrat den Verkaufsraum und ließ eine Zwanzigdollarnote wechseln. Der dunkeläugige Tankwart blickte kaum auf, als er mir das Kleingeld zurückgab. Es war ein feister Mann mit grauem Schnauzbart, dessen mürrische Blicke an einem alten ramponierten Fernseher festhingen. Ich zog die Getränke aus dem Automaten und ging zurück zum Wagen. Während July die Tankrechnung bezahlte, reckten wir noch einmal unsere Glieder, ehe wir wieder in das enge Führerhaus kletterten.

Ich sah, wie der Tankwart July folgte. Sie stieg ein und knallte die Tür fester als gewöhnlich zu. Der Tankwart steckte seinen Kopf zum Fenster herein und wischte sich mit dem Ärmel über den Mund.

«Na, die Damen, soll ich nicht doch mal einen Blick unter die Motorhaube dieser alten Kiste werfen? Der Wagen hört sich ja an, als würden Sie eine Horde Wildkatzen spazierenfahren.» Er schlug sich auf den Schenkel und lachte. Dabei fiel ihm beinahe sein speckiger, zerknautschter alter Stetson vom Kopf. Er rückte seinen Texashut wieder zurecht, und durch seine Zahnlücken hindurch spuckte er dann mindestens drei Meter weit. Mir fiel auf, daß er an seinem Gürtel statt einer normalen Schnalle eine flache Uhr trug.

«Können Sie mir die Uhrzeit sagen?»

Er schaute nach unten und steckte den Bauch vor, um auf die Uhr zu sehen, aber es war vergebens. «Um ehrlich zu sein, diese Uhr ist schon vor langer Zeit stehengeblieben. Es ist spät. Ich glaube, zu spät.» Er klopfte auf die Motorhaube und zog grußlos von dannen.

«Ach je», seufzte ich. «Nun werde ich die Uhrzeit nie erfahren.»

«Du brauchst keine Uhrzeit, sondern indianische Zeit», belehrte mich Agnes. «Das heißt, du tust die Dinge zur rechten Zeit.»

Wir mußten alle lachen. Dann fuhr July wieder heraus auf die Straße.

Während wir zusammengepfercht im Wagen saßen, wurde ich wieder ganz unruhig. Ich erzählte Agnes, daß ich die Geschichte mit dem Eiswürfel immer noch nicht richtig verstanden hatte, und bat sie, mir das Schmelzen noch näher zu erklären. Ich war mir meiner Erkenntnisse nicht ganz sicher und zweifelte daran, ob ich überhaupt irgend etwas richtig verstanden hatte.

«Du hast es natürlich nicht verstanden, denn sonst wärst du ja geschmolzen», sagte Agnes. «Lynn wäre tot, und ich würde nie mehr zu ihr sprechen.»

«Zu wem würdest du denn sprechen?»

«Zu niemandem», erwiderte Agnes mit einem Zwinkern. «An Lynns Stelle würde sich ein Adler in die Lüfte schwingen.»

«Ich fühle mich nicht gerade wie ein aufsteigender Adler.»

Agnes deutete auf die Spirale am staubigen Armaturenbrett und trank dann einen Schluck Soda. «Lynn, du warst wirklich ganz warm. Der Eiswürfel begann schon zu schmelzen, und das hat dir Angst gemacht, nicht wahr? Sei ehrlich.»

Ruby rülpste laut. Sie schlürfte an ihrem Sodawasser und sagte dann glucksend: «Lynn hat ständig Angst. Ich glaube, sie fürchtet sich ganz einfach vor Indianern.»

Agnes warf ihre leere Flasche hinter den Sitz. «Weißt du, was uns allen passiert, wenn wir unsere Energie und Wärme nicht länger sinnlos vergeuden und zu schmelzen beginnen? Wir geraten in Panik und suchen nach einer anderen Möglichkeit, im Sumpf steckenzubleiben. Ist dir das klar?»

«Ich glaube schon.»

«Heute morgen hast du die Traurigkeit regelrecht eingeladen, anstatt sie einfach nur zu registrieren und dann loszulassen. Du hast dich in dem Gefühl gesuhlt wie ein alter Büffel im Schlamm.»

Ich mußte erkennen, wie ich mich jeden Tag aufs neue mit irgendwelchen Ängsten herumquälte. Ich zeigte so viele eingefahrene Verhaltensweisen, und immer wieder ging mir auf den gewohnten Bahnen so viel von der kostbaren Energie verloren. Vielleicht würden ja die ewigen Feuer verlöschen, und es wäre aus mit der Befreiung in diesem Leben. Das paßte mir gar nicht. Ich wollte Agnes noch weitere Fragen stellen, kam dann aber zu dem Schluß, es hätte keinen Sinn. Ich konnte nicht weiter zu den Geheimnissen vordringen. Die Schleier der *Maya*, der Illusion, wollten sich nicht lüften.

«Warum fürchten wir uns so sehr vor der Selbstverwirklichung?» fragte July. Sie bremste den Wagen ab, um fünf weißgefleckte Hereford-Kühe über die Straße trotten zu lassen.

«Weil wir so sind wie diese Kühe», entgegnete Agnes. «Es ist einfacher, mit abgestumpften Sinnen dem Herdentrieb zu folgen. Wir sind hierher gekommen, um die heiligen Kreise zu ziehen, um erleuchtet zu werden. Ihr seid nicht auf der Welt, um Mutter, Tochter oder Schriftstellerin zu werden. Ihr seid hier, um zu lernen. Ich habe euch das schon so oft gesagt. Wir fürchten uns am meisten vor der Erfüllung dessen, was uns hierhergeführt hat. Und das sind die Ziele Wachstum und Selbstverwirklichung.»

«Aber ich habe doch gar keine Angst davor», verkündete July mit hoher Stimme.

«Und warum hast du es dann noch nicht geschafft?»

«Weil ich nicht genug weiß.»

«Unsinn, July. Das ist doch nur ein neues Hemmnis, eine Verdrehung der Tatsachen, ein Trick, mit dem du dich selbst hereinlegst. Du mußt überhaupt nichts wissen. Du bist bereits am Ziel, aber vor lauter Angst siehst du es nicht. Deshalb hält dir der Medizinweg einen Spiegel nach dem anderen vor, bis du schließlich hineinschaust und *siehst.* Jedes Mal, wenn eine von euch in die Nähe des Feuerherdes im Zentrum der Spirale gerät, glaubt ihr zu verbrennen. So wie Red Dog und seine Schüler aus dem Wagen stürmten, sucht auch ihr immer wieder nur eure Haut zu retten. Bei euch ist es so, daß die alten und schlechten Angewohnheiten eure Energie verpuffen lassen. Ihr zwei seid hervorragende Öfen. Wenn es draußen kalt wird, brauche ich nur meine Hände über euch zu halten, und schon wird mir warm, denn ihr gebt eure ganze Wärme ab.»

Wir fuhren so lange weiter, bis die Bäume am Straßenrand durch den grauen Abendhimmel schwarz wirkten. An einer Quelle hielten wir an und schlugen unser Lager auf.

Am nächsten Morgen waren wir zeitig wieder unterwegs. So langsam bekam ich Platzangst in dem engen Wagen. Agnes inspizierte mal wieder die Straße im Außenspiegel. Ich überlegte, ob Red Dog sich wohl wieder an uns heranschleichen würde. Wir fuhren bis tief in die Nacht, schlugen dann unser Lager auf und kamen überein, daß wir unser fernes Ziel am darauffolgenden Abend endlich erreichen wollten.

Ich rufe mein schnellstes Pferd aus der Dunkelheit,
ein Pferd, das mit dem Donner flüstert,
ein Pferd, unerschütterlich wie ein Fels,
ein Pferd, so wild wie die Reißzähne eines Wolfs.
Uaaaahhh!

Philip Daughtry

10 Die Trommel Donnerwesen

Es war schon spät, als wir an Agnes' Hütte ankamen. Vorher hatten wir noch Ruby an ihrer Wohnung abgesetzt und waren dann gleich weitergefahren zu Agnes. Die Sonne war soeben am westlichen Horizont untergegangen und zauberte ein wundervolles Abendrot an den Himmel, das den Einbruch der Nacht ankündigte. July und ich trugen mehrere Pappkartons und noch allerlei anderes Zeug ins Haus, während Agnes ihre zwei Laternen anzündete.

«Liebste July, wo sind meine Decken und mein Schlafsack?» fragte Agnes. «Du hast sie hoffentlich nicht bei Ruby gelassen.»

«Tut mir leid», sagte July errötend, «ich habe sie total vergessen, obwohl du mich noch daran erinnert hast, aber ich war wohl zu müde von der Reise.»

«Da bleibt mir wohl nichts anderes übrig, als noch einmal mit dir zurückzufahren und bei Ruby zu übernachten. Ich komme dann gleich morgen früh wieder.»

«He, warte», rief ich, «ich habe keine Lust, alleine zu bleiben. Kann July dich nicht wieder zurückbringen?»

«Das ist ein bißchen viel verlangt, schließlich hat sie schon zwei Tausend Meilen hinter dem Steuer gesessen. Keine Sorge, ich werde dich nicht deinem Schicksal überlassen. Bleib ruhig hier und bring schon mal die Hütte in Ordnung. Also dann bis morgen früh.»

Ehe ich darauf etwas sagen konnte, waren die beiden schon verschwunden. Ich winkte ihnen nach, als sie abfuhren, und nahm mir vor, nicht ängstlich zu sein. In gewisser Hinsicht war ich sogar froh, daß sie mich allein in dieser Hütte zurückgelassen hatten, in der sich mein Leben über die Jahre so drastisch verändert hatte. Hier hatte meine Lehrzeit begonnen. Ich legte meine Handflächen auf die rauhe Wand und befühlte sie. Das Holz war uneben und splitterig. Der ausgetretene Dielenboden war an manchen Stellen gequollen, und das schiefe Fenster mußte dringend mal wieder geputzt werden. Da ich durstig war, brühte ich mir einen Tee auf und setzte mich dann an den Holztisch, den sie in die Mitte des Raumes geschoben hatte. Als Agnes wegfuhr, fühlte ich mich im Stich gelassen, doch jetzt fand ich es ganz aufregend in der Hütte.

An den Dachsparren hingen alle nur erdenklichen Medizingegenstände: massenweise Kräuter, mit Perlen verzierte Beutel, Geweihstangen, alte Teppiche, gebündelte Felle, Pfeile, Rasseln, Pfeifenbeutel und Schilde. Es war ein schöner Anblick. Ich kam mir vor wie der verlorene Sohn, der nach vielen Abenteuern zurückkehrt in die Heimat.

Meine Gefühls- und Sinneseindrücke riefen in mir meine erste Begegnung mit Agnes wach. So viele Jahre waren seitdem verstrichen. Ich war damals Kunsthändlerin gewesen und wollte ihr einen heiligen Korb abkaufen, worauf sie mir geantwortet hatte, daß dieser Korb nicht mit Geld zu kaufen wäre. Wenn ich ihn haben wollte, müßte ich schon bei ihr in die Lehre gehen. Allein der Gedanke daran kam mir damals absurd vor.

Ich mußte lachen. Gedankenverloren griff ich nach dem Teelöffel, um den Tee umzurühren. Auf einmal bemerkte ich, wie zwischen meinen Fingern etwas zu pulsieren begann. Der Löffel in meiner Hand schwoll an und erstrahlte in allen Farben des Regenbogens. Dann wand er sich wie eine Schlange um meinen Finger. Ich kreischte vor Schreck und schleuderte ihn entsetzt von mir. Hals über Kopf stürzte ich zur Tür, hinter mir fielen ein paar Stühle um.

Ich rannte nach draußen und auf die andere Seite der Lichtung vor der Hütte. Dort mußte ich erst einmal verschnaufen. Ich war völlig aufgelöst und zitterte am ganzen Körper. Mit einem Bein auf dem Boden kniend, versuchte ich, unter Aufbietung all meiner Kräfte, meine panische Angst zu bezwingen. Nach einer Weile wurde ich etwas ruhiger. Ich drehte mich mit dem Gesicht zur Hütte.

Im Schatten des Vordachs sah ich auf den Stufen eine Frau sitzen. Ich richtete mich auf, aber meine Beine waren immer noch so zittrig, daß ich mich nicht fortbewegen konnte. Ja, dort saß wirklich eine Frau. Meine Augen täuschten mich nicht. Fahl und gelblich schien das Licht durch das Fenster. Um sie besser sehen zu können, trat ich einen Schritt zur Seite, so daß das Licht jetzt auf sie fiel. Ich dachte an Agnes oder July, die vielleicht zurückgekommen waren, um mir Gesellschaft zu leisten. Ich beugte mich vor.

«Agnes», flüsterte ich.

Es kam keine Antwort.

«Agnes», rief ich jetzt etwas lauter.

«Ich bin nicht Agnes.» Die Stimme kam mir bekannt vor.

Mir klapperten die Zähne.

«Wer um alles in der Welt bist du dann?»

«Twin Dreamers.»

«Ich hätte es wissen müssen.» Langsam ging ich auf sie zu. Im Schneidersitz saß sie gegen den Pfosten des Vordaches gelehnt und sah aus wie ein weiblicher Methusalem. Ihr silbriges Haar hing ihr in dicken zerzausten Strähnen bis auf die Taille. Dicke Tränen kullerten mir über die Wangen. «Du hast mich so furchtbar erschreckt.»

«Ich wollte dich lediglich aufwecken», sagte sie verschmitzt.

«Das ist dir auch gelungen», sagte ich halb lachend und halb weinend. Ich freute mich so, sie zu sehen, und war ihr schon längst nicht mehr böse, daß sie mich fast zu Tode erschreckt hatte. Zögernd ergriff ich ihre ausgestreckte Hand und setzte mich zu ihr unter das Vordach. Eine ganze Weile schauten wir empor zum Sternenhimmel, wo das Nordlicht wie ein pulsierender Regenbogen in gelbem, blauem und grünem Licht flackerte.

«Arion ist dort oben.» Twin Dreamers deutete auf die Sterne am Himmel.

«Wo?»

«Die Nordlichter sind ihm auf den Bauch gemalt. Wir sind alle aus demselben Licht, aber Arion vermag es zu zeigen.»

«Aber ich dachte, du warst diese ganze Farbenpracht.»

«War ich auch.»

«Dann verstehe ich überhaupt nichts mehr.»

«Zwischen dir, mir und Arion gibt es keinen Unterschied.»

«Wie meinst du das?»

«Wir alle haben Regenbögen in unserem Bauch», sagte Twin Dreamers. «Komm, wir wollen Arion rufen. Mal sehen, ob er uns begleitet.»

Im selben Moment bewölkte sich der Himmel. Ein starker Wind trieb unzählige Wolkenfetzen heran, die uns die Sicht auf das Nordlicht nahmen. Twin Dreamers wieherte wie ein Pferd.

Aus der Dunkelheit, dort, wo sich die hohen Kiefern im Südwind wiegten, ertönte ein leises Wiehern. Vor lauter

Aufregung konnte ich nicht länger stillsitzen und stand auf, um alles genau zu sehen. Ein silbriges Pferd kam unter den Bäumen zum Vorschein. Es leuchtete geisterhaft und tauchte dann in das Mondlicht ein, warf seinen Kopf zurück und bäumte sich auf. Seine Hufe blinkten in der Luft. Es tanzte wie zu einer inneren Melodie, und während es sich uns näherte, konnten wir seinen prachtvollen Körper von allen Seiten bewundern.

Arion trabte auf mich zu. Er bewegte sich wie beim Cakewalk und warf seinen Kopf von einer Seite zur anderen. Seine großen, hellwachen Augen blickten direkt in meine. Dann wieherte er ganz leise, beschnupperte mein Gesicht und blies mir seinen heißen Atem in den Nacken. Ich kicherte, weil es so kitzelte, und blies ihm daraufhin meinen eigenen Atem in die Nüstern, während ich zärtlich über seinen Kamm und seinen Kopf strich. Mich überkam die ungeheure Lust, mich auf seinen Rücken zu schwingen.

«Na los», sagte Twin Dreamers, als könne sie Gedanken lesen.

Einen Augenblick überlegte ich noch, dann griff ich mit beiden Händen in die Mähne und schwang mich hoch.

«Ganz ruhig», flüsterte ich und tätschelte ihm den Hals. Ich spürte, wie sich seine kräftigen Muskeln entspannten, als er merkte, daß ich keine Kommandos gab, sondern einfach nur still auf ihm sitzen wollte.

Er begann, am Gras zu knabbern, da stieg ich wieder ab und ließ ihn weiden. Dann verschwand ich kurz in der Hütte und brachte für Twin Dreamers eine Tasse Kräutertee und ein Paket Bull-Durham-Tabak mit heraus. Den dampfendheißen Tee stellte ich neben sie, legte meine linke Hand in ihre und gab ihr den Tabak. Ich musterte sie eindringlich, nahm meinen ganzen Mut zusammen und sagte zu ihr: «Twin Dreamers, unterrichte mich.»

Lange Zeit war es still. Twin Dreamers legte den Tabak auf die grauen Dielen. Sie blickte mich belustigt an. Dann schloß sie ihre Augen und hielt mich am linken Oberarm fest. In dem schwachen Licht hatte ihr Gesicht unter den dunklen Brauen eine rötlichbraune Farbe. Sie schien angestrengt nachzudenken. Ihr Gesichtsausdruck wechselte dabei von einer Minute zur anderen zwischen undurchdringlichem Dunkel und geradezu durchscheinder Helle. Gleichzeitig schien sie zu schrumpfen und dann wieder zu wachsen. Ich führte diese seltsamen Veränderungen auf eine Sinnestäuschung zurück, die durch das flackernde Lampenlicht aus dem Haus hervorgerufen wurde.

Als sie ihre Augen wieder aufschlug, glänzten diese wie zwei große, schwarze, leuchtende Knöpfe. «Als Meisterin der Verwandlung kann ich dich aufwecken und den Traum, den du vom Leben hast, zum Platzen bringen.»

«Ich bin mir dessen bewußt, Twin Dreamers», erwiderte ich zögernd.

«Aber du kannst deinen Traum doch gar nicht richtig kennen, weil du ihn noch nicht vollständig geträumt hast.»

«Unterrichte mich», wiederholte ich.

«Es kann sein, daß du nicht überlebst. Ich weiß noch nicht, ob du eine Meisterin der Verwandlung bist. Ich weiß noch nicht, ob du dich auf die heiligen Kreise von Leben und Tod einlassen und trotzdem weiterleben kannst. Ich will dich nicht explodieren lassen.»

«Aber du hast mich erkannt. Tief in meinem Innern verlangt es mich nach deinem ganz speziellen Weg. Ich weiß, daß auch du diese Sehnsucht in mir spürst.»

«Du hast dich zeit deines Lebens deinem ganz persönlichen Traum hingegeben. Deine wahre Natur, die schon vor dem Traum existierte, ist dabei völlig in Vergessenheit geraten.»

«Ja, das stimmt, aber ich kann lernen, oder nicht? Ich will es wenigstens versuchen.»

«Du hast zwar die besten Absichten, aber wenn die Welt, so wie du sie kennst, plötzlich unerreichbar würde und unterginge und nur du bliebest übrig... ich weiß nicht, ob du das ertragen könntest», sagte Twin Dreamers.

Ein leichter Wind kam auf. Durch die Schatten der Wolken veränderte sich ihr Gesichtsausdruck wieder. Sie sah mich etwas mitleidig an. «Und wenn dann mit dem Träumen Schluß wäre?»

«Ich weiß nicht», entgegnete ich, «woher soll ich wissen, wie das ist.»

«Es gäbe dann für dich keine Welt mehr, denn alles, was du kennst, alles was Lynn und Lynns Welt ausmacht, entstammt deinem Träumen.»

«Ich glaube, daß ich mir darüber schon oft im klaren war.»

«Das mag sein», antwortete Twin Dreamers. Sie legte ihre Hand auf das Päckchen Tabak. «Du bist nicht ganz von dieser Welt. Die Welt besteht nicht nur aus dieser Veranda, aus Himmel, Arion und mir.» Sie schlug sich auf die Brust. «Für dich besteht die Welt aus deinen Träumen.»

«Du willst damit also sagen, daß wir alle in unserer eigenen Traumwelt leben.»

«Ja, was aber passiert, wenn ich dir zeige, wie du dich verwandeln kannst? Was bringt es deiner kleinen Welt? Hilft es dir irgendwie weiter?»

«Ich bin nicht sicher.»

«Hör zu, du mußt nur das eine begreifen, daß jeder Geist eine Welt in sich ist.»

«Wenn ich also den Traum nicht mehr sehe, sehe ich auch die Welt nicht mehr.»

«Richtig. Und wie würdest du dann existieren?»

«Meinst du, wie ich ohne Form und Gestalt leben würde?»

«Ja. Du hast dich an die falschen Träume von Form, Dualität und Unterscheidung gewöhnt.»

«Würde ich mich in nichts auflösen?»

«Nur wenn du es so willst.» Twin Dreamers blickte mich mit ihren wunderschönen schwarzglänzenden Augen an. «Wir Frauen der Schwesternschaft leiten dich schon seit vielen Jahren an. Du hast uns nicht immer bemerkt, doch oft waren wir dir ganz nah. Du bist viel stärker geworden und kannst mich daher jetzt auch sehen. Aber vielleicht bin ich ja nur ein Traum, und du schläfst gerade in der Hütte. Oder vielleicht träume ich dich. In Wirklichkeit sind jedoch beide Träume wahr. Das Entscheidende ist, daß du keine Angst haben darfst, wenn die beiden Träume aufeinandertreffen und sich berühren.»

«Wenn ich ehrlich bin, habe ich aber Angst.»

«Du stehst vor einem tiefen Abgrund. Deine Zehenspitzen hängen frei über dem Grand Canyon, und du schaust tausend Meter tief hinunter.» Sie hielt inne. «Bist du bereit zu springen?»

Ich konnte nur stammeln. «Ich ... ich ...»

«Wenn du bereit bist, dann nehme ich diesen Tabak als dein Geschenk an.» Sie blickte mich sanft an, aber von ihrem Körper ging eine unbeschreibliche innere Kraft aus. Arion wieherte und warf seinen Kopf hoch, so als wollte er mich ermutigen.

«Ja», platzte ich heraus und wunderte mich, daß ich überhaupt zu einer Antwort fähig war.

Twin Dreamers hob ganz bedächtig das Päckchen Tabak auf. Ich traute mich kaum zu atmen und fragte mich, was sie wohl als nächstes tun würde. Sie sah mich an, und ihre Mundwinkel verzogen sich zu einem Lächeln.

«Bist wohl eine doppelte Verliererin, was? Zuerst hast du dir Agnes ausgesucht und jetzt mich.» Sie stieß mit ihrem Mokassin gegen meine Schuhsohle. Wir mußten beide kichern und brachen schließlich in heftiges Lachen aus. Arion sah zu uns herüber und blies geräuschvoll den Staub aus seinen Nüstern.

Twin Dreamers griff hinter sich an die Holzwand. Ich hatte zuvor nicht bemerkt, daß sie eine riesige Felltrommel dabei hatte. Sie hielt sie im Mondlicht in die Höhe, um sie mir zu zeigen.

«Darf ich sie einmal anfassen?»

«Ja, aber vergiß nicht, wen du vor dir hast. Du berührst den Geist von Pferden wie Arion und vielen großen Kampfrossen, die ihm vorausgegangen sind. Diese Geister sind sehr empfindsam. Sie ruhen und warten darauf, während einer Zeremonie heraufbeschworen zu werden. Es wäre schrecklich, wenn diese Trommel in die falschen Hände geriete. Zum einen würde derjenige, der die Trommel stiehlt, von tausend Geisterpferden zu Tode getrampelt, und zum anderen könnten die Geister gekränkt werden, und die Trommel wäre nicht mehr dieselbe. Mit dieser Trommel kannst du durch die Zeit reisen, bis dahin, wo es keine Zeit mehr gibt.» Voller Bedacht reichte sie mir die Trommel, ebenso vorsichtig nahm ich sie entgegen.

Die Außenseite war mit zahlreichen Abbildungen versehen, die hauptsächlich Pferde darstellten. Twin Dreamers fuhr mit ihren knotigen Fingern über die Bilder und erklärte mir deren mystische Bedeutung. Schließlich sagte sie: «Das sind heilige Zeichen. Du darfst nie mit jemandem über die Bedeutung dieser Symbole reden.»

«Twin Dreamers, ich danke dir, daß du mich in dieses Geheimnis eingeweiht hast.» Ich war tief im innersten Herzen bewegt.

«Die Trommel ist mit dem Fell eines berühmten Schlachtrosses bespannt, des berühmtesten, das ich je gekannt habe. Es führte viele Schamanen aus dem Dunkel der Unwissenheit heraus und leitete sie zum Schamanensee. Es hat viele Reiter getragen, die gegen die Dummheit zu Felde zogen. Dieses Pferd hieß ‹Donnerwesen›. Für diese Trommel hat es sein Leben hingegeben.»

«Schlägst du sie mit diesem Schlegel an?» fragte ich.

«Ja, dieser Schlegel wird als seine Stute bezeichnet. Sie ist sein perfektes Gegenstück. Durch ihre trefflichen Schläge wird er aufgerichtet.»

Twin Dreamers erhob sich. Dann nahm sie den großen zusammengeschnürten Medizinbeutel, der neben der Trommel gelegen hatte, und gab mir ein Zeichen mitzukommen. Arion folgte uns mit einigem Abstand. Wir gingen vorbei an den Pappeln unweit der Hütte und liefen etwa eine Stunde, bis wir an eine Wiese kamen, die im Mondlicht glitzerte. Twin Dreamers fand eine kahle Stelle, die ihr zusagte, und hockte sich nieder. Sie glättete die Bodenkrume mit ihren Händen und bat mich, ihr gegenüber Platz zu nehmen.

Sie stimmte sogleich einen Gesang in einer gutturalen Sprache an, die ich nie zuvor gehört hatte. Das Lied war wohl so alt wie die Zeit und klang sehr schwermütig. Als sie zu Ende gesungen hatte, sagte Twin Dreamers: «Hier, öffne diesen Beutel. Wir müssen den Geistern dieses Ortes unsere Gaben darbringen.»

Sie reichte mir ein kleines Bündel, das sie dem großen Beutel entnommen hatte. Es war in groben roten Baumwollstoff eingewickelt und mit zwei Lederbändern verschnürt. Nachdem ich die Schnüre gelöst hatte, breitete ich den Stoff aus und besah mir den Inhalt: eine dünne Kerze, Salbei, Kopal, eine Seeohrmuschel, ein paar gelbe Blüten, eine kleine Tafel Schokolade, Streichhölzer und eine kleine Flasche Burgunderwein.

Da ich Twin Dreamers nicht unterbrechen wollte, wartete ich, bis unsere Blicke sich wieder trafen. Dann fragte ich sie, was ich als nächstes tun sollte.

«Die Geister ruhen in allen Dingen, den Namenlosen und denen mit Namen. Sie schlafen ganz fest in jedem Gegenstand. In den letzten tausend Jahren hat hier an dieser Stelle wahrscheinlich keine Zeremonie stattgefunden. In unseren Augen ist das eine lange Zeit, aber es ist nur ein Atemzug der Ewigkeit. Die Geister an diesem Kraftzentrum liegen im Schlaf und warten. Wenn du als Schamanin hierherkommst, mußt du sie also zuerst aufwecken und dazu bringen aufzustehen. Denk daran, eine Zeremonie ist nur so überzeugend wie die Person, die sie abhält. Wenn du die Geister an diesem Ort nicht aufwecken kannst, packst du am besten deinen Kram zusammen und gehst zurück in dein Tipi.»

«Sag mir, was ich tun soll, Twin Dreamers.»

«Du hast das Bündel aufgemacht. Gut so. Jetzt zünde die Kerze an. Wenn der Wind sie ausbläst, ist das nicht weiter schlimm. Es genügt, wenn die Geister das Licht sehen. Brenne dann Kopal und Salbei an und lege beides in die Seeohrmuschel. Die Geister mögen den angenehmen Duft, und der Rauch vertreibt böse Geister. Ordne als nächstes die Blüten hübsch an, denn Geister haben einen Sinn für das Schöne. Dann bietest du ihnen die Schokolade an und öffnest den Wein. Nimm einen Schluck davon und behalte ihn im Mund. Sodann vermischst du ihn mit Speichel, der deinen eigenen Geist repräsentiert, und benetzt damit den Boden in allen vier Himmelsrichtungen. Anschließend singst du ein Lied, mit dem du die Geister rufst.»

«Was ist das für ein Gesang?»

«Na, etwa so. Hör mal zu.» Und mit einer wunderschönen klaren Stimme begann sie zu singen:

Es wird so, wie ich es sage.
Geister, wir grüßen euch.
In unserer Macht stehen
Verschmelzung, Spaltung und Veränderung.
Wir haben die Medizin, die Macht.
Wir haben das Licht.
Wir haben die Wahrheit.
Wir sind Medizinfrauen.
Wir beschwören euch hervorzukommen.

Als ihr Lied verklungen war, fragte ich sie: «Woher weißt du, daß die Geister erwachen und sich erheben?»

«Du kannst sie leuchten sehen. Wir haben die guten Geister gerufen, und diese Geister sind schön. Vielleicht spürst du auch einen leichten Druck oder ein Rascheln. Und nun nimm dein Bündel und mache mir alles nach.»

Twin Dreamers packte ein anderes Bündel aus. Sie ordnete die Gegenstände auf eine ganz bestimmte Weise. Ich tat es ihr gleich.

«Sing mit, so gut du kannst. Sing mit deinem Herzen. Die Geister wollen deine Stimme hören. Sie wollen hören, ob du echt bist.»

Twin Dreamers stimmte das Lied an, und ich bemühte mich nach Kräften, der merkwürdigen Melodie zu folgen. Irgendwo in der Ferne stimmten Kojoten in unseren Gesang ein.

Die flackernde Kerze tauchte uns in ein kaltes unruhiges Licht, und dichte Rauchwolken quollen vom Räucherwerk auf. Der süßliche Duft von Kopal und Salbei drang bis in meine Lungen und hüllte uns in einen feinen grauen Nebel.

Nachdem wir einige Minuten gesungen hatten, verspürte ich neben mir einen Druck, die leise Gegenwart eines schwebenden Etwas. Es war zwar nur eine schwache Erscheinung, aber ich spürte sie ganz deutlich.

«Ho», rief Twin Dreamers. Der Gesang war zu Ende.

Sie häufte etwas Erde an und streute Maispollen rund herum. Nachdem sie mir ein Zeichen gegeben hatte, stillzuschweigen, hub sie an zu einem weiteren Lied, das sehr lange dauerte. Dann zeichnete sie die vier Himmelsrichtungen vor dem Erdhaufen auf und legte die Pferdetrommel auf den Kreuzungspunkt in der Mitte. Mit einem Stock aus ihrem Bündel malte sie zu beiden Seiten zwei Blitze auf den Boden. Dann nahm sie drei bemalte und mit Federn geschmückte Gebetsstöcke und steckte sie in den Erdhaufen. Jeder Stock sah anders aus und wirkte wie ein stolzer Häuptling mit Kopfschmuck.

Twin Dreamers hatte in dem flackernden Kerzenlicht einen unergründlichen Gesichtsausdruck. Sie sagte: «Die Trommel Donnerwesen möchte, daß du einen Stab wählst. Wir wissen nicht, welchen Weg du beschreitest. Wir wollen deine Sprache sprechen.»

Ich blickte auf die Stöcke und wurde sogleich von dem mittleren angezogen. Es war der schlichteste von den dreien, er wirkte aber auch stabiler als die anderen.

«Ich habe den mittleren Stab gewählt.»

«Dann nimm ihn», sagte sie bestimmt.

Ich streckte die Hand aus und zog den Stab aus der Erde. Das Holz war glatt und abgegriffen. Bei näherer Betrachtung sah ich, daß der Stab auch als Schlegel zu gebrauchen war, denn aus den Federn ragte ein mit Fell bespannter Schlegelkopf hervor.

«Gut», sagte sie, «der mittlere Pfad ist der Pfad der ausgeglichenen Kriegerin. Hättest du einen der beiden anderen gewählt, wäre deine Macht vielleicht einer fixen Idee zum Opfer gefallen.»

Sie sang noch eine Weile, fast wie in Trance. Als sie die Trommel mit dem glimmenden Salbei eingeräuchert hatte, nahm sie sie und hielt sie über ihren Kopf. Sie sah aus wie die Göttin Isis mit dem Mond. Dann griff sie nach ihrem Schlegel und bot ihn dem Großen Geist dar. Danach begann sie, langsam und bedächtig die Trommel zu schlagen. Obwohl die Trommel einen Durchmesser von gut einem Meter hatte, hielt sie sie in einer Hand und schwang mit der anderen den Schlegel in weiten Bögen. Bei jedem Anschlag hallte er auf der straffen Bespannung der Trommel wider und schickte einen volltönenden Trommelschlag hinaus in die frische Nachtluft. Es war ein faszinierendes Schauspiel. Twin Dreamers schlug die Trommel wie die Eskimos, wenn sie die Karibus rufen.

Ich lauschte ehrfürchtig. Augenblicklich zog mich der Trommelschlag in seinen Bann. Ich war jedes Mal wie berauscht, wenn ich an einer Zeremonie teilhaben durfte, deren Wurzeln bis in längst vergessene Urzeiten zurückreichen.

Zuerst spürte ich den Trommelschlag in meinem Herzen. Es war ein seltsames und doch angenehmes Gefühl, so als säße eine kleinere Trommel direkt in meiner Brust. Ich war mir nicht ganz sicher, aber ich hatte den Eindruck, daß Twin Dreamers auf mein Herz starrte. Mein Herz war ihrem Spiel völlig ausgeliefert. Als sich unsere Blicke trafen, strahlten ihre Augen Würde und Entschiedenheit aus. Der Trommelschlag verschmolz mit meinem Pulsschlag, und meine Empfindungen verlagerten sich nach unten, so daß ich den Schlag nunmehr in meinem Solarplexus spürte.

Ich hörte Arion auf der Wiese umherstapfen, und dann sah ich ihn. Seine weiße Flanke leuchtete, während er uns langsam umkreiste. Twin Dreamers begrüßte ihn mit einem Trommeln, das beinahe identisch war mit dem Geräusch seiner klappernden Hufe auf dem festgetretenen Boden und das sich schließlich mit dem anfänglichen Rhythmus vermischte. Es war äußerst beeindruckend, und ich versank in einer verwirrenden Welt von Tönen und Rhythmen und in dem jahrtausendealten Mysterium schamanischer Tradition. Ein Schauder der Ekstase durchrieselte mich. Dieser alles durchdringende Trommelschlag zog mich stärker an als alles, was ich bisher gehört hatte, und ich gab mich völlig seiner Schönheit hin.

Twin Dreamers erhob sich. Im Hintergrund blinkte das Nordlicht. Sie hielt ihren Schlegel dem Lichtermeer am nächtlichen Himmel entgegen. Mir war, als würde sie mit jedem ihrer kraftvollen Anschläge das Nordlicht vom Himmel holen und dann mit ihrem vibrierenden Schlaginstrument verschmelzen lassen. Regungslos verfolgte ich das faszinierende Schauspiel. Ich sah und hörte, wie Twin Dreamers die Lichter des Nordens vom Himmel herunterrief und sie in ihre Trommel einfließen ließ. Die kreisförmige Oberfläche der Trommel erglühte in einem zarten Grüngold. Die Ränder verschwammen in der tiefschwarzen Nacht, die uns umgab. Einen Augenblick lang zuckten rote, blaue und violette Blitze auf uns herab, und wir versanken in einem grellorangen Lichtermeer.

Plötzlich war Twin Dreamers an meiner Seite. «Schlag mit mir die Trommel», flüsterte sie mir zu.

Ich griff nach meinem Schlegel und versuchte, ihren Bewegungen zu folgen. Mir war, als würde ein mächtiger Geist von mir Besitz ergreifen und mich als sein rhythmisches Medium benutzen. Das Trommeln wurde zu einem Teil von mir selbst.

Twin Dreamers lächelte, und ihre Zähne blitzten. «Mach

weiter so.» Von ferne hörte ich ihre Stimme. Sie saß jetzt weit abseits von mir. Ich trommelte ganz allein, und es war gut so. Das rhythmische Dröhnen wuchs und wurde endlos, bis es die ganze Schöpfung umfaßte.

Im Mondschein sah ich, wie Arion sich aufbäumte, gleichzeitig vernahm ich sein ungeduldiges Wiehern. Twin Dreamers rannte neben ihm her. Sein Körper schillerte in allen Regenbogenfarben, und mit einem Male war Twin Dreamers verschwunden. Aber ich konnte noch hören, wie sie mir zurief: «Lynn, leg die Trommel auf den Kreuzungspunkt. Steig auf Arion und komm mit mir.»

Ohne zu zögern, tat ich, was diese innere oder äußere Stimme mir befahl. Ich wußte nicht, woher die Stimme kam, aber es kümmerte mich auch nicht mehr. Ich flog Arion entgegen und schwang mich leichtfüßig auf seinen Rücken. Wir waren in ein Meer von Licht und Farbe getaucht. Kometenhaft schoß Arion über die flache Wiese vor uns. An seine Mähne geschmiegt, spürte ich die ungeheure Kraft des Universums zwischen meinen Beinen. Die Angst überkam mich erst, als ich das Gefühl hatte zu schrumpfen. Oder wuchs Arion ins Riesenhafte? Alles schien ineinander zu schmelzen. Ich blickte auf meine Finger, die Arions schillernde Mähne fest umklammert hielten, und sah, daß meine eigenen Hände nun auch in allen Regenbogenfarben erstrahlten. Es war ein fließender Übergang von mir zu dem Hengst und zu allem anderen. Mein Bewußtsein implodierte mit einem Schlag. Die Konturen meines Körpers verwischten sich und verschmolzen mit dem Flackern der Nordlichter. Ich hatte das Gefühl, nur noch goldenes Licht zu sein und der goldene Schimmer von Arions Widerrist und Hals zu werden.

Als ich nach unten sah, tat sich eine dunkle Tiefe auf; wir waren mindestens hundert Stockwerke hoch.

«Sieh nicht nach unten», rief Twin Dreamers mir zu. Doch es war zu spät. Die Angst hatte mich schon eingeholt. Meine Konzentration und mein Wille waren wie weggeblasen. Ich fiel kopfüber von Arions Rücken. Das letzte, woran ich mich erinnern kann, war das Splittern von Knochen und ein Geräusch wie von einer am Boden zerplatzenden Melone.

Wo leben wir?
    Inmitten dieses Morgens.
Wie lange sind wir schon hier?
    Nur die Seen wissen noch unsere Ankunft.
    Begib dich dorthin im Morgengrauen,
    wenn das Schilf sich träge im Wind wiegt.
    Aus der kleinen Welt der Flußkrebse
    wird eine Antwort kommen.
Was tun wir?
    Bringen unsere Schatten ins Gleichgewicht
    wie die Eichen im strahlenden Sonnenlicht,
    recken uns und schlagen Purzelbäume,
    soviel wir können,
    verzehren das Licht
    und ringen mit der Blindheit.

Roberta Hill Whiteman

11
Das Schachbrett der Ewigkeit

Ich hatte mich verloren in dem unerklärlichen Traum.

Es war mir nahezu unmöglich, den Weg zurück zum Bewußtsein zu finden. Ständig irrte ich von einem erleuchteten und geriffelten Tunnel zum anderen. Dann wieder befand ich mich in einem offenen, durchscheinenden Raum. Ich hörte Stimmengemurmel. Manche Stimmen sprachen eine Sprache, die ich kannte, andere klangen von so weit her, daß ich die Worte nicht verstehen konnte. Ein leichter Wind blies mit einer merkwürdigen Unruhe über meinen Körper hinweg.

Ich wollte mich bewegen, aber es ging nicht. Ich war über eine weite Fläche ausgedehnt und konnte meine einzelnen Körperteile im Raum nicht orten. Dann bewegte ich unversehens den Zeigefinger. Die Schleier der Illusion, die mir seit Ewigkeiten die Sicht versperrten, lüfteten sich für einen kurzen Augenblick. Ich lag offenbar auf Schaffellen, denn ich konnte mit meinen Fingerspitzen dicke, weiche Wolle fühlen. Schon glaubte ich, zu mir zu kommen, da fiel ich wieder in tiefe Bewußtlosigkeit.

Ich hörte Trompeten und gab mich der Melodie hin, die mich in sanften Wellen vor und zurück trug. Dann verstummten die Trompeten. Ich erblickte Reihen schwarzer und weißer Felder, die mich magisch anzogen. Ich stand auf einem riesigen Schachbrett, unter mir ein weißes Feld. Als ich es verlassen wollte, mußte ich feststellen, daß dies unmöglich war.

«Bereitet euch vor auf das Spiel der irdischen Freuden und Leiden.» Die Worte drangen zu mir aus dem Nichts, die Stimme klang ebenso männlich wie weiblich.

Dann sprach eine eindeutig weibliche Stimme zu mir: «Es ist ein Spiel für gebildete Damen. Laß es dir nicht entgehen. Es wird nur alle tausend Jahre einmal gespielt.»

Um mich herum war Gekicher zu hören.

«Ich spiele mit dir um die Wunschlosigkeit.»

«Ich spiele mit dir um die Leere.»

Die männlich-weibliche Stimme fiel ihnen ins Wort. «Haltet euch bereit für den Kampf der schwarzen und weißen Magier – für den Kampf des Jahrtausends.»

Das Stimmengewirr wurde lauter, die Pfiffe und das lautstarke Geschrei gingen in stürmischen Applaus über.

«Woher weiß man, welche Figuren die weißen sind und welche die schwarzen?» fragte eine weibliche Stimme, die sehr kindlich klang. «Man kann es doch offensichtlich nicht an der Farbe erkennen.»

«Du machst alles unnötig kompliziert», schalt eine andere Frauenstimme. «Sieh dir die Farbe des Feldes an, auf dem sie stehen. Auf einem weißen Feld stehen weiße Magier, auf einem schwarzen Feld schwarze Magier. Und die Figuren auf einem grauen Feld sind nicht mehr im Spiel.»

«Sehr bemerkenswert», meinte die kindliche Stimme.

Um nachzusehen, ob mein Feld noch weiß war, blickte ich zu Boden, denn wenn es inzwischen seine Farbe in Grau geändert hätte, wäre ich draußen gewesen. Erleichtert stellte ich fest, daß es immer noch weiß war, strahlendweiß. Ich wollte etwas sagen, doch als ich den Mund öffnete, kam statt eines Satzes klassische Musik heraus. Ich versuchte es noch einmal, und diesmal hörte es sich an wie laute Störgeräusche aus dem Radio.

Dann sah ich, daß mein Vater zwei Felder neben mir stand. Er trug ein Schwert. Ich wollte ihn berühren, aber mein Körper war starr; er hatte jegliche Beweglichkeit verloren, und ich konnte mich überhaupt nicht mehr rühren. Ich war wie festgefroren. Dann sah ich meine Großmutter Bammie links von mir auf einem weißen Feld. Zu gern hätte ich sie umarmt, aber ich war immer noch steifgefroren.

«Weißer Königsbauer auf Reihe 4», hörte ich die männlich-weibliche Stimme rufen.

Dann sprach ein Mann mit tiefer, bebender Stimme. «Schwarzer Königsbauer auf Reihe 5».

«Keine sehr einfallsreiche Eröffnung», wollte ich gerade sagen, doch als ich meinen Mund öffnete, kam statt dessen eine alte Rede von John F. Kennedy heraus. Es erübrigt sich wohl zu sagen, daß ich nie Präsident werden wollte.

«Königsspringer zwei Felder vor den Königsläufer», rief die männlich-weibliche Stimme.

Es folgte ein Gegenzug von Schwarz.

«Damenbauer auf Reihe 4», ertönte es von der männlich-weiblichen Stimme.

Ich spürte eine Bewegung. Es kam mir so vor, als hätte ich mich aufgelöst und zwei Felder weiter vorn wieder materialisiert.

Gerade wollte ich fragen, was denn passieren würde, wenn ich auf einem schwarzen Feld landete, doch alles, was ich hervorbrachte, war das Geräusch von splitterndem Glas. Mein Mund ging automatisch wieder zu.

Züge und Gegenzüge lösten einander ab.

Es war ein sehr raffiniertes Spiel, denn die Felder, auf denen die Figuren standen, wechselten die Farbe. Kam beispielsweise ein schwarzer Magier auf ein weißes Feld, wurde dieses augenblicklich schwarz. Umgekehrt wurde ein schwarzes Feld sogleich weiß, wenn eine weiße Figur darauf zu stehen kam.

Vor mir auf einem schwarzen Feld sah ich einen Mann stehen. Ich kannte ihn. Er war ein bekannter Wohltäter und Menschenfreund. «Das kann doch nicht sein», wollte ich rufen, «daß Sie ein Schwarzmagier sind.» Statt dessen hörte ich den schnellen Redefluß eines Auktionators aus meinem Mund kommen, der ein Gemälde von Picasso versteigerte.

In einer anderen schwarzen Schachfigur erkannte ich einen berühmten Politiker, der für seine liberalen Ansichten bekannt war. Er hatte sich für die Unterstützung der armen Bevölkerung eingesetzt und war auch von mir gewählt worden. Ich hielt seine Farbe für ein Mißverständnis und wollte dagegen etwas sagen, vergebens. Statt dessen sprudelte aus mir eine alte Radiowerbung für Nasenspray hervor.

Weitere Figuren wurden aufgerufen und vorgerückt.

«Schwarzer Springer schlägt weißen Läufer.»

Der weiße Läufer verschwand spurlos vom Brett, und der schwarze Springer stand nun direkt vor mir. Die Rolle des Springers spielte ein schwerreicher Industrieller, den ich einmal auf einer Party in Los Angeles kennengelernt hatte. Der drollige Humor dieses Mannes hatte mir gleich gefallen. Ich wollte ihn begrüßen, doch statt meiner Stimme ertönte ein Altsaxophon. Es war mir so peinlich.

Eine andere schwarze Schachfigur, einer der Türme, war ein weltberühmter Wissenschaftler, dessen Arbeit auf dem Gebiet der Korpuskularstrahlung hohe Anerkennung gefunden hatte. Sein Blick war auf mich gerichtet, und ich war mir ziemlich sicher, daß er mich umbringen wollte. Der Gedanke daran machte mir Angst, und gerade wollte ich rufen: «Nein, nicht doch!» Doch aus meinem Mund kam das Geräusch röhrender Motorräder.

Ein schwarzer Bauer näherte sich mir. Es war eine Frau, und auch sie wollte mich vernichten, doch es mangelte ihr an Stärke und Wendigkeit. Sie wollte vorrücken bis auf die Reihe, wo der weiße König stand, und zu einer Dame werden. Dann würde sie sich ungehindert bewegen und die meisten weißen Figuren schlagen können. Es handelte sich um eine bekannte Frau aus dem Show-Business, die auch schon in der Politik mitgemischt hatte. Wir durchbohrten uns gegenseitig mit unseren Blicken. Unmittelbar danach färbte sich ihr schwarzes Feld grau, und sie verschwand von der Spielfläche.

«Keine grauen Figuren», hörte ich eine erklärende Stimme.

Im weiteren Spielverlauf wurden viele Figuren beider Farben geschlagen. Ich wunderte mich, daß ich immer noch auf dem Brett stand. Dann erst bemerkte ich, daß ständig neue Figuren auf dem unendlichen Schachbrett nachrückten.

«Schwarzer Turm greift weißen König an: Schach!» rief eine Männerstimme im Bariton.

Der weiße König stand schwer unter Beschuß. Die schwarzen Figuren hatten den weißen Herrscher umzingelt und bedrohten ihn.

«Es ist ein Patt», rief eine Stimme. «Es kann nur ein Patt sein, in diesem Spiel gibt es kein Schachmatt. In den nächsten tausend Jahren wird es kein Schachspiel mehr geben. Bitte das Brett abräumen.»

Das unendliche Schachbrett kippte langsam weg, und ich stürzte zu Boden. Dann wurde es hell, und ich hörte ein Geräusch, als wenn etwas zersplitterte. Das Licht zerbrach in kaleidoskopische Muster, die wieder miteinander verschmolzen. Das Licht hatte eine Struktur, es besaß eine bestimmte Dichte und lief zu länglichen Gebilden aus, die sehr an die Hauptäste einer großen Eiche erinnerten. Aus jedem dieser Lichtgebilde erwuchs eine Schlange. Die Schlangenwesen trugen am Kopf einen Federschmuck und wanden sich wie das Haupt der Medusa. Es wurde so hell, daß ich es kaum noch ertragen konnte.

Als ich schließlich meine Augen öffnete, blickte ich in helles Tageslicht. Ich fühlte mich wie in einem Wattekokon. Der Kokon entpuppte sich als ein aufgetürmter Haufen von Schaffellen, auf dem ich lag, nackt und in Decken und Felle verpackt. Als ich meinen Kopf zur Seite drehte, sah ich mich umgeben von Kristallen in der Größe von ausgereiften Honigmelonen. Mindestens fünfzig dieser Kristalle waren kreisförmig um mich angeordnet. Ich befand mich in einem riesigen Tipi. Durch das Rauchabzugsloch fiel das Licht kreisförmig in das Rundzelt und erleuchtete die Kristalle. Ich kniff meine Augen fest zusammen und öffnete sie gleich darauf wieder, um klarer zu sehen. Das Stimmengemurmel von vorhin wurde lauter und verständlicher. Es waren sonderbare Frauenstimmen. Manche schimpften, manche klangen sanft und liebevoll, doch fast alle sprachen mit indianischem Akzent.

Ich blinzelte, um den Schleier vor meinen Augen wegzuwischen, und zum ersten Mal wurden die Bilder einigermaßen erkennbar. Mir war, als würde ich vom Boden eines runden Goldfischglases emporblicken und über mir zwei Dutzend Indianerinnen sehen, die mich allesamt neugierig anstarrten. Ich sah alles verlängert und verzerrt. Mir wurde übel. Ich wollte aufstehen, aber viele braune Hände drückten mich sanft auf mein Lager zurück.

«Du darfst dich nicht bewegen», hörte ich Twin Dreamers leise in mein Ohr flüstern.

«Wo ist Arion?» Mitten im Satz versagte mir die Stimme und wurde zu einem Krächzen.

«Er ist draußen», antwortete Twin Dreamers. Sie war so nahe an mich herangetreten, daß ihre strähnigen Haare meine Wangen streiften. «Wo sollte er sonst sein?»

Als Twin Dreamers sich abwandte und sich zu den anderen gesellte, blickte ich in ein Meer von Gesichtern. Es waren etwa dreißig Frauen im Tipi. Sie sahen mich mitfühlend und liebevoll an. Wer mochten all diese Frauen wohl sein? Dann dämmerte es mir, daß ich umgeben war von einer großen Anzahl Frauen aus der Schwesternschaft der Schilde. Diese Erkenntnis brachte mich zum Weinen. Ich war tief gerührt, denn ich weilte mitten unter den Erleuchteten.

Mit schwacher Stimme fragte ich: «Was ist geschehen?»

«Du hast Angst bekommen», sagte Twin Dreamers leise. «Und Angst ist der größte Feind eines Verwandlungskünstlers. Du darfst nie vor der Angst weglaufen. Du mußt dich ihr stellen. Die Angst wird dir folgen und dich zur Strecke bringen. Sie schießt ihre Pfeile genau dann ab, wenn du von einem Traum in einen anderen eintauchst. Das ist geschehen.»

Jetzt beugte sich Ruby zu mir herab. Ich sah sie ganz deutlich.

«Es stimmt, Lynn.» Sie tätschelte meine Hand. «Es ist das, was auch ich dir gesagt habe. Deine Angst holt dich stets ein. Es ist mir ein Rätsel, wie du so unschuldig sein kannst und trotzdem so voller Angst.» Sie drückte mir die Hand.

«Wie fühlst du dich?» fragte eine Frau, die mit starkem Akzent sprach. Ihre Stimme kam mir bekannt vor. Zu meinen Füßen stand eine ziemlich kleine Frau, sie war hell gekleidet. Ich blinzelte und blinzelte, und plötzlich erkannte ich sie. Es war die Heilerin Zoila Guiterrez, die *Curandera,* mit der ich soviel Zeit in Yukatan verbracht hatte. Ich hatte nie herausgefunden, was damals mit ihr passiert war. Wir waren auf rätselhafte Weise voneinander getrennt worden. Kaum hatte ich begonnen, unsere Freundschaft als selbstverständlich anzusehen, war sie unter höchst merkwürdigen Umständen einfach verschwunden. Ich ließ meinen Tränen freien Lauf.

«O Zoila», schluchzte ich, «ich habe dich so sehr vermißt.» Ich war glücklich und verwirrt zugleich, sie zu sehen. Sie legte sogleich ihre Hände auf meine Füße und begann mich vorsichtig zu massieren.

«Lynn», sagte Agnes, die die ganze Zeit hinter mir gestanden hatte. «Hör auf zu weinen. Wo tut es weh? Wir müssen es wissen.»

Ich überlegte. Ich hatte das Gefühl, den Schmerz des ganzen Universums in mir zu tragen. Als Agnes mir ihre Hand auf die Stirn legte, heulte ich auf vor Schmerz.

«Bewege deine Arme», befahl sie.

Nur zögernd befolgte ich ihre Anweisung, denn ich hatte überall stechende Schmerzen.

«Ich glaube, ich kann meine Arme bewegen.»

«Dann bewege jetzt dein linkes Bein», ordnete Zoila an.

Zuerst dachte ich, vor lauter Schmerzen könnte ich es nicht bewegen, aber schließlich gelang es mir doch, wenn auch unter äußerster Anstrengung.

Ich versuchte wach zu bleiben und nicht wieder einzudösen. Die vielen Gesichter um mich herum waren schon wieder außerhalb meiner Sichtweite. Da rückten die Frauen der Schwesternschaft näher zusammen. Sie sahen mir tief in die Augen. Der intensive Blickkontakt wurde durch die glitzernden Kristalle zusätzlich verstärkt. Doch gleich darauf kamen mir wieder die Tränen, und ich sah alles nur noch verschwommen. Es rührte mich zutiefst, daß sie sich so um mich sorgten. Und ich schämte mich für meinen desolaten Zustand.

«Es wird alles wieder gut», flüsterte Agnes in mein rechtes Ohr. «Wir, deine Schwestern, sind alle für dich da.»

Zoilas Stimme drang zu mir vor. «Bewege dein rechtes Bein.»

Ich tat, wie mir geheißen. «Es tut höllisch weh», sagte ich, «aber ich kann es bewegen.»

Zoila ließ sich auf Knien neben den aufgetürmten Fellen nieder. Unsere Gesichter berührten sich fast.

«Ich hätte nicht gedacht, daß ich dich noch einmal wiedersehe.» Ich begegnete ihrem stechenden Blick. Ihre Augen reflektierten die Sonnenstrahlen wie zwei geschliffene Obsidiane.

«Mich wirst du so schnell nicht los», sagte sie und lachte über das ganze Gesicht. «Ich werde dich jetzt untersuchen, um zu sehen, was dir fehlt.»

Nacheinander entfernte sie mir die Schaffelle von Bauch und Brust. Dann schloß sie die Augen. Ich hörte ein Summen wie von einem Elektromotor. Das Summen schwoll an und dröhnte in meinen Ohren. Ich fragte mich, ob die Frauen im Tipi dieses Geräusch machten oder ob es vielleicht aus meinem Kopf kam. Zoilas Handflächen glitten in einem Abstand von zehn Zentimetern über meinen nackten Körper. Sie begann an den Füßen und arbeitete sich langsam bis zum Kopf vor. Ich zuckte mehrmals unter ihren Händen zusammen.

«Es ist alles in Ordnung», beruhigte sie mich, «du hast nur viele Prellungen.»

Viele Hände drehten mich vorsichtig auf den Bauch. Von Schmerzen geplagt, wollte ich aufschreien, doch ich mußte sparsam mit meiner Energie umgehen; Schreien würde zuviel Kraft kosten. Ich litt furchtbare Qualen und konnte nur noch stoßweise atmen. Zoila legte daraufhin ihren Daumen mitten auf meinen Rücken, und augenblicklich ließ der Schmerz nach. Dann untersuchte sie meine Rippen, Hüften und die Wirbelsäule.

Nachdem sie mich sorgfältig abgetastet hatte, meinte sie: «Du bist unversehrt, nur am Kopf scheint etwas nicht zu stimmen.»

Zoila hielt ihren Daumen weiter auf meinen Rücken gepreßt, bis die anderen Frauen mich wieder auf die andere Seite gerollt hatten. Dann erst ließ sie mich los. Diesmal tat es überhaupt nicht weh.

«Wir haben alle geahnt, daß Lynn nicht ganz richtig im Kopf ist», kicherte Ruby.

Da mußte selbst ich lachen. «Danke für die Blumen.»

Zoila legte nun ihre Hände hinter meine Ohren, und ich stieß einen lauten Schrei aus.

«Tut mir leid», sagte Zoila entschuldigend.

Dann tastete sie behutsam meinen Schädel ab. An verschiedenen Stellen der Schädeldecke spürte ich einen stechenden Schmerz. Schließlich hob sie meine Augenlider und sah mir tief in die Augen. «Du hast dir den Kopf arg angeschlagen. Das Gehirn schwimmt in der Hirnschale in einer Art Flüssigkeit, bei deinem Sturz wurde es ein bißchen durchgerüttelt. Manchmal kommt es infolge dieser traumatischen Erlebnisse zu außergewöhnlichen Fähigkeiten, in den meisten Fällen jedoch nicht. Auf jeden Fall ist damit nicht zu spaßen. Du hast sehr viel Glück gehabt. Du bist auf den Kopf gefallen und warst deshalb so lange bewußtlos.»

Mit schwacher Stimme fragte ich: «Wie lange denn?»

«Mehrere Tage.»

«Wirklich?» Ich war sehr beunruhigt.

«Das hat dir aber das Leben gerettet», bemerkte Ruby.

«Das verstehe ich nicht.»

«Na, daß du auf den Kopf gefallen bist.»

Alle lachten. Ruby kicherte in ihrer unverkennbaren Art und stieß Agnes an.

Ich war wie benommen und sehr müde. «Und was geschieht jetzt?»

«Du ruhst dich erst mal aus», antwortete Zoila. «Laß die Kristalle wirken. Sie wissen, was zu tun ist, sie haben ihre eigene Weisheit. Wir halten es für besser, dich eine Weile hierzubehalten. Mach dir keine Sorgen.» Sie zwinkerte mir zu. «Unter uns gibt es einige Heilerinnen.»

Ich wollte nichts sehnlicher als schlafen, schlafen – und vergessen. Völlig ermattet sank ich zurück in die Felle, und augenblicklich fielen mir die Augen zu.

Die Dunkelheit hallt wider.
Sie rollt mich hin und her.
Neben dem Gesangsplatz
lege ich mich nieder.
Die Dunkelheit hallt wider.

Ich weiß nicht, was ich tue.
Ich liege da,
dann springe ich auf.
Ich laufe singend im Kreis.
Ich gehe umher,
ich springe auf und laufe singend im Kreis.
Laufe singend im Kreis.

Kommt alle her! Erhebt euch!
Dort drüben dämmert es schon.

Lied der Papago

12
In der Höhle der Mutter Weisheit

Ich hatte jegliches Zeitgefühl verloren. Tag und Nacht schienen ineinander überzugehen. Manchmal wachte ich mitten in einer Zeremonie auf. Dann wieder fütterte mich eine schweigsame ältere Frau mit irgendeiner bitter schmekkenden Suppe aus einer Kürbisschale. Zoila, die so etwas wie eine Oberärztin zu sein schien, erlaubte mir schließlich aufzustehen, und ich durfte wieder meine inzwischen geflickten Jeans und meinen Pullover anziehen. Mit Agnes' und ihrer Hilfe humpelte ich auf die Wiese und legte mich dort in der warmen Sonne auf eine Decke. Arion, der in der Nähe stand, kam gleich zu mir herüber, schnupperte an meinem Ohr und graste dann direkt neben meiner Decke weiter. Mit geschlossenen Augen meditierte ich über seine gleichmäßigen, rhythmischen Kaugeräusche. Es war angenehm, einfach nur so dazuliegen. Schließlich nickte ich ein, schreckte aber kurz darauf aus dem Schlaf hoch, als Arion mich mit seinem warmen Maul anstupste.

Ich richtete mich auf und sah Twin Dreamers neben mir. Sie mußte schon eine ganze Weile dort auf der Decke gesessen haben. Wie es schien, hatte sie großes Interesse an mir. Sie blickte mir tief in die Augen. Obwohl wir uns noch nicht lange kannten, hatte ich schon einiges von ihr gelernt, und ich wußte: Immer wenn sie schwieg, hatte sie etwas Wichtiges zu sagen. Alles an ihr wirkte schlicht, angefangen bei ihrem verblichenen blauen Baumwollhemd bis hinunter zu ihren Mokassins. Nur um den Hals trug sie eine Kette aus roten, gelben und schwarzen Glasperlen. Es war keine gewöhnliche Halskette, denn sie lag eng an wie ein Halsreif.

«Das sind aber schöne Perlen», bemerkte ich.

Twin Dreamers rückte näher an mich heran, damit ich sie mir genauer ansehen konnte.

«Du kannst sie ruhig anfassen», sagte sie mit listigem Blick.

«Wie glatt sie sind», sagte ich, als ich über die abgegriffene Oberfläche der Glasperlen fuhr.

«Diese Halskette ist ein Geschenk von einer *Cuna*-Schamanin aus der Gegend um Panama.»

«Oh, wann warst du denn da unten?»

«Das ist schon lange her. Noch vor deiner Geburt.»

«Ach so», sagte ich.

Twin Dreamers neigte den Kopf und sah mich an, während sie auf etwas herumkaute, das aussah wie ein Stück von einer Wurzel.

«Es geht dir wieder besser», sagte sie schließlich, noch immer kauend.

«Stimmt, aber es tut so gut, einmal auszuruhen.»

Über eine Woche war inzwischen vergangen, aber meine Lebensgeister waren noch nicht wieder zurückgekehrt. Um ehrlich zu sein, ich drückte mich vor allem. Ich hatte mich in die Langeweile geflüchtet. Ich legte mich wieder zurück und räkelte mich faul auf der Decke.

«Diese *Cuna*-Schamanin sagte zu mir, wenn ich einmal ein faules Mädchen träfe, sollte ich ihr diese Perlenkette schenken. Ich habe ihr damals mein Wort gegeben, und deshalb muß ich jetzt mein Versprechen halten.»

«Soll das heißen, du schenkst mir deine wunderschöne

Halskette?» fragte ich ungläubig. Ich war völlig sprachlos. «Und das alles, weil ich so faul bin?»

Twin Dreamers fuhr sich mit den Fingern durch das ungekämmte Haar. Sie entknotete das Perlenband und reichte es mir. Ihre Augen blitzten, ansonsten war ihr Gesicht ausdruckslos. «Diese Perlen verfügen über ganz besondere Kräfte des Urwalds und könnten dir gerade jetzt nützlich sein.»

Ich griff danach. In dem Augenblick, als ich die Kette in der Hand hielt, hörte ich ein leises Zischen. Neugierig sah ich auf meine Hand. Lähmendes Entsetzen überfiel mich. Eine rot-gelb-schwarze Korallenotter fixierte mich. Ihr winziges Maul war weit geöffnet. Sie wand sich in meiner Hand und versuchte mich zu beißen. Ich war wie elektrisiert. Kreischend vor Angst flüchtete ich von der Decke und schleuderte die Schlange in hohem Bogen fort.

Twin Dreamers fing das zuckende Etwas mit der linken Hand. Sekundenlang verschwamm alles vor meinen Augen. Die bunte Halskette hing schlaff zwischen ihren Fingern. Twin Dreamers sah mich ganz ernst an.

Ich stand ein paar Meter von ihr entfernt und schrie ihr entgegen: «Diese Korallenottern besitzen ein hochwirksames Nervengift. Ihr Biß ist tödlich. Warum hast du das getan? Du hast mein Vertrauen mißbraucht.» Ich war wütend, schockiert und verwirrt. Mein Atem ging heftig, und ich stampfte auf den Boden vor Zorn. Arion trottete auf mich zu und schubste mich leicht mit seinem Kopf.

Twin Dreamers fragte: «Warum bist du böse?»

«Weil sich diese verdammte Halskette in eine Korallenotter verwandelt hat. Wenn sie mich gebissen hätte, wäre ich jetzt tot.»

«Das ist schon möglich», meinte sie, «aber das war nicht meine Absicht.»

«Was wolltest du denn damit bezwecken? Wolltest du mich einfach nur zu Tode erschrecken?»

»Wovon redest du eigentlich?»

«Von der Schlange natürlich.» Ich zeigte auf die Halskette.

«Wie du siehst, ist dies eine Halskette, aus Glasperlen, glaube ich.»

«Sicher, aber vor einer Minute war es noch eine Korallenotter. Erzähl mir nicht, daß es keine war.»

«Was, eine Schlange?»

«Du hast sie doch auch gesehen.»

«Ich habe sie wirklich nicht gesehen.»

«Twin Dreamers, ich weiß genau, daß du die Schlange gesehen hast.»

«Nein, ich hielt eine Halskette in der Hand, während du an einer fixen Idee festhältst.»

«An welcher denn?»

«An der irrigen Vorstellung, daß diese Perlen sich in eine Schlange verwandelt haben.»

«So war es doch auch!»

«Aber es war nur ein Gedankenbild. Du glaubtest nur, eine Korallenotter zu sehen.»

«Das stimmt, aber sie war real für mich.»

«Und du hattest Angst.»

«Das ist wohl eine Untertreibung. Ich war außer mir vor Angst.»

«Deine Angst war real.»

«Natürlich war sie real. Was glaubst du denn?»

«Bist du wütend?»

«Ja.»

«Deine Wut ist ebenfalls real, aber die Korallenotter war es nicht. Die Schlange existierte lediglich in deiner Phantasie. Deine Angst ist unnötig. Du läufst vor deinen Ängsten davon. Deshalb schläfst du auch schon so lange und hast keine Lust aufzustehen.» Sie deutete auf die Decke. «Komm, setz dich wieder.» Ich rührte mich nicht. Der Anblick der Halskette beunruhigte mich noch immer.

«Schau», sagte sie und hielt mir die Perlenkette hin. «Ich schwöre, daß es nur Perlen sind. Sie gehören dir.»

«Ich mag ja dumm sein, aber doch nicht so dumm.»

«Lynn, glaube mir. Deine Vorstellungen entsprechen nicht der Realität. Du kannst daraus etwas lernen. Nun komm schon.» Sie sagte es mit einer solchen Bestimmtheit, daß es fast schon wie ein Befehl klang. Vorsichtig trat ich näher und setzte mich an den äußersten Rand der Decke.

«Nimm sie in die Hand», sagte sie, «und beweise mir deinen Mut.»

Ich berührte zuerst vorsichtig eine schwarze Perle, dann eine rote. Twin Dreamers lächelte. Meine Finger glitten über eine gelbe Perle, und es blieb eine Perle. Mit spitzen Fingern nahm ich schließlich den ganzen Strang auf. Erleichtert stellte ich fest, daß die Perlen eine rot-gelb-schwarze Halskette blieben.

Twin Dreamers faßte mich beim Handgelenk und untersuchte sorgfältig meine Hand und meinen Arm.

«Ich kann keine Bißwunde feststellen. Kann es sein, daß du gebissen worden bist und es nicht bemerkt hast?»

«Nein, das müßte ich wissen.»

«Dann ist dir also bei dem Zwischenfall nichts passiert.»

«Doch. Du hast mir einen furchtbaren Schreck eingejagt, und das war äußerst unangenehm.»

«Aber wie du siehst, hältst du eine ganz normale Halskette in der Hand.»

Ich schaute mir die Halskette näher an und fragte mich, was ich nun wirklich gesehen hatte. Die Schlange war für mich absolut real gewesen, aber jetzt war ich mir nicht mehr so sicher, ob ich nicht doch einer Sinnestäuschung erlegen war. Twin Dreamers war eine mächtige Schamanin, und vielleicht hatte sie das Bild einer Korallenotter nur auf mich projiziert. Diese Erklärung schien mir die einzig logische.

«Hör zu, Lynn. Als du damals von Arions Rücken hinabblicktest, was hast du da gesehen?»

«Tief unter mir, so tief wie vom hundertsten Stockwerk eines Hochhauses, sah ich die Erde.»

«Und wie fühltest du dich?»

«Ich hatte schreckliche Angst, denn ich bin nicht schwindelfrei.»

«Aber als du hinuntersahst, saßest du doch fest und sicher auf Arions Rücken, nicht wahr?»

«Ja, das stimmt.»

«Und was geschah dann?»

«Ich hatte Angst zu fallen.»

«Und weiter?»

«Ich bin gefallen.»

«So ist also genau das passiert, wovor du am meisten Angst hattest. Ist das richtig?»

«Ich glaube ja.»

«Lynn, begreifst du denn nicht, daß du nur aufgrund deiner Vorstellung gefallen bist. Du warst nicht hundert Stockwerke hoch in der Luft. Schau dir Arion an. Er ist zwar ein großes Pferd, aber so groß nun auch wieder nicht. Du glaubtest, dich in schwindelnder Höhe zu bewegen. Deine Vorstellungen haben dich getäuscht.»

«Twin Dreamers, ich weiß doch, was ich gesehen habe.»

«Du glaubst, es gesehen zu haben.» Mit ernster Miene sah sie mich an. «Als du mir den Tabak schenktest, gab ich dir einen Plan in die Hand, den einzigen Plan, der für die sieben Sphären existiert. Ich sprach mit dir über deinen Traum. Weißt du noch, was ich dir gesagt habe? Du würdest es nicht ertragen, wenn die Welt sich in nichts auflöste. Wenn du deine Vorstellung von der Welt verlierst, verlierst du auch deine Welt. Wir klammern uns so oft an eine Vorstellung, um ja nicht unseren Traum zu verlieren. Und du bist auf dein Gedankenbild hereingefallen und gestürzt. Du hättest dabei sterben können, aber du hast Glück gehabt. Für Nichteingeweihte sind diese Welt und dieser Traum, an den du dich so klammerst, eine große Gefahr.»

«Aber man muß doch seinen Augen trauen können.»

«Manchmal schon, aber nur, wenn das, was du siehst, der Große Geist ist. Hier gibt es keine Welt, in der die Sonne auf- und untergeht. Licht und Schatten sind in Wirklichkeit nur der Große Geist. Es gibt nichts als den Großen Geist.»

Nach einer weiteren Woche war ich vollends genesen.

Die Schwesternschaft der Schilde hatte ihr Lager, das aus etwa einem Dutzend Tipis bestand, auf einer nahegelegenen Wiese aufgeschlagen. Ich verbrachte meine Tage damit, einzelne Frauen aus der Schwesternschaft zu besuchen; erfuhr viele Neuigkeiten, probierte die köstlichsten Gerichte und konnte nachts vor Aufregung kaum schlafen.

Eines Abends hatte ich mit Twin Dreamers einen Spaziergang zu einer Wiese gemacht. Arion leistete uns Gesellschaft. Auf dem Rückweg zu den Tipis tauchten zwei dunkle Schatten auf, die sich gegen das Mondlicht abzeichneten. Ängstlich blieb ich stehen, weil ich nicht wußte, wer da kam. Die schattenhaften Gestalten entpuppten sich als Agnes und Ruby. Agnes trat auf uns zu.

«Beeilt euch, wir haben nicht mehr viel Zeit. Die Sterne bilden bereits das bezeichnete Muster. Endlich steht der Mond neben dem Sternbild des gebrochenen Rückens.»

Wie immer hatte ich nicht die leiseste Ahnung, wovon sie sprach. Um uns herum brauste ein kalter Wind, und da mich fröstelte, zog ich meinen Schal fester um die Schultern. Wir gingen quer über die Wiese. Vorneweg schritt Agnes, dann kamen Ruby und Twin Dreamers, und ich bildete das Schlußlicht. Der Wind heulte und pfiff durch die Bäume, daß die Blätter nur so rauschten. Ich hörte Arion wiehern, dem es anscheinend nicht gefiel, daß wir ihn allein zurückließen, egal aus welchen Gründen.

Als wir das kleine Zeltdorf erreichten, fanden wir es verlassen vor. Die Glut in den Lagerfeuern war schon fast erloschen. In den schwarzen Ästen eines Baumes schrie eine Eule gar schauerlich. Ein Streifenhörnchen rannte blitzschnell an uns vorbei und hüpfte mit einem Riesensatz auf einen Baum. Zu gern hätte ich gewußt, wohin wir gingen. Ich ging etwas schneller, bis ich auf gleicher Höhe mit Agnes war. Gerade wollte ich sie am Ärmel zupfen und nachfragen, da hörte ich hinter mir die klackernden Hufschläge eines galoppierenden Pferdes. Ich wirbelte herum und sah Ruby hinter mir. Twin Dreamers aber war verschwunden. Ich erhaschte noch einen flüchtigen Blick auf Arion, der mit wallender Mähne, so weiß wie das strudelnde Wasser eines Gebirgsbaches, an uns vorbeisauste.

Ruby hatte uns eingeholt, und schweigend gingen sie und Agnes jetzt neben mir. Die Bäume warfen im Mondlicht gespenstische Schatten. Das flotte Tempo ermüdete mich. Wir erreichten schließlich ein flaches, grasbewachsenes Gelände, an das ich mich dunkel erinnerte, weil ich hier vor Jahren an einer Zeremonie teilgenommen hatte.

«Gib acht», sagte Agnes.

Wir stiegen eine Felsspalte hinab und gingen durch einen Einschnitt, der sich über mehrere Meilen erstreckte und schließlich in einem breiten Talkessel endete. Vielleicht war es ein ausgetrocknetes Flußbett. Auf dem rutschigen Untergrund kamen wir nur langsam voran. Die hohen Pappeln bildeten mit ihren sich wiegenden Zweigen ein zartes Blätterdach über unseren Köpfen und malten riesige Licht- und Schattenmuster zu unseren Füßen.

In der Ferne hörte ich ein Summen, das ich anfangs für den heulenden Wind hielt. Doch kaum waren wir um einige Felsblöcke herumgegangen, blickten wir in ein langes schmales Tal. In blaugraues Mondlicht getaucht, lag es vor uns. Tiefschwarze Schatten zeichneten sich mit scharfen Konturen auf den Felswänden ab. Das Summen tönte jetzt heller; es klang wie das Geräusch eines riesigen Bienenschwarms. Auf einem Felsvorsprung unter uns sah ich plötzlich Arion, wie er sich gerade aufbäumte. Ein bläuliches Licht umfing seinen Körper, und er wirkte wie eine aus Elfenbein geschnitzte Figur. Das Blut schoß mir durch die Adern und pochte mir in den Schläfen. Die Nacht war so voller Leben. Ich platzte fast vor Spannung.

Dann erst erblickte ich die Frauen. Die Schwesternschaft der Schilde zeichnete sich in tiefem Violett gegen das verwitterte Gestein ab. Sie standen überall, an Felsrändern und auf Felsbänken, und bildeten doch eine geschlossene Gemeinschaft. Ihre Röcke bauschten sich alle gleichzeitig im nächtlichen Wind. Und über allen thronte Arion wie ein König.

Ruby und Agnes wiesen mir einen Platz inmitten der Schwestern zu, den ich voller Stolz einnahm. Wie auslaufende Wasserfarbe flossen unsere tiefblauen Schatten ineinander. Agnes flüsterte mir ein Wort ins Ohr. Es war ein Verb. Sie gab mir durch ein Nicken zu verstehen, daß ich in das Summen einstimmen sollte. Ich hörte es aus allen Richtungen. Durch die schnelle Wiederholung des Wortes wurden die Silben halb verschluckt, und es kam ein höchst unheimliches, insektenähnliches Surren zustande. Es war ein endloses schrilles Geräusch, das mir fast unangenehm vorkam. Doch in dem Moment, als ich mitsummte, war ich nicht mehr allein, weder abgetrennt von den Frauen noch von irgend etwas anderem im Universum. Ich wurde augenblicklich vom Taumel der Begeisterung mitgerissen.

Agnes trat nun vor in die Mitte und begann schnell und kraftvoll ihre Elchtrommel zu schlagen.

«Was immer auch geschieht, du darfst dich nicht von der Stelle rühren», flüsterte Ruby mir ins Ohr.

Ich mochte mich auch gar nicht bewegen. Doch selbst wenn ich gewollt hätte, wäre es nicht möglich gewesen. Ich hatte das Gefühl, in meiner Mitte stünde eine Weide, fest verwurzelt im Erdreich, und der Wind strich zärtlich durch ihre Äste. Plötzlich erzitterte der Boden unter meinen Füßen, und ich mußte kämpfen, um mein Gleichgewicht zu halten. Ganz spontan hätte ich mich am liebsten auf den Boden geworfen. Vor unseren Augen kam das Gestein in Bewegung: Kaum hatte ich das Gleichgewicht wiedererlangt, da stürzten schon riesige Felsbrocken und Unmengen von Schiefer vom Rand des Cañons herab. Mein Herz klopfte wie wild, teils vor Aufregung, teils vor Angst. So plötzlich der Steinregen begonnen hatte, hörte er auch wieder auf. Der Staub legte sich, und unser Summen verstummte. Agnes legte ihre kleine Trommel zurück in ihren Medizinbeutel. Was ich dann sah, kam völlig unerwartet. Seitlich von uns in der Felswand klaffte ein großes Loch in Form einer waagerecht liegenden überdimensionalen Träne. Es gab den Blick frei auf eine Höhle im Inneren des Felsens. Ich besah mir die Felsöffnung von allen Seiten und fühlte mich von ihr magisch angezogen.

Nacheinander traten wir alle ein. Die Höhle war hell erleuchtet, obwohl ich nicht erkennen konnte, von woher das Licht kam. Sie hatte einen Durchmesser von hundert oder zweihundert Metern, und zur einen Seite hin sah sie ziemlich unzugänglich aus. Rosafarbener Staub hing in der Luft, und überall lagen spitze Steine und Felsbrocken herum. Ich sah auch einige Felsbänke und Vorsprünge. Neben der tränenförmigen Öffnung, durch die wir eingetreten waren, gab es noch zwei weitere Eingänge. Der eine lag direkt gegenüber und der andere oberhalb unseres Eingangs. Beide hatten sie die Form eines Auges, durch die ich die sternenklare Nacht sehen konnte.

Einige der herumliegenden Steine sahen aus wie spitze Zähne, und die Felswände und der Boden waren stark zerklüftet. Die Decke war mindestens hundert Meter hoch. Die bläulich-schwarzen Wände waren über und über mit Sternbildern bemalt.

«Dies ist die Höhle der weisen Mutter Erde», flüsterte Agnes mir zu. «Über dir im Gestein siehst du einen aufgemalten Himmel.»

Dann sah ich nach unten und erblickte die Lichtquelle. Inmitten der Höhle lag dort ein völlig symmetrischer Schild mit einer glatten, leicht gewölbten Oberfläche – ein riesiger eiförmiger Gegenstand.

«Das ist Neunschild», sagte Agnes leise. «Es ist ein Schild der Jäger, und seine Heimat ist die Quelle des großen Geheimnisses.»

«Aber was ist das?»

«Es kommt aus der Weite des Universums und kehrt alle neun Jahre zurück. Die Jäger sind Kinder des Kieselflusses. Sei ganz still.»

Nie zuvor hatte ich etwas gesehen, was diesem Objekt auch nur im entferntesten ähnlich war. Es leuchtete wie eine gläserne Lampe. Im ersten Moment schimmerte es silbern, im nächsten goldgelb, und dann wieder war es durchscheinend.

Auf dem Boden verstreut lagen unzählige Steinsplitter,

die das Laufen erschwerten. Ich hatte Angst, umzuknicken und mir den Knöchel zu verstauchen. Zuerst dachte ich, wir würden einen großen Kreis um den Schild bilden, doch statt dessen stiegen wir die Steinstufen zu einem Felsvorsprung oberhalb des Schildes empor. Es war der größte Vorsprung dieser Art in der Höhle, und diese Plattform eignete sich hervorragend als Versammlungsplatz.

«Agnes, bitte sag mir, was wir hier tun», flüsterte ich, als wir uns in mehreren Reihen zu einem Halbkreis aufstellten.

«Merke dir, daß innerer Frieden Macht bedeutet», sagte Agnes. «Die Frauen der Schwesternschaft haben in einer gemeinsamen Vision erreicht, während sie hier auf dieser heiligen Mutter Erde weilen. Wir Frauen sind die Hüterinnen und Beschützerinnen unserer Spezies. Doch unser Schicksal liegt in den Sternen. Wir sind aus Sternen gemacht, und eines Tages werden wir wieder zu Sternen werden. Wir erwecken den Schild. Das ist ein besonderes Privileg und eine große Verantwortung.»

Das Leuchten in der Höhle wurde etwas schwächer. Die Frauen bildeten jetzt einen Halbkreis aus mehreren Reihen. Agnes, Ruby und ich standen hinter dreizehn anderen Frauen am äußeren Rand der steinernen Bühne. Die restlichen Frauen der Schwesternschaft hatten sich fächerförmig neben und hinter uns aufgereiht.

Rechts und links von mir setzte wieder ein Trommeln ein. Von den Frauen aus der ersten Reihe erklang ein sanfter, klarer Ton. Dieser Ton schwoll an, brach sich an den Höhlenwänden und hörte sich dann an, als käme er direkt von oben. Das Wort, das die Frauen sangen, wurde allmählich immer lauter und steigerte sich zu einer unheimlichen Woge, die sich in mir und über mir fortsetzte. Von meinen Füßen und Beinen fühlte ich eine Spannung bis zu meinen

Lenden aufsteigen. Ich erglühte und strahlte dabei eine Art Urenergie ab.

Zu gern hätte ich gewußt, ob die anderen Frauen auch diese Empfindung hatten. Ich wandte den Kopf leicht zur Seite und hatte Agnes in meinem Blickwinkel. Doch als ich sah, wie konzentriert und gespannt sie das Geschehen verfolgte, drehte ich mich schnell wieder um und blickte nach vorn. Der Ton hatte etwas Fließendes an sich, und ich wurde fortgetragen auf einer Schwingung, die jetzt von meinem Herzen ausging. Ich ließ mich fallen in die Wildnis meines Inneren und erblickte Lichter und glitzernde Farben, die miteinander verschmolzen. Ich wußte nicht, ob diese Farbenflut innerhalb oder außerhalb meines Geistes stattfand, aber es war auch egal.

Der Ton war jetzt rauschend und heftig. Mir war, als würden winzige rote, blaue, schwarze, gelbe und grüne Kristalle entlang seiner Schwingungsbahn wie zarte Blüten bersten. Ich sah die schillernden Lichterfünkchen sich über meine Arme, Beine und meinen Rumpf bewegen und schaute zu, wie sie in Regenbogenfarben vor meinen Augen zerplatzten.

Die Spannung in meinem Körper ließ allmählich nach. Ich kam mir plötzlich wie durchlöchert vor und spürte, wie etwas aus meinen Eingeweiden durch die Öffnungen nach außen sickerte. Instinktiv begriff ich, daß jetzt meine Körpergifte ausgestoßen wurden. Die Reinigung erfolgte in sanften Schüben und im Rhythmus der Tonschwingungen. Diese Empfindungen nahmen mich so sehr gefangen, daß ich nicht darauf achtete, was vorne geschah.

Plötzlich wurde ich von Agnes und Ruby angestoßen. Der Ton verstummte, und ich war voller gespannter Aufmerksamkeit. Nacheinander drehten sich dann die dreizehn vor uns stehenden Frauen zu mir um.

«Oh», rief ich voller Erstaunen aus, als ich die erste Frau von vorn sah, denn plötzlich war sie keine Frau mehr, sondern ein großer leuchtender Grizzlybär. Das Tier stand völlig regungslos da und starrte uns grimmig an. Ein Schauder überlief mich, und ich mußte all meinen Mut zusammennehmen, um nicht davonzulaufen.

Auch die anderen zwölf Frauen verwandelten sich in ihren entsprechenden Tiergeist, und so standen schließlich die Lichtkörper der unterschiedlichsten weiblichen Tiere vor mir: ein Eisbär auf den Hinterbeinen, ein Hirsch, eine Antilope, ein Pferd, ein Adler, ein Wolf, ein Dachs in Menschengröße, ein Eichhörnchen, ein Kojote, ein Nerz und ein riesiger Luchs, der mich fixierte.

Aus all diesen Lichtformen ragte ein Tier heraus. Dieses Geschöpf war weniger leuchtend im Innern als die anderen, aber von mehr Licht umgeben. Es war ein Jaguarweibchen mit menschlichen Proportionen und einem Gesicht halb Jaguar und halb Affe. Das Tier hatte geblähte Nüstern und schön geschwungene Brauen und sah mich aus großen, runden Augen an. Seine übergroßen Ohren standen ab wie bei einem Affen. Eine zusammengerollte Schlange hielt einen Busch Quetzalcoatl-Federn über ihren Kopf. Ich glaubte in diesem Geschöpf die Jaguar-Affen-Göttin zu erkennen. Sie trug einen Schurz, der wohl zum Zwecke des Kampfes mit messerscharfen Obsidiansplittern besetzt war. Am linken Arm trug sie einen Jaguarschild, während sie in ihrer rechten Hand eine riesige Obsidianklinge hielt.

Obwohl sie zunächst leblos wirkte, spürte ich, daß Leben in ihr steckte. Dann hörte ich ihr Knurren. Ihre Fänge öffneten sich, und sie bleckte die spitzen Zähne. Einen Moment lang glaubte ich, die Zunge in ihrem Maul zu sehen. Mit einem Mal hatte ich das Gefühl, daß mich ein menschliches Gesicht fixierte. Für den Bruchteil einer Sekunde sah ich den Schatten des Gesichts. Ich war ziemlich verwirrt. Sie knurrte wieder, und da wußte ich, daß etwas, *ein Mensch*, in dieser Tierhülle steckte.

Ihre unheimliche Erscheinung brachte mich völlig durcheinander. Ich war zu Tode erschreckt, aber trotzdem auch neugierig. Von irgendwoher, ich glaube, von dem Lebewesen im Innern des Jaguar-Affen, ertönte plötzlich eine weibliche Stimme, die zu mir sagte: «Nenne meinen Namen. Ich bin die Hauptfigur. Wer bin ich? Sage mir, wie ich heiße, und erwecke den Neunschild. Du hast die Kraft, aus deinem Traum herauszugehen wie eine sich häutende Schlange, also benenne mich. Du wirst dann für immer eine von uns sein.»

Ich wußte sofort, wer diese Frau war.

«Die Hauptfigur ist unter dem Namen Twin Dreamers bekannt», gab ich mit tiefer, etwas fremdklingender Stimme zur Antwort.

Neben mir spürte ich Agnes und Ruby erleichtert aufatmen. Erneut setzte der summende Ton ein, und die Tierfrauen drehten sich wieder nach vorn. Ich war mir nicht ganz sicher, ob ich nun die richtige Antwort gegeben hatte. Als die Frauen mir wieder den Rücken zukehrten, konnte ich ihre Tierformen nicht mehr sehen.

Dann verspürte ich auf einmal einen stechenden Schmerz über meinem linken Auge. Er fuhr in Windeseile durch die Augenhöhle hinab in den Hals, den Rücken herunter in mein linkes Bein. Der Boden erzitterte, und der Neunschild erglühte. Es sah aus, als würden Blitze hinter ihm oder aus ihm zucken. Zu gern hätte ich gewußt, aus welcher unbekannten Substanz sich der Neunschild zusammensetzte. Ich sah oszillierende Blitze aus kaltem blauem Licht, und ich sah auch Arion, der sich auf einem Felsvorsprung aufbäumte. Er stand auf seinen Hinterhufen, die Ohren angelegt, schüttelte seine Mähne und tänzelte hin und her. Arion strotzte nur so vor Kraft und Leben. Er war weit weg und nicht greifbar.

Dann geschah das Unerklärliche. Ich weiß nicht genau wie, doch plötzlich hob sich der glühende Neunschild vom Boden der Höhle ab und stieg etwa zehn Meter hoch, wodurch die Sicht auf Arion versperrt wurde. Ich hatte das Gefühl, den Verstand zu verlieren. Der stechende Schmerz, der sich von meinem linken Auge durch den ganzen Körper herunterzog, wurde immer stärker und blendete mich vorübergehend.

«Du bist eine Tochter des Lichts», flüsterte Agnes mir ins Ohr.

«Laß ab von der Dunkelheit», wisperte Ruby von der anderen Seite.

Wie gebannt blickte ich auf den Neunschild. Das Licht verdichtete sich, und ich sah Farbexplosionen in Rot, Blau, Grün und Violett. Die tiefe Schwingung stieg an und wurde immer konzentrierter, und ich hatte das Gefühl, als würden wir alle zu pulsierenden Lichtsäulen, die ihre Energie an den goldenen Neunschild abgaben.

Dann drehte sich der Neunschild in der Luft und schoß durch die tränenförmige Öffnung ins Freie. Einen Augenblick lang schwebte er noch über der Öffnung, dann sahen wir ein gleißendes weißes Licht und hörten eine Explosion, die aber eher wie eine dumpfe Implosion klang. Dann war er verschwunden. In der Höhle breiteten sich Stille und Dunkelheit aus.

Die Feuer im Schutze der Zelte warfen lange Schatten. Durch den gebärmutterähnlichen Eingang kroch ich zu später Stunde in eines der Tipis hinein. Da es draußen kalt war, machte ich es mir direkt vor dem prasselnden Feuer gemütlich. Rauchschwaden stiegen empor und entschwanden durch die kleine Öffnung oben an den Zeltstangen. Agnes und Twin Dreamers saßen rechts von mir. Unsere Gesichter waren erregt und wie von der Sonne gebräunt. Das Erlebnis in der Höhle der weisen Mutter Erde hatte mich zwar erschöpft, aber auch in eine Art Hochstimmung versetzt. Ich blickte von einer Medizinfrau zur anderen. Agnes wandte die Augen ab.

«Ich leg' mich jetzt schlafen», sagte sie mit einem Blick auf ihr zusammengerolltes Bettzeug.

In dem Moment, als sie aufstand, hielt ich sie an der Hand fest. «Nicht bevor mir eine von euch sagt, was mit Arion passiert ist und was der Neunschild eigentlich ist.»

«Arion ist gut aufgehoben. Und ich bin sehr müde und brauche jetzt meine Träume, um mich zu regenerieren.»

«Das ist aber nicht die Antwort auf meine Frage», entgegnete ich.

Agnes rollte sich in ihren Decken zusammen, bis nur noch ihr graumeliertes Haar hervorlugte. Sie atmete schwer, und bei jedem Atemzug hob und senkte sich das menschliche Bündel. Twin Dreamers rückte näher an mich heran. Sie legte ihre Hand auf die meine.

«Komm», flüsterte sie, «wir wecken sie noch auf, wenn wir hier weiterreden. Laß uns rausgehen, damit sie in Frieden schlafen kann.»

Ich zog meinen Kopf ein und folgte ihr nach draußen. Schweigend schlenderte wir einen leicht ansteigenden Weg entlang. An einem Ahornwäldchen setzten wir uns ins weiche Gras. Als sich dicke Wolken vor den Mond schoben, wurde es merklich dunkler. Irgendwo in den Bergen sang eine Nachtigall, sonst war es still.

Ich entschuldigte mich bei Twin Dreamers für meine Ungeduld.

«Blind fallen wir in die Erde, und was uns zum Keimen bringt, übersteigt oft unseren Verstand. Aus einem winzigen Saatkorn wird einmal ein mächtiger Baum.»

Die Tränen traten mir in die Augen. «Ich kann nichts dafür», sagte ich. «Es ist soviel geschehen. Wo ist Arion?»

Twin Dreamers saß im Schneidersitz vor mir. Sie legte ihre Hände auf meine Schultern und sah mir lange in die Augen. «Trockne deine Tränen», sagte sie schließlich, «Arion ist in Sicherheit. Er gehört den Welten an, die sich nicht mit Worten beschreiben lassen. Träume sind eine Brücke zu diesen Welten. Leg dich mit deinem Kopf allabendlich gen Westen und lebe dein Leben unter den einfachen Dingen. Du wirst Arion in deinem Herzen treffen, unter dem zarten Schleier der Erleuchtung.»

«Du meinst im Traum?»

«Ja, kehre zurück zu deinem wahren Selbst, dorthin, wo es keine Trennungen gibt.» Sie hob ihren Arm und zeigte zum Himmel. «Vor dir liegt das Universum. Bedenke, daß alle Dinge heilig sind.»

«Was ist das für eine Welt, auf der ich lebe?» fragte ich.

«Du lebst in der Welt des bemalten Schädels, wirst aber bald die Grenzen überschreiten.»

«In der Welt des bemalten Schädels?»

«Über diese Dinge und all das, was du heute nacht erlebt hast, sprichst du am besten nicht. Du darfst die neugewonnene Energie nicht unnötig vergeuden. Wir sind hier, um zu lernen. Wir alle kehren zurück in den Traum. Es ist sinnlos, darüber zu diskutieren. Es *ist*, wie es ist. Du bist, und ich bin, das ist alles.»

Im Aufstehen legte mir Twin Dreamers die Hände auf den Kopf. Dann beugte sie sich zu mir herab und blies sachte über mich hinweg. Sie umfaßte kurz mein Kinn und sah mir in die Augen. Schelmisch lächelte sie mich an.

Begrüße deinen Geliebten,
wenn das Feld sich im sinkenden Licht zum Bogen spannt.

Begrüße deinen Geliebten –
als Spirale im Auge des Falken.

Susan Suntree

13
Die Paarung der Macht

Die Nacht brach herein, und der Mond ging zwischen den Bäumen als dünne Sichel auf. Draußen vor Agnes' Hütte saßen wir zu sechst am Lagerfeuer: Agnes, Ruby, July, Zoila, Twin Dreamers und ich. Nach einer köstlichen Mahlzeit aus Lachs und gerösteten Kartoffeln tranken wir Kräutertee aus Kürbisschalen. Am frühen Nachmittag waren wir vom Zeltlager der Frauen zurückgekehrt. July plapperte in einem fort, erzählte uns, wie sehr sie uns vermißt hätte und daß sie sich große Sorgen gemacht hätte, weil wir so lange fort waren.

«Na, Lynn, dir geht's ja schon wieder prächtig», bemerkte July. «Du mußt nächstens etwas vorsichtiger sein. Als ich das letzte Mal vom Pferd gefallen bin, da war ich zwölf.» July fand offenbar Gefallen daran, über meinen Unfall zu reden. Schließlich war ich ihre Sticheleien leid und wechselte das Thema.

«Wie geht es José?» frage ich Zoila. José, ein bekannter *Curandero* aus Yukatan, ist ein wunderbarer Mensch und mit Zoila verheiratet.

«Prima. Er ist mit seinen Schülern auf einer großen Zeremonie in Xibalba in den Bergen von Guatemala.» Zoilas Gesicht blühte bei dem Gedanken an ihren Mann auf. Ich war in Yukatan oft mit den beiden zusammengewesen und hatte ihre Herzlichkeit stets sehr genossen.

«Deine Heirat mit José habe ich sehr bewundert, Zoila.»

«Danke», erwiderte sie, «es war für mich und mein Leben eine große Bereicherung.»

Nachdenklich betrachtete ich die Gesichter der vier alten Indianerinnen, die mir alle so wichtig waren. Es waren ganz unterschiedliche Frauen, eine jede auf ihre Art einzigartig. Und sie alle hatten mir als meine Lehrerinnen einen völlig anderen Spiegel vorgehalten. July war natürlich ebenso wie ich eine Lernende, aber Agnes, Ruby, Zoila und Twin Dreamers hatten alle etwas gemeinsam: Sie waren aufgebrochen zu neuen Horizonten. Eine jede hatte auf ihre eigene Art eine Wahl getroffen, ungeachtet der Ansichten und Überzeugungen ihrer Umgebung. Sie hatten auf ihrem Weg ein Rendezvous mit dem Schicksal gehabt und die Tatsache akzeptiert, daß dieses Schicksal sich nur dann erfüllen konnte, wenn es auch gelebt wurde. Rubys Worte kamen mir in den Sinn. Wie oft hatte sie doch zu mir gesagt: «Entweder lebst du danach, oder du läßt es. Zetere nicht herum, daß niemand dein Lebensziel versteht. Du trägst die falschen Bilder mit dir herum. Ändere die Bilder, wenn es sein muß.»

Jetzt, nachdem ich einige der Frauen aus der Schwesternschaft der Schilde persönlich kennengelernt hatte, wußte ich, daß jede bestimmte Hürden überwunden und gegen große Schwierigkeiten angekämpft hatte. Sie waren aufgestiegen zu einem Hochplateau, von dem aus sie die Krümmung des Horizonts sehen konnten. Der Blick aus großer Höhe hatte ihnen die Erkenntnis gebracht, daß sich alles zum Kreis schließt.

«Vergiß nicht, José von mir zu grüßen, Zoila», sagte ich, «und erzähl ihm, wie sehr ich euch beide bewundere.»

«Gern, Lynn. Aber kannst du nicht etwas präziser sein?» Sie schenkte mir ein herzliches Lächeln. Es war ihr nicht entgangen, daß ich in meiner Erinnerung weit zurückgegangen war. Ich dachte an Zoila und José als Paar. Ihre schwarzen Augen holten mich wieder in die Gegenwart zurück.

«Es gibt nicht viele Schamanen und Menschen mit Macht, die eine dauerhafte monogame Ehe führen», erwiderte ich.

Das war eine klare, fast dogmatische Feststellung. Zoila spielte nachdenklich mit ihrem langen Zopf und dachte darüber nach.

«Es gibt viele Lebensweisen und viele Alternativen zur Ehe. Aber für eine *Curandera* ist eine solide und verbindliche Partnerschaft wirklich sehr wichtig. Wenn manch einer auch anderer Meinung ist, ich für meinen Teil glaube daran.»

«Warum ist das so, Zoila?»

«Wir alle sind Kriegerinnen im Kampf gegen die Ignoranz und versuchen, das Gleichgewicht auf der großen *Madre*, der Mutter Erde wiederherzustellen», sagte sie und legte ihre Handflächen auf den Boden. «Aber wie machen wir das?»

Sie richtete ihren Blick starr auf mich, und ich erwiderte: «Indem wir die männlichen und die weiblichen Energien ins Gleichgewicht bringen.»

«Sie haben sich noch nie im Gleichgewicht befunden», schnaubte Ruby verächtlich. Im flackernden Feuerschein wirkte ihr Gesicht wie die trockene Haut einer Lederrassel. «Was nennst du denn Gleichgewicht?»

Ohne auf Ruby einzugehen, fuhr Zoila fort: «Wir müssen unsere Kraft als Frauen wahrnehmen. Das soll nicht heißen, daß wir unsere Weiblichkeit einbüßen, sondern daß wir unseren Platz als Göttin, als Xochiquetzal, einnehmen.»

«Ich habe noch nie von ihr gehört», warf Ruby ein.

«Xochiquetzal ist die Göttin der Veränderung», sagte

Zoila. «Sie ist unser aller Mutter. Sie ist wie eure Weiße-Büffel-Frau. Wir Frauen müssen in jeder Hinsicht so wie sie sein. Erst dann können wir unsere Männer das Leben lehren. Ansonsten ist alles verloren.»

Zoila nahm weiterhin keine Notiz von Ruby, die zu allem ihren Kommentar geben mußte. «Richtig», sagte sie mit hoher Stimme, «sonst ist alles verloren.»

«Ich glaube, du hast recht, Zoila», sagte Agnes schließlich, die an dem Wurzelstück einer Pyramidenpappel herumschnitzte. «Es ist schwierig, ja sogar äußerst schwierig, in einer patriarchalischen Welt als Frau das Gleichgewicht zu halten. Wenn es dir gelingt, den wahren Partner zu finden, dann kannst du deinen Schwestern und der Gesellschaft, in der du lebst, ein lebendiges Beispiel sein. Ich spreche hier nicht von einer Ehe, die körperlich fixiert ist, sondern von einer wirklichen Seelenverbindung, aus der echte Vertrautheit erwächst. Das Gleichgewicht beginnt in deinem eigenen privaten Umfeld. Dann ist das Leben eine Kunst, und das ist die beste Ausgangsposition für unsere Lehren.»

Zoila wandte sich mir zu und lächelte würdevoll: «Lynn, ich möchte dir gern etwas zeigen, etwas, das du als Medizinrad bezeichnest. Ich nenne es ein Zeichen der Vervollkommnung oder ein Maß für die Grenzen des Selbst. Vielleicht verstehst du dann besser, was ich sagen will. Wie du weißt, bin ich eine Heilerin in der alten Chichen-Maya-Tradition. Ich verwende aber auch gerne Symbole, die meine Freundinnen aus der Schwesternschaft mich gelehrt haben. Das Tragische in unser aller Leben ist die Trennung. Ich zum Beispiel möchte die Kluft zwischen meiner Welt und eurer überbrücken. Mit Agnes' Erlaubnis würde ich dir gern meine Auslegung des Medizinrades zeigen, das sie mich vor langer Zeit gelehrt hat.»

Zoila sah erwartungsvoll zu Agnes hinüber, die schweigsam dasaß und immer noch an ihrer Wurzel schnitzte, aber zum Zeichen ihres Einverständnisses nickte. Vor ihren Füßen hatte sich bereits ein Häufchen Späne angesammelt.

«Blablabla», polterte Ruby los und warf ein paar unserer Sachen um wie ein Bär auf der Suche nach Essensresten. «Wie wäre es mit was zu essen? Ich bin immer noch hungrig. Ist vielleicht noch eine gebackene Kartoffel übrig?»

«Da, Ruby, nimm meinen Lachs. Ich habe ihn kaum angerührt.»

Ich reichte ihr den rosafarbenen Fisch hinüber und hoffte, sie würde nun endlich Ruhe geben.

«Hm», war alles, was sie darauf sagte. Sie nahm den Fisch und biß gierig hinein. Wir alle hörten ihr lautes Schmatzen.

Im Feuerschein war Zoilas Gesicht nur schwach zu erkennen. Sie erhob sich und stellte sich rechts neben uns. In der Hand hielt sie ihren Stab, der rundherum reichhaltig verziert war mit Symbolen aus den verschiedenen Daseinsebenen. Ich stellte mir vor, daß von diesem Stab übernatürliche Kräfte ausgingen, hatte aber keine Ahnung, was diese Kräfte nun eigentlich bewirkten. Sie malte mit der Stabspitze ein Medizinrad auf den Boden, setzte sich dann und legte einen flachen schwarzen Stein in den Westen des Kreises.

«Auf diesem Rad gehört das Gefühl in den Westen, dorthin, wo jetzt der Stein liegt. Diese Position nehmen überwiegend Frauen ein, und zwar in ihren Gefühlen und Empfindungen. In den meisten Traditionen ist der Westen die Heimat der Gefühle.»

Twin Dreamers legte sich auf den Bauch und stützte den Kopf in die Hände, die aussahen wie knorrige alte Äste. Die Haare fielen ihr strähnig ins Gesicht. Sie ließ ihre nach oben angewinkelten Beine in der Luft baumeln und wirkte auf mich wie ein uraltes Kind, das voller Begeisterung und Spannung einem Märchenerzähler zuhört.

Zoila fuhr fort mit ihren Ausführungen. Sie saß im Osten des Rades, während ich den Platz des Südens einnahm. Agnes saß etwas abseits von mir zu meiner Rechten, und Twin Dreamers lag im Westen. July und Ruby beobachteten das Ganze eher zurückhaltend aus einiger Entfernung.

«Im Osten wohnt der Verstand», sagte Zoila und legte einen gestreiften Stein auf das Rad. «Männer leben hauptsächlich nach ihrem Verstand, also im Osten. Lynn, suche noch einen Stein für den Süden.»

Nach einigem Suchen fand ich auf dem Boden einen rötlichbraunen Stein mit fünf Ecken und legte ihn auf die südliche Position.

«Der Süden steht für Materie, für das Körperliche», erklärte Zoila dazu.

Twin Dreamers lächelte und streckte uns einen weißen, glänzenden Stein in ihrer linken Hand entgegen. Sie reichte ihn Zoila.

«Hervorragend», meinte Zoila, nachdem sie ihn genauer untersucht hatte. Sie legte den weißen Stein in den Norden. «Der Norden ist Intuition und Geist», fügte sie erklärend hinzu, und zeigte mit ihrem Stab auf den weißen Stein. Dann zeigte sie auf die Steine im Westen und Osten und zog zwei Linien, die sich im Süden trafen und ein V bildeten. Sie sagte: «In einer Partnerschaft kommen Männer und Frauen durch körperliche Begegnungen im Süden zusammen. Danach kehren sie zurück in den Osten und Westen und sprechen über ihre Empfindungen und über ihre Gedanken.

Lynn, du sagtest vorhin, daß du José und mich bewunderst, und ich möchte uns als Beispiel nehmen. José und ich trafen uns im Süden, um uns zu lieben. Unsere körperliche

Liebe war so erregend und so gewaltig, daß dadurch unsere Instinkte wieder geweckt wurden. Sie trieben uns hinauf zu Intuition und Geist in den Norden. Es ist unser instinkthaftes Wesen, das uns in den Norden zieht. Vielleicht weißt du ja, daß der Norden trotzdem in den meisten Beziehungen gar nicht vertreten ist, diese Beziehungen spielen sich dann nur im Osten, Westen und Süden ab. Leider ist es oft so, daß zwei Menschen, die miteinander schlafen, zum ersten Mal seit ihrem dritten Lebensjahr wieder mit allen Sinnen wach werden. Die Wiederbegegnung mit dem Instinkt und dem Geist ist für sie so überwältigend, daß sie glauben, sich zu lieben, und sie heiraten. Doch dann werden sie von der grausamen Realität aufgerieben. Den Grund dafür seht ihr hier.» Sie zog eine dritte Linie, die den Osten mit dem Westen verband. Dann fuhr sie fort mit ihren Erklärungen. «Wie du siehst, werden sie zurückgeworfen in ein Leben, das sich nur noch aus Ost-West-Begegnungen zusammensetzt. Dazu gehört dann, wer die Brötchen verdient, wer den Mülleimer ausleert, wer die Rechnungen bezahlt und so weiter. Und ständig gibt es Diskussionen darüber, was ich dazu meine, was der andere gesagt hat, und wie der andere findet, was ich dazu meine. Und ab und zu schlafen sie miteinander, um ein Baby zu haben. Welchen Bereich haben sie also vernachlässigt, auch wenn sie sich inzwischen nähergekommen sind?»

«Den Norden», antwortete ich.

«Richtig», sagte Zoila, «und genau diesen Bereich lassen auch eure Psychologen außer acht. Sie verwickeln den Menschen in eine endlose Ost-West-Diskussion. Du empfindest das und das, und ich glaube das und das usw. Ich habe mit vielen Menschen zusammengearbeitet, die lange Jahre bei einem Psychologen in Behandlung waren und trotzdem nie geheilt wurden. Wenn es in einer Partnerbeziehung nur Bewegung zwischen Ost und West gibt, wird zwar das Verstehen und Wissen gefördert. Erleuchtung, Intuition und Geistigkeit erwachsen jedoch nur aus einer Bewegung von Süd nach Nord, und diese Bewegung wird durch deine Instinkte hervorgerufen. Wenn du ohne den Norden und Süden lebst, beraubst du dich deiner Seele und hast das Gefühl zu sterben. In der Bewegung zwischen Nord und Süd ist Transformation möglich, zwischen Ost und West jedoch nie. Deshalb greifen auch so viele Männer und Frauen ihren Partner an. Sie fühlen sich ihrer Seele beraubt und wissen nicht warum. Wenn du ein Leben zwischen Ost und West lebst, dann lebst du nur einen Teil deines Ganzen. Du bewegst dich nur auf einem Teil des Rades und läßt andere Bereiche einfach verkümmern.»

«Ich verstehe, was du meinst, Zoila», entgegnete ich, «aber wie hältst du eine Nord-Süd-Beziehung aufrecht?»

«Zunächst einmal mußt du deine Macht als Frau wahrnehmen und verwirklichen. Dann ziehst du einen Mann an, der seinerseits seine Macht wahrgenommen hat. Das ist der Anfang. Es wird erst dann etwas Bedeutungsvolles passieren, wenn du in der Mitte deines eigenen Rades stehst. Erst dann kannst du dein instinkthaftes Wesen wiederfinden, all die Eigenschaften, die die Gesellschaft dir versagt hat. Dazu gehört die Sexualität, das Überleben und so fort, eben die Bedürfnisse deiner Intuition und deines Geistes. Durch die gemeinsame Kreativität mit einem anderen Menschen kann deine Seele mit einer anderen verschmelzen.»

«Heißt das, daß man zusammen arbeitet?»

«Ja, man arbeitet zusammen an einer gemeinsamen Aufgabe.»

«Und wie kommen dann Menschen aus unterschiedlichen Berufen zusammen?» wollte ich wissen.

Zoila lehnte sich einen Augenblick nachdenklich zurück.

In dem prasselnden Feuer schlugen die Flammen hoch und beleuchteten Zoilas markantes Mayagesicht. «Es ist schwierig», sagte sie. «Männer und Frauen müssen lernen, zusammen kreativ zu sein. In eurer Gesellschaft könnte ein Mann zum Beispiel als Versicherungsvertreter tätig sein, und seine Frau würde als Krankenschwester arbeiten. Aber sie könnten etwa durch ihr gemeinsames Interesse am Schamanismus zusammenkommen oder vielleicht durch ihre Liebe zur Lyrik. Männer und Frauen müssen einen Bereich finden, in dem Geistiges sich im Materiellen manifestiert und Materie wieder vergeistigt wird.»

«Und wie ist es mit Schreiben?» fragte ich.

«Ja, Schreiben ist nicht schlecht. Du nimmst einen Gedanken in geistiger und intuitiver Form im Norden auf und manifestierst ihn im Süden in einem Buch. Das Schreiben ist ein körperlicher Vorgang. Das Buch erreicht die Menschen auf einer intuitiven Ebene, und du bekommst etwas Materielles, also Geld, dafür zurück.»

Twin Dreamers drehte sich auf die Seite und musterte mich. «Lynn, erinerst du dich, als ich dir die Geschichte vom Berglöwen erzählte, der ein Schaf wurde?»

«Ja.»

«Auch damals sprach ich von deiner instinkthaften Natur, für die sinnbildlich der Berglöwe steht. Du kannst keine geistige Kämpferin sein, ohne einen starken Bezug zu deinen Instinkten zu haben. Diese angeborene Leidenschaft und Unbändigkeit treibt dich auf dem Rad nach Norden und Süden.» Sie drehte sich wieder auf den Bauch, stützte das Kinn in die Hände und überkreuzte die Beine. «Wenn du einer Schamanin begegnest, weißt du auf den ersten Blick, daß sie von einem Machtfeld umgeben ist. Du wunderst dich über diese Art von Macht, denn sie ist außergewöhnlich und undefinierbar. Eine Frau der Macht paßt sich nicht der herrschenden Meinung an; sie schwimmt gegen den Strom und erzeugt dadurch eine höchst ungewöhnliche und starke Energie. Als Kriegerin weiß sie diese Energie für sich zu nutzen. In ihrer Rolle als Frau ändert sie in dieser männerorientierten Gesellschaft die Stromrichtung, doch das gelingt ihr nur in eben dieser Position als Frau. Wenn genügend Frauen gegen den Strom schwimmen, können sie eine endgültige Veränderung bewirken. Die Frau, die eine Kriegerin geworden ist, ist doppelt so mächtig und verfügt über doppelt soviel Energie wie zuvor. Sobald sie weiß, wie sie diese Kräfte für sich nutzbar machen kann, weiß sie auch mit der Gefahr zu leben. Sie ist jetzt selbst gefährlich. Sie lebt mit einer Vision unter Menschen, die zwar Augen haben, aber nicht sehen können. Diese werden alles daransetzen, sie zu blenden und ihr ihre Sehkraft zu rauben, denn sie bewahrt eine Tradition, die alt, heilig und den meisten Menschen fremd ist.»

«Gut gesprochen», sagte Agnes.

«Die Kriegerin weiß, daß das Leben ein Abenteuer des Geistes ist», fuhr Twin Dreamers fort. «Sie hat erkannt, daß dieses Erdenleben nur ein Traum ist, der einem größeren Traum entspringt, und dieser geht über unsere Vorstellungskraft hinaus.»

Sie beugte sich zu mir herüber, bis sie mit ihrem zerzausten Haar über dem von Zoila aufgemalten Kreis hing. Ihre Bewegungen waren so seltsam, daß wir sie alle eine Weile anstarrten.

Zoila zeigte mit ihrem Stab auf den Kreis. Sie drückte die Spitze fest auf und markierte eine Stelle. «Das ist ein weiterer Grund dafür, daß es die Menschen mit Macht so überaus schwer haben, sich zu einem Paar zusammenzufinden.»

«Wie meinst du das?» fragte ich.

«Der Stolz einer Schamanin unterscheidet sich von gewöhnlichem Stolz, denn er geht hervor aus innerer Wahrheit. Es ist kein ehrgeiziger Stolz, der auf äußere Leistungen bedacht ist, sondern ein Stolz, der mit Wissen, besser gesagt mit *Sehen* zu tun hat. Es ist ein leidvoller Stolz, denn eine Schamanin leidet unter der sie umgebenden Blindheit. Aber ein Augenblick der Vision wiegt ewige Dunkelheit auf. Eine Schamanin hat sich so sehr daran gewöhnt, gegen den Strom zu schwimmen, daß sie sich wahrscheinlich immer allein fühlt. Es fällt ihr schwer, lange genug innezuhalten, um einen anderen anzuerkennen und ihn aufzunehmen in ihren Kreis. Aus diesem Grund spielt auch das Vertrauen in sich selbst eine so bedeutende Rolle im Leben vieler *Curanderos*, ganz gleich, ob sie nun Frauen oder Männer sind. Eine Kriegerin muß Vertrauen in ihre Instinkte setzen. Nie darf sie es zulassen, daß ihre ungebändigte Seele gezähmt wird.»

Agnes beugte sich vor und deutete mit ihrer Hand auf die östliche und westliche Position des Kreises. «Wenn wir auf dem großen Rad ständig zwischen Ost und West hin und her pendeln, verlieren wir unsere Wildheit und werden zahm. Aus Berglöwen werden Schafe, das heißt, wir geben etwas vor, das wir nicht sind. Und wundern uns, warum es Vergewaltigung, Mord und Krieg gibt. In unserer Zahmheit werden wir gewalttätig, wenn der Instinkt sich Bahn bricht und uns in Bewegung setzt. Wir werden nicht eher erleuchtet, bis wir uns auf dem Medizinrad von Süd nach Nord bewegen. Nur so kann eine fruchtbare Partnerschaft entstehen.» Mit diesen Worten erhob sie sich.

Ruby ging auf sie zu und gab ihr einen Stups. «Ein Mann für eine Nacht ist mir aber lieber», sagte sie.

Alles lachte über ihre schrullige Art. Sie spielte den Vamp, benahm sich wie ein Flittchen in einer Nachtbar.

Aufreizend tanzte sie vor uns herum und strich verführerisch über ihre Kurven.

«Komm, July,», sagte Ruby und nahm sie bei der Hand. «Wir fahren jetzt in die Stadt und angeln uns einen Mann.»

July lächelte und stand auf.

«Gute Nacht, ihr Lieben», verabschiedete sich Ruby. «July und ich schlagen uns jetzt in die Büsche. Mal sehen, was wir alles noch aufscheuchen.»

Wir wünschten den beiden eine gute Nacht und küßten sie zum Abschied. Dann machten sie sich auf den Weg zu Rubys Hütte. Ruby wackelte mit den Hüften, und wir lachten ihr noch nach, bis sie in der Dunkelheit verschwand.

Auch Agnes rollte jetzt ihre Decke zusammen und warf sie über die Schulter. «Ho», sagte sie, «auch diese Medizinfrau geht nun zu Bett. Ich schicke euch allen gute Träume.»

Wir umarmten sie und sahen ihr nach, wie sie zur Hütte ging.

Twin Dreamers, Zoila und ich saßen noch eine Stunde beisammen und erzählten, bis die Glut im Feuer beinahe erloschen war. Wir entschieden uns alle drei, in Decken gehüllt, unter dem Sternenhimmel zu schlafen. Nachdem auch Twin Dreamers und Zoila einen Kuß von mir bekommen hatten, machte ich es mir in meinem Schlafsack bequem. Ich war den beiden für ihr gutes Medizingespräch sehr dankbar. Zoila hatte sich bereits eingerollt und schlief ganz fest. Die beiden Medizinfrauen hatten mir einen Aspekt meines Charakters vor Augen geführt, den ich bisher nicht recht verstanden hatte. Ich empfand tiefe Dankbarkeit.

Ein leichter Wind kam auf und strich durch die langen Grashalme. Ich rutschte mit meinem Schlafsack näher an die Glut der Feuerstelle und legte ein Scheit Holz nach, damit das Feuer weiterbrennen würde. Im Geiste war ich jetzt ganz bei Arion und stellte mir vor, wie ich damals an seinem prachtvollen Hals eingeschlafen war. Bei dem Gedanken an dieses wunderbare Pferd kamen mir die Tränen. Wie sehr liebte ich ihn. Die Sterne am Himmel woben eine Glitzerdecke, den Kieselsteinfluß, wie Agnes dazu sagte. Zu gern hätte ich gewußt, ob ich Arion je wiedersehen würde.

Aus der Richtung, aus der der Wind wehte, drang der Schrei einer Eule an mein Ohr. Ob das ein gutes oder ein schlechtes Omen war?

In dunklen Zeiten wird das Auge sehend

Theodore Roethke

14
Das Geheimnis der Meisterschaft

Am nächsten Morgen in aller Frühe stand Twin Dreamers in der Tür von Agnes' Hütte. Ich war bereits eine Weile auf und hatte mich zum Schreiben nach drinnen gesetzt. Bevor sie ganz eintrat und die Tür hinter sich schloß, blieb sie noch einen Moment im Eingang stehen. Das Sonnenlicht fiel zur Tür herein und umspielte sie mit feinen Strahlen. Ihre Haare waren tropfnaß, sie hatte sie wohl gerade erst im Bach gewaschen. Sie griff nach einem Messer und schnitt sich die Strähnen ab, die ihr in die Augen hingen. Die abgeschnittenen Haarspitzen warf sie in den Ofen.

Amüsiert sah ich ihr zu, wie sie sich in einem alten, leicht trüben Spiegel wohlgefällig betrachtete. Bekleidet war sie mit einer grünen Hose und einer bestickten Bluse.

«Für eine Tausendjährige siehst du noch ganz gut aus», neckte ich sie.

Etwas verwirrt drehte sie sich um. Sie sah mich mit ihren schwarzen Augen überrascht an. «Ich dachte, du schläfst noch, Lynn. Vielleicht sollten wir Agnes aufwecken.»

«Sie wird sicher gleich aufstehen. Es ist nicht ihre Art, so lange zu schlafen. In letzter Zeit hat sie allerdings sehr müde ausgesehen.»

Gerade in dem Augenblick drehte sich Agnes um und setzte sich auf die Bettkante. «Bei dem heillosen Lärm, den ihr macht, kann doch kein Mensch schlafen.»

Twin Dreamers und ich entschuldigten uns dafür, sie geweckt zu haben.

In wenigen Minuten war der Frühstückstisch gedeckt. Es gab Rosinenbrötchen, Honig und Salbeitee, und wir waren alle guter Laune. Als wir gerade genüßlich speisten, kamen Ruby und July zur Tür herein. Agnes stand vom Tisch auf, um die beiden zu begrüßen, und setzte auch gleich neues Teewasser auf. Dann schob sie Ruby und July den Teller mit den Brötchen hin.

«Danke, Agnes», sagte July mit einem Lächeln. Freudig tunkte sie ein Brötchen in den Honigtopf und hinterließ eine lange hellgelbe Honigspur auf dem Holztisch.

«Und wo sind die Brombeeren?» fragte Ruby mit lauter Stimme. «Ich sehe keine. Erzähl mir bloß nicht, daß du keine im Haus hast.»

Agnes zuckte mit den Schultern. «Sie sind gerade alle. Wenn ich jemand hätte, der mir welche pflückt, dann gäbe es auch Beeren.»

«Eben habe ich noch daran gedacht», unterbrach ich die Stille. «Twin Dreamers, sollen wir nicht für Agnes ein paar Beeren pflücken?»

«Und für ihre Gäste», fügte Ruby rasch hinzu.

Twin Dreamers sah an diesem Morgen frisch und munter aus. Sie fuhr sich mit der rechten Hand durch das frischgewaschene Haar und sah erst mich und dann Ruby an. «Wir werden dir ein paar Brombeeren pflücken, Ruby», sagte sie und lachte.

Rubys forderndes Auftreten änderte sich schlagartig. Sie griff in ihre Rocktasche und zog ein winziges Pferd aus Elfenbein hervor. «Twin Dreamers, ich möchte dir etwas schenken», sagte sie. «Ich bin sicher, daß es dir gefällt.»

«Wo hast du das her?» fragte Agnes. «Die Figur ist ja wunderschön.»

«Ja, das stimmt», entgegnete Ruby. «Ich glaube, sie besitzt ganz besondere Kräfte, aber ich habe nicht herausbekommen, um welche Kräfte es sich handelt. Ich fand sie in der Höhle der Mutter Weisheit, nachdem unsere Zeremonie zu Ende war. Als ich versehentlich darauftrat, hätte ich mir beinahe den Fuß verstaucht.» Ruby drehte das Elfenbeinpferd in ihrer Hand. «Ich glaube, es war für dich bestimmt, Twin Dreamers.»

Twin Dreamers verharrte regungslos, doch der Blick aus ihren tiefliegenden Augen verriet Freude und Bewunderung. Sie öffnete ihre linke Hand, um das Pferd entgegenzunehmen. Einen Moment lang waren ihre Augen wie verschleiert, dann hielt sie die Figur der Sonne entgegen, die ihre Strahlen auf dem Elfenbeinpferd tanzen ließ. Wie gebannt starrten wir es alle an.

«Medizinhund», meinte Twin Dreamers, «das ist die alte Bezeichnung für *Pferd*.» Und lächelnd reichte sie mir die Figur. «Ich wüßte doch zu gern, woher sie kommt.»

Bei näherer Betrachtung entdeckte ich kleine Einkerbungen auf den Flanken. Das sich aufbäumende Pferd hatte eine lange weiße Mähne und einen ebensolchen Schweif. Die Figur ging durch alle Hände, und jede Frau hatte etwas dazu zu bemerken. Am Ende landete sie wieder bei Twin Dreamers. «Ho», sagte sie nur und steckte sie in ihre guatemaltekische Bluse.

Agnes drückte mir einen großen Korb in die Hand. «Da», sagte sie.

«Wo ist die beste Stelle zum Beerenpflücken?» fragte ich.

«Wenn du den Weg am Dead Man's Creek hinaufgehst, und dann oberhalb der ersten großen Baumgruppe. Dort findest du mehr Brombeeren, als du tragen kannst.»

«Mir läuft schon das Wasser im Mund zusammen», schwärmte Ruby.

«Ich kann ja mitgehen», meinte July.

«Nein, July.» Agnes drückte sie etwas unsanft auf ihren Stuhl zurück. «Auf dich wartet hier noch etwas Medizinarbeit.»

Julys Augen leuchteten auf. «Was denn, Agnes?»

«Oh, eine ganze Menge: Fegen, Staub wischen, Wasser holen und Holz hacken.» July sah betreten zu Boden.

«Okay, wir sind dann weg», sagte ich und öffnete die Tür.

«Viel Spaß beim Beerenpflücken», meinte July kleinlaut.

Twin Dreamers und ich wanderten den Bach entlang. Die Pappelblätter reflektierten das glänzende Sonnenlicht. Ich sog den Wind in mich auf, der durch die Äste strich, und blickte zu den schneeweißen Wolken auf, die sich über uns am Himmel türmten. Wir nahmen eine Abkürzung zum Oberlauf des Baches und mußten uns durch ein sumpfiges Gelände schlagen, das außerdem noch von Gesteinsbrocken übersät war. Doch schießlich erreichten wir die Brombeerbüsche, die die überall herumliegenden Baumstämme bereits völlig überwuchert hatten.

«Hüte dich vor den Dornen», ermahnte mich Twin Dreamers.

«Darauf kannst du dich verlassen», entgegnete ich.

Seit meiner Kindheit hatte ich keine Brombeeren mehr gepflückt, und jedes Mal, wenn ich in die Brombeerranken hineinlangte, zerkratzte ich mir Arme und Hände.

Twin Dreamers, die meine Ungeschicktheit sah, lachte.

«Ich finde das absolut nicht witzig», sagte ich.

«Hier geht es einzig und allein um Geschick», erklärte sie. «Sieh mal, wie ich meine Finger bewege.» Sie führte mir ihre Kunstfertigkeit beim Brombeerpflücken vor. Ohne einen Kratzer abzubekommen, griff sie behende in die dornigen Sträucher. «Weißt du, ich entstamme nämlich einem alten Geschlecht von Brombeerpflückern.» Sie verzog die Lippen zu dem ihr eigentümlichen Lächeln. «Alles eine Sache der Vererbung. Du mußt dazu geboren sein.» Während sie eine Handvoll nach der anderen pflückte, fand ich immer nur mit Mühe eine vereinzelte Beere.

«Worauf willst du eigentlich hinaus?» fragte ich.

«Eine Lektion in Geschicklichkeit.»

«Wie meinst du das?»

«Ich will damit sagen, daß du bereit sein mußt, einer Sache auf den Grund zu gehen.» Twin Dreamers lag unter einem Strauch und blickte durch das Gestrüpp zu mir empor.

«Aha, ich verstehe», bemerkte ich und kämpfte mich mit meinen zerschundenen, blutigen Fingern zu einer einsamen Beere durch.

«Du mußt damit rechnen, daß man dich für die Fehler, die du machst, mit Katzendreck bewirft. Du mußt bereit sein, zu betteln, an einer Straßenecke zu stehen und deine Fähigkeiten für ein Stück trockenes Brot zu verkaufen.»

«Und was dann?» fragte ich.

«Wenn deine Fähigkeiten echt sind, werden die Menschen erkennen, daß du wirklich etwas kannst, daß du Meisterschaft erlangt hast. Sie werden sich dir zu Füßen setzen und zuhören, was du zu sagen hast.»

«Welchen Zweck hat es, Meisterschaft zu erlangen?» fragte ich und lutschte an meinen blutigen Fingern.

«Es gibt die unterschiedlichsten Gründe dafür. Man wird zum Beispiel nicht mehr zerkratzt, oder man kann reich damit werden oder sich ein großes Flugzeug leisten.»

«Und du, Twin Dreamers, warum suchst du Meisterschaft?»

Sie lachte schallend. «Ich will es mal so sagen: Ich will

Meisterschaft, einfach um zu wissen, ob ich damit umgehen kann.»

«Nun gut», sagte ich und pflückte gleich mehrere Beeren auf einmal. «Das sind auch meine Beweggründe.»

So langsam fing mir das Brombeerpflücken an, Spaß zu machen. Ich war zwar längst noch nicht so geschickt wie Twin Dreamers, aber doch um einiges besser als am Anfang. Eine Ecke des Korbes füllte sich bereits. Hin und wieder steckte ich mir auch eine der dicken reifen Brombeeren in den Mund. Sie schmeckten köstlich! Auch Twin Dreamers erwischte ich ab und zu beim Naschen.

«Manchmal mußt du einfach zu etwas geboren sein. Wenn es dein Schicksal ist, Häuptling, König, Medizinfrau oder sonst was zu sein, dann mußt du dich in dein Schicksal fügen. Ich will damit sagen, du mußt bereit sein, alles zu tun, um Meisterschaft auf deinem Gebiet zu erlangen.»

«Was meinst du eigentlich mit Schicksal?»

«Ich verstehe mich als deine Schicksalsschwester. Sich in sein Schicksal fügen, bedeutet Mut. Hast du den erforderlichen Mut? Wenn du immer wieder von den dornigen Ranken zerkratzt wirst, rennst du dann weinend nach Hause, oder wirst du letztendlich die Kunst des Beerenpflückens erlernen und dich über deinen Erfolg freuen? Darauf allein kommt es an.» Sie hob den vollen Korb mit den Brombeeren vom Boden auf. Wir waren beide sehr zufrieden. «Komm, laß uns gehen», sagte sie.

Auf dem Rückweg fiel mir noch etwas dazu ein: «Weißt du, irgendwo habe ich mal gelesen, daß man nicht segeln sollte, wenn man nicht vor dem Mast stehen kann. Ist das die Lektion des Beerenpflückens?»

Sie nickte und schob mir eine Brombeere in den Mund.

Jahrelang glaubte ich, daß die Menschen in der Luft lebten
und aufeinanderprallten, als ob sie metallene Waffen hätten.
Später glaubte ich dann, die Menschen lebten im Wasser.
Es lag an dem Geräusch und an dem Gefühl des Ertrinkens,
das immer von meinen Freunden ausging.

Der Wind macht ein dumpfes Geräusch.
Der Baumstamm ächzt. Der Regen und das Feuer verneigen
sich
voreinander im Licht.

Gib acht! Gleite behutsam an die richtige Stelle.
Fleisch ist etwas Ehrfurchtgebietendes. Die Moleküle
verbinden sich zu phantastischen Formen.

Laß den Körper seine eigene Donnerstimme finden.

David Rollison

15
Der Schamanenmythos

Am Nachmittag des folgenden Tages saß ich auf Agnes' Veranda bei einer Tasse Tee und sah Zoila mit zwei Indianerinnen auf die Hütte zukommen. Ich kannte die beiden Frauen, die etwa in meinem Alter waren, aus der Schwesternschaft der Schilde. Als die drei mich erblickten, blieben sie stehen. Die beiden Frauen verabschiedeten sich von Zoila und gingen zurück.

Zoila ging auf mich zu, und wir umarmten uns. Danach holte ich ihr eine Tasse Tee aus der Hütte. Als wir es uns gemütlich gemacht hatten, sprach mich Zoila auf die beiden Frauen an. «Du bist wohl sehr an ihnen interessiert?»

«Das stimmt», entgegnete ich. «Aber ich wollte nicht unhöflich sein und gleich viele Fragen stellen.»

«Diese Frauen sind wie du. Sie sind voller Eifer und Enthusiasmus. Jede von ihnen hält eine Peitsche, mit der sie sich alle Türen öffnen will. Wie du sind sie Suchende, und es gab eine Zeit, da waren sie blutige Anfängerinnen. War es bei dir nicht ebenso, Lynn?»

«Ja, ich denke schon.»

«Hast du nicht mal erzählt, daß du dich eingehend mit den Yoga- und Sufi-Lehren beschäftigt hast?»

«Ja, das hab' ich. Und noch mit vielen anderen Lehren.»

Sie schmunzelte. «Weißt du, du bringst mich zum Lachen.»

«Nun, es ist immer noch besser als Fernsehen.»

Zoila schüttelte den Kopf. «Der größte Teil der Menschheit verkriecht sich in einem sicheren Versteck. Aber es gibt immer ein paar Ausnahmen, diejenigen, die wir als Gratwandler bezeichnen. Sie sind auf der Suche nach einer Brücke über den Abgrund. Es gibt viele Brücken. Einige von ihnen werden als Religion bezeichnet. Yoga ist eine solche Brücke. Auch der Sufismus ist eine Brücke. Am Ende gibt es aber nur eine einzige Brücke, und das ist die Brücke der Liebe. Diese Brücke ist der einzige Weg, der über den Abgrund führt. Letztendlich gelangen wir alle über sie dorthin. Wenn das Leben mit unerwarteten und ungewöhnlichen Ereignissen aufwartet, dann folge deinem Herzen. Es ist der einzig wahre Pfad in die Sicherheit.»

Wir redeten noch eine ganze Weile. Drinnen in der Hütte klapperte jemand mit Geschirr, und ich hörte, wie Agnes July irgendwelche Anweisungen gab. In der Luft hing würziger Kiefernrauch, der als graue Fahne aus dem Schornstein aufstieg. Außerdem roch es nach Geflügel und Kuchen.

Im nächsten Moment kam Agnes zur Tür heraus und meinte zwinkernd: «Das Essen steht auf dem Tisch, meine Damen. Kommt lieber schnell rein, bevor Ruby alles aufgegessen hat.»

«Mach dir um uns keine Sorgen», erwiderte Zoila fröhlich.

Wir gingen ins Haus und setzten uns an den gedeckten Tisch.

Nach dem Abendessen saßen Twin Dreamers, Zoila und ich noch eine Weile auf Agnes' Veranda. Das Nordlicht bemalte den Abendhimmel mit zarten Farbtönen in Grün, Gold und Rosa. In den Baumwipfeln rauschte der Wind, die Nacht sank auf uns hernieder. Das Mahl, das Agnes und

July zubereitet hatten, war phantastisch gewesen: Wachteln mit wildem Reis und als krönender Abschluß ein Brombeerkuchen mit Honig. Wie hungrige Wölfe waren wir darüber hergefallen und saßen nun rundherum zufrieden vor der Tür. Agnes, Ruby und July waren zum Bach hinuntergegangen, um die Schwitzhütte herzurichten. Agnes hatte nämlich erzählt, wir würden Ende der Woche eine Schwitzhütte machen, und sie wollten sichergehen, daß die Feuersteine in Ordnung waren und genügend Holz bereitlag.

Unweit vom Haus lief ein Waschbärweibchen mit ihren vier Jungen vorbei. Dann lugte plötzlich ein Grauhörnchen über die Dielen der Veranda, ganz in der Nähe von Zoila. Sein Fell war so grau wie die ausgewaschenen Bretter, und es zitterte vor Aufregung über seinen Mut, so nahe an uns herangekommen zu sein. Als ich meinen Kopf zur Seite drehte, ließ es ein lautes Gezeter los und huschte eilig zurück in sein Nest in einer der großen Kiefern.

Zoila rückte näher an mich heran. Sie fixierte mich kurz und legte mir dann ihre Hand auf den Solarplexus. Ihre Augen hielt sie dabei geschlossen.

«Was ist?» fragte ich. «Ist irgend etwas nicht in Ordnung mit mir?»

«Doch, doch, du bist sogar außerordentlich gut in deiner Mitte zentriert», sagte Zoila nach einer Weile. «Nun leg deine Hände bei mir auf die gleiche Stelle und sag mir, was du fühlst.»

Ich legte also meine Hand auf ihren Solarplexus und verharrte völlig regungslos. Mit geschlossenen Augen begab ich mich an meinen Medizinplatz. Ich spürte einen starken Energiefluß und erzählte es ihr.

«Probier' es jetzt mal mit Twin Dreamers», sagte Zoila.

Ich rutschte zu Twin Dreamers hinüber und wiederholte das Experiment. Doch diesmal nahm ich etwas völlig anderes wahr. Ich wußte nicht, was ich dazu sagen sollte, denn ich spürte eine Art Leere, sozusagen ein Nichts.

Zoila sah mich erwartungsvoll an.

«Es fühlt sich leer an», sagte ich.

Wieder zeigte sich das eigentümliche Lächeln auf Twin Dreamers' Gesicht. Sie schmunzelte. Ich zog meine Hand weg.

«Es ist aus einem ganz bestimmten Grund leer. Twin Dreamers ist zwar auch eine Heilerin. Aber sie vollbringt die Heilungen innerhalb des Traums, im doppelten Traum – in deinem und ihrem. Um also ihre Energie zu sehen und zu spüren, mußt du hierher gucken.»

Zoila beschrieb mit ihrer Hand einen Bogen um Twin Dreamers Körper und zeigte auf das sie umgebende ätherische Energiefeld.

«Twin Dreamers' Energie ist deutlich zu spüren», sagte Zoila. «Sie hat sie gut unter Kontrolle, ihre Energie umgibt sie wie ein Schatten. Wir kennen uns alle drei in den Heilkünsten aus, denn wir sind Schamaninnen. Aber wir arbeiten ganz unterschiedlich. Twin Dreamers wirkt durch den Traum. Ich heile mit Heilkräutern und kümmere mich fast ausschließlich um den Körper, ich kenne mich aus mit den Pflanzengeistern. Und du, Lynn, heilst den Geist und das Herz. Deshalb kann sich in dir eine Idee auch festsetzen, und du bekommst richtig Angst bei dem Gedanken daran. Und so hast du auch deine Höhenangst bekommen oder die Angst, vom Pferd zu fallen.»

«Wieso kommt es dazu?»

«Weil wir die Medizin machen, die wir verstehen und durchlebt haben. Dein Vater lehrte dich Furcht, Kummer und seelisches Chaos. Du mußtest dich selbst aus einem riesigen Loch freischaufeln; es hätte ebensogut dein Grab werden können. Du hast dich aber selbst geheilt, ebenso wie wir. Da du deine Kräfte erfahren hast, kannst du jetzt auch andere auf die gleiche Weise heilen.» Zoila zog einen Apfel aus ihrer Tasche, warf ihn hoch in die Luft und fing ihn wieder auf. Dann biß sie kräftig hinein und bot ihn mir an.

Da ich mir den Bauch rieb zum Zeichen, daß ich absolut satt war, kaute sie fröhlich weiter.

«Bevor ich gehe, möchte ich dir noch etwas schenken, Lynn, und zwar eine *Idee*», sagte Twin Dreamers. Ihre Augen blitzten, und der Wind spielte mit ihrem strähnigen Haar.

«Was meinst du mit Weggehen?» Ich spürte, wie sich mein Magen verkrampfte.

«Die Omen sind Versprechen, doch nur dann, wenn du sie einhältst. Ich möchte dir nicht nur ein Geschenk machen, sondern dir auch noch einen Gedanken mit auf den Weg geben.» Sie rutschte näher und hielt mir die kleine Elfenbeinfigur unter die Nase. Es war das Pferd, das Ruby ihr geschenkt hatte. «Ich sehe meine Geschichte und meine Vision in den Augen des Pferdes.»

«Warum gerade in diesem Pferd?» fragte ich.

«Jede Schamanin hat ein Geheimnis. Sie schöpft ihre ganze Kraft aus ihrem Mythos. Mein Mythos ist das Bild eines Pferdes. Für mich bedeutet es Freiheit.»

«Freiheit?»

«Ja, Freiheit steckt in den trappelnden Hufen, die mich durch Raum und Zeit und andere Dimensionen der Wirklichkeit tragen. Blitz und Donner lassen mich zum Pferd werden. Ich zähme das Pferd. Ich habe teil am Sympathiezauber. Ich bin die apokalyptische Energie eines Pferdes, die Energie von Leben und Tod. Wie ein galoppierendes Pferd komme ich auf dich zu oder wie die endlose Wellenbewegung des Meeres.» Sie nahm ihre Hände zu Hilfe, um mir ihre Worte zu verdeutlichen. Dann legte sie die kleine

Elfenbeinfigur in ihren Schoß. «Wenn du dich als Schamane einem Menschen näherst, überlegst du dir, was aus ihm werden könnte, und nicht, welchen Eindruck er gerade auf dich macht. In einem Individuum stecken so viel Möglichkeiten, du mußt sie nur sehen. Als nächstes betrachtest du das momentane Befinden der Menschen, lokalisierst ihre Schmerzen, siehst ihre Verzweiflung und ihre Unvollkommenheiten. Dadurch entsteht ein Raum zwischen dem, was ist, und dem, was sein könnte. Und nur in diesem leeren Raum existiert die Erleuchtung. Wir kommen alle aus dieser Leere und müssen auch wieder dorthin zurückkehren. Das ist dort, wo die Sterne in dir wohnen, die Konstellationen. Näherst du dich einem Menschen in der unermeßlichen Leere und gibst ihm deinen Willen ein, dann wirst du die Konstellationen seiner Sterne verändern. Es tritt eine Verschiebung ein, bei der die Sterne wandern und sich neu formieren. Konzentriere deinen Willen und die Aufmerksamkeit deines Geistes auf diesen inwendigen Himmel, und schon setzt du diesen Umformungsprozeß in Gang.»

Twin Dreamers stand mit dem Rücken zum Holzpfosten, ihre ganze Erscheinung wirkte auf mich sehr unwirklich.

«Deshalb gibt es für einen Schamanen nur einen gangbaren Weg, und das ist die Initiation», sagte Zoila.

Ich lächelte. Vor meinem geistigen Auge liefen noch einmal die vielen Stufen meiner eigenen Initiation ab. Es war ein steiniger Weg gewesen, ein Weg voller Fallen und Fußangeln. Trotzdem hatte ich überlebt und war gewachsen. Aber geistige Lektionen sind nie leicht. Die Öffnung zum Kosmischen macht einen totalen Krieg zwischen dem höheren Selbst und dem törichten, stolzen Ich unumgänglich. Das törichte, stolze Ich schwingt nämlich ein mächtiges Schwert und stellt sich einem mit jedem Schritt in den

Weg. Ich erwähnte diese Gedanken gegenüber Twin Dreamers.

«Ja, der Weg zur Selbstverwirklichung ist steil und tückisch», sagte sie. «Mag sein, daß du Angst bekommst und falsch reagierst, weil du deine Verwundbarkeit spürst. Vielleicht redest du auch ständig oder wirst wütend. Doch nur wenige Initiierte werden zuhören und erkennen, daß gerade jetzt neue Welten geboren werden.»

«Ho», sagte Zoila. Sie umarmte Twin Dreamers, und die beiden hielten sich noch eine ganze Weile an den Händen, während der Wind ihre Haare zerzauste. Dann legte Twin Dreamers ihre Hand auf die linke Brust. Zoila tat es ihr gleich.

Lange Zeit war es völlig still. Wir beobachteten den Himmel, die Sterne und den gelben Mond, der als zunehmende Sichel über den Kiefern hing. Zoila strich zärtlich über meine Hand, erhob sich und breitete dann ihre Decken am anderen Ende der Veranda aus.

«Heute nacht schlafe ich hier bei euch. Aber ich kann es kaum erwarten, wieder zu Hause in meiner Hängematte zu liegen.»

Kaum hatten wir ihr eine gute Nacht gewünscht, war sie schon selig entschlummert.

Twin Dreamers sah mich prüfend an. «Du bist eine gute Schamanin, Lynn», sagte sie mit gedämpfter Stimme. «Du hast ein gutes Herz. Die Pferdegeister mögen dich. Bewahre dir deinen Instinkt.» Mit ihrem Medizinbündel in der Hand erhob sie sich und kam ganz dicht an mein Ohr heran. «Es werden bald Pferde zu dir kommen, zwei an der Zahl. Du wirst sie nicht gleich als Pferde erkennen. Aber du wirst sie an ihren Augen erkennen, aus großer Höhe. Hab keine Angst, mit ihnen zu gehen, Lynn. Es sind Abgesandte, die von weit her kommen. Du kannst mir glauben, es ist bald soweit. Dies wird deine größte Feuerprobe sein. Du mußt auf zwei Pferden gleichzeitig reiten und wirst dir vorkommen wie auf einem Kometen. Aber reite immer weiter, egal, was auch geschieht. Alle Emotionen werden erlöschen, sowohl Liebe als auch Haß, Freude und Kummer. Die Pferde werden dich zu den heiligen Bergen im Osten bringen. Dort an der Stätte der Schamanen wirst du erwartet. Auch ich werde da sein, und unter diesen günstigen Vorzeichen wird dir dein Weg noch einmal erklärt werden.»

«Von was redest du da, Twin Dreamers?»

«Ich sage dir hiermit, daß du eine zweite Chance hast. Die meisten Menschen leben nicht in ihrem eigenen Geist, ganz im Gegensatz zu dir. Das macht es dir möglich, eines Tages eine Meisterin der Verwandlung zu werden.» Sie rückte noch ein bißchen näher und küßte mich auf die Stirn. Kerzengerade ging sie einige Schritte, drehte sich dann um und kicherte. Sie ahmte meinen verdutzten Gesichtsausdruck so gekonnt und witzig nach, daß ich einfach mitlachen mußte.

«Paß auf, daß du keinen Nachtfalter verschluckst», neckte sie mich.

«Wie kommst du darauf?»

«Na ja, jetzt ist halt die Zeit dafür. Schweig lieber still, sonst fliegen dir die Nachtfalter in den Mund.»

Wir mußten beide lachen. Lachend drehte sie mir den Rücken zu und ging fort. Ihre zierliche Gestalt verschmolz mit den Schatten der Pappeln, als sie in die Nacht entschwand. Ein leichter Windstoß streifte mein Gesicht. In der Ferne heulte ein Kojote, und hinter einer dichten Wolkenwand kam die gelbe Mondsichel zum Vorschein.

Beim Aufstehen fiel mir etwas aus dem Schoß. Geräuschvoll landete es auf den Dielenbrettern der Veranda. Nach kurzem Suchen fand ich die Elfenbeinfigur. Das Pferd war so merkwürdig gefallen, daß es jetzt aufrecht auf seinen Hinterbeinen stand. Ich kniete mich nieder, damit ich es besser sehen konnte. Starr und unbeweglich stand es vor mir. Ich konnte meinen Blick lange Zeit nicht von ihm abwenden. Twin Dreamers hatte dieses Pferd nicht grundlos zurückgelassen. Ich nahm es auf und hielt es an meine Wange.

Da wußte ich, daß Twin Dreamers fort war.

Die grauen Schafe nahten. Ich rannte,
mein Körper zur Hälfte ein Opfer der Flammen.
(Vater der Blumen, wer wagt es,
sich dem zu stellen, was er ist?)

Theodore Roethke

16
Der Rauch eines Zauberers

Eines Morgens, nachdem ich die Hütte gefegt und aufgeräumt hatte, verspürte ich große Lust, spazierenzugehen und teilte dies Agnes mit.

Sie hockte an ihrem Holztisch, vor sich einen riesigen Berg frischgeernteter Pflanzen, die Zoila, Ruby, Agnes und ich in der vergangenen Nacht bei unserem Streifzug durch die Wiesen im Mondschein zusammengetragen hatten: Darunter waren verschiedene Gräser, Heilpflanzen und Kräuter. Bei jeder Pflanze hatte Agnes Zoila den jeweiligen Verwendungszweck erklärt. An die Stelle, wo die Wurzel gesteckt hatte, hatten wir einen knopfgroßen Türkis gelegt.

«Das sind Medizinpflanzen», hatte Agnes erklärt. «Und der Türkis ist der Preis, den wir für sie zahlen. Gemessen am Nutzen dieser Pflanzen ist es nur ein geringer Preis. Du darfst dem heiligen Boden nie ein Kind entreißen, ohne dafür zu bezahlen, sei es mit Tabak oder einem Stein oder einer Perle. Du mußt der Pflanzenwelt etwas zum Zeichen deines Dankes hinterlassen.»

Gerade war sie dabei, kleine und große Bündel an die Dachsparren zu hängen.

«Siehst du diese stolze Lady?» Agnes zeigte mir eine Handvoll dunkelgrüner Grasstengel. «Das ergibt vier große Wasserkessel voll Tee. Die Hopis schätzen eine Pflanze, die eng mit dieser verwandt ist. Sie nennen sie *Hohosi.* Es ist mein Lieblingsgetränk. Wenn du spazierengehen willst, dann nimm doch den Weg hinter der Hütte und suche noch ein paar mehr davon.»

«Das will ich gern tun.» Zur Sicherheit nahm ich einige Grasstengel mit, die ich in die Brusttasche meines Khakihemdes steckte. Für die zu erwartenden Pflanzenfunde faltete ich noch ein Stück Zeitungspapier zusammen und verstaute es in meiner Gesäßtasche.

Ich empfand das Kräutersammeln keineswegs als lästige Pflicht; es bereitete mir sogar große Freude, denn ich war unruhig und brauchte dringend etwas Beschäftigung. Ich meldete mich bei Agnes für ein paar Stunden ab und zog von dannen.

Draußen war es kühl, wenn auch ab und zu die Sonne durchbrach und mich mit ihren Strahlen erwärmte. Am Wind spürte ich, daß der Herbst nicht mehr lange auf sich warten lassen würde. Ich fiel in einen leichten Laufschritt; ein eisiges Lüftchen fegte durch meine Kleidung. Der gelbe Pullover, den ich von Shirley, der jungen Cree-Indianerin aus dem Secondhandladen, bekommen hatte, hing lose verknotet über meinen Schultern. Geschwind zog ich ihn über mein Hemd. Wie mochte es Shirley jetzt wohl gehen? Ob ich sie jemals wiedersehen würde?

Ich steigerte mein Tempo und folgte mit wachen Augen dem Weg. Das Laufen kam mir vor wie ein Gesang. Hin und wieder ließ ich meinen Blick über die farbenfrohe Landschaft schweifen, die mich umgab. Gelbe und grüne Gräser wiegten sich im Wind, ich sah bizarre Bäume und den grenzenlosen Himmel über mir. Da ich das schnelle Laufen nicht gewohnt war, setzte ich mich ab und zu an den Wegesrand, um zu verschnaufen.

Schließlich fand ich die Gräser, die Agnes brauchte. Es war gleich ein ganzer Busch, und die einzelnen Halme ragten wie lange Stacheln aus dem kahlen Boden. Mit meinem Taschenmesser schnitt ich sie knapp über der Erde ab und legte die spitzen Stengel büschelweise auf die Zeitung, die ich zu meinen Füßen ausgebreitet hatte. Als ich genug Gräser beisammen hatte, faltete ich das Papier vorsichtig zusammen und steckte mir die Zeitungsrolle unter den Pullover. Für die Pflanzengeister ließ ich zum Dank etwas Maismehl zurück.

Auf dem Rückweg zu Agnes' Hütte sah ich in der Ferne über einem Bergsattel Rauch aus einem Schornstein aufsteigen. ich zitterte am ganzen Körper. Als ich aufblickte, entdeckte ich auch einen Donnervogel in der Luft, der seinen Schatten über das weite Grasland warf. Der Rauch war mir vorher nicht aufgefallen, aber jetzt hob sich ganz deutlich eine korkenzieherförmige Rauchfahne gegen den dunklen Hintergrund ab. Die einzige Hütte, die es in dieser Richtung gab, gehörte Red Dog. Vor Angst hielt ich die Luft an. Ich preßte die eingewickelten Gräser an mich und raste los. Den ganzen Weg bis zu Agnes rannte ich in einem fort, bis ich in die Hütte hineinplatzte.

Agnes sah von ihrer Arbeit auf und starrte mich an.

«Agnes, aus der Hütte von Red Dog steigt Rauch auf!» Mein Atem ging schwer, und meine Brust hob und senkte sich.

«Hast du den Tee mitgebracht?» Sie schaukelte mit ihrem Stuhl und lächelte ganz gelassen.

Immer noch völlig außer Atem und unfähig, ein Wort zu sprechen, ließ ich mich auf einen Stuhl fallen und schob ihr die aufgerollte Zeitung hin. Sie nahm sie und wickelte sie auf. Dann begutachtete sie den Inhalt.

«Oh, dies ist eine gute Qualität», sagte sie, roch an einem Stengel und drehte ihn zwischen ihren Fingern. «Voller kräftiger Wirkstoffe.»

Ich stand auf, um die Tür zu schließen, die ich vor Aufregung hatte offenstehen lassen. Im Umdrehen sagte ich zu Agnes: «Hast du nicht gehört? Red Dog muß zurück sein!» Mir war zwar nicht kalt, aber ich zitterte, und der Schweiß stand mir auf der Stirn.

Agnes schüttelte leicht verärgert den Kopf, als wollte sie mir zu verstehen geben, daß sie das ganze Thema langweilig fand und auch nicht vorhatte, weiter darüber zu reden. Sie flocht die *Hohosi*-Gräser zu einem Zopf, der aussah wie zusammengebundene graugrüne Schuhbänder. Kaum hatte sie einen Zopf geflochten, begann sie mit dem nächsten. Die fertigen Zöpfe legte sie nebeneinander auf die ausgebreitete Zeitung. Ich atmete noch immer heftig. Die vielen Kräuter verbreiteten einen schweren, süßlichen Geruch im Raum.

Vor lauter Aufregung tat ich einen tiefen Seufzer. «Red Dog», stieß ich hervor.

Endlich blickte Agnes von ihrer Arbeit auf und sagte: «Hm, das Hündchen ist also zurück? Mit eingekniffenem Schwanz, vermute ich mal. Es geht bergauf.»

«Was meinst du damit, es geht bergauf? Ich finde es entsetzlich.»

«Wir haben neulich seinen Stolz verletzt und ihn schwer gedemütigt. Er lief davon, als hätte er eine Ladung Knallkörper im Hintern. Doch ganz allmählich normalisieren sich die Dinge von selbst.» Sie machte auf mich einen völlig gelassenen Eindruck. «Hast du etwa geglaubt, Red Dog würde nie wieder zu seiner Hundehütte zurückkriechen?»

«Hm, nein. Doch ... ich weiß nicht», sagte ich zögernd und merkte auf einmal, wie sehr ich mir darüber im unklaren war. Mit matter Stimme sagte ich schließlich: «Ich finde, du hast ihm ganz schön eins ausgewischt.»

«Ja, er schmälerte unsere Macht, indem er uns folgte. Für ihn war es eine Herausforderung, doch am Ende haben wir ihn in die Irre geführt.» Sie griff nach weiteren Stengeln, um sie zu bündeln. Mit einem Mal lächelte und kicherte sie plötzlich los. «Diese Typen sind ganz schön davongesaust!»

«Als ob ihre Hosen Feuer gefangen hätten», sagte ich und konnte mir ein Grinsen nicht verkneifen.

«Ja, sie hatten Ameisen in der Hose.»

«Stimmt, es war wirklich unheimlich komisch.»

Wir konnten uns vor Lachen kaum halten. Ich rief mir die Szene noch einmal in Erinnerung. Der mächtige und gefährliche Zauberer Red Dog und seine beiden Lehrlinge hatten sich wie Berserker aufgeführt. Agnes hatte sie ausgetrickst, aber ich wußte immer noch nicht wie.

«Was hast du damals mit Red Dog gemacht? Es ist mir bis heute unverständlich.»

Agnes legte ein weiteres Bündel auf den Haufen. Mit ernster Miene sah sie mich an. «Es gibt zwei Arten von Tod, Lynn. Ich verallgemeinere jetzt ganz bewußt, denn in Wirklichkeit kann man natürlich unzählige Tode sterben. Doch für unsere Zwecke beschränke ich mich auf zwei Todesarten, den plötzlichen Tod und den freundlichen Tod. Beim freundlichen Tod kommt Gevatter Tod auf dich zu und begrüßt dich. Du sagst ebenfalls Hallo, und vielleicht raucht ihr zusammen noch eine Zigarette oder redet über das Wetter. Es ist so, als würdest du einen alten Freund wiedersehen, einen Freund mit großer Macht und von hoher Intelligenz. Du weißt genau, daß er die Tür öffnen und schließen kann. Das kann sonst niemand. Du gehst mit ihm hinaus, und er schließt die Tür hinter dir, die von nun an für immer verschlossen bleibt.»

«Und wie ist es beim plötzlichen Tod?»

«Der plötzliche Tod schleicht sich lautlos heran. Er springt auf dich zu und drängt dich blitzschnell zur Tür hinaus. Der plötzliche Tod ist ein guter Beobachter. Er paßt genau den Moment ab, in dem du wehrlos ist. Er zeigt sich zu unerwarteter Stunde. Und dann läßt er dich vor verschlossener Tür stehen, und du kannst noch so sehr dagegen poltern, du wirst nie mehr hineingelassen. Dein Schreien und Flehen ist völlig zwecklos.»

«Und was hat das mit Red Dog zu tun?»

«Normalerweise fürchtet ein Mann wie Red Dog den Tod nicht, denn er hat mit ihm einen Pakt geschlossen und geht davon aus, daß der Tod sein Versprechen ihm gegenüber hält. Der Tod hat sich nämlich verpflichtet, ihm sein Kommen und Gehen rechtzeitig mitzuteilen.»

«Aber was hat das mit dem Ding zu tun, das du auf Red Dogs Wagen geworfen hast?»

«Das Ding, wie du es nennst, ist das Zeichen für den Vertragsbruch des Todes. Es setzt dich davon in Kenntnis. In unserem Fall hatte der Tod gerade anderswo zu tun, ich hatte mich dessen versichert. Wäre der Tod jedoch in der Nähe gewesen, dann wäre Red Dogs Leben keinen Pfifferling mehr wert gewesen. Er mußte deshalb all seine Macht aufbieten und eine Rauchwand um sich errichten, damit der Tod ihn nicht finden konnte. Glaub mir, das ist gar nicht so einfach. Selbst Red Dog hätte keinerlei Chance gehabt, wenn der Tod in der Nähe gelauert hätte. Red Dog wußte sofort, was hinten auf seinem Wagen gelandet war.»

«Das war ein prima Trick, Agnes.»

«Ja, aber ein Trick, bei dem größte Vorsicht geboten ist und der auch nur bei äußerster Gefahr angewendet werden darf. Nichts im Vergleich zu dem, was er mit uns vorhatte.»

«Nun, ich würde sagen, du hast den Spieß einfach umgedreht.»

Wir amüsierten uns köstlich, doch die Vorstellung, daß Red Dog so nahe war, machte mich immer noch ganz nervös. Ich mußte von nun an auf der Hut sein und durfte meine Sicherheit nicht mehr als selbstverständlich betrachten.

Agnes widmete sich wieder gewissenhaft ihrer Arbeit.

«Warum verwendest du soviel Zeit und Mühe auf das Sammeln all dieser Pflanzen, Agnes? Mir scheint, es sind mehr als sonst.»

«Weil ich einige dieser Pflanzenkinder Zoila mitgeben möchte, bevor sie uns verläßt. Viele dieser Pflanzen wachsen im Süden nicht, und sie kann sie in ihrer Heilerpraxis verwenden.»

Der Gedanke an Zoilas Abreise bedrückte mich, da ich nicht wußte, wann ich sie wiedersehen würde. «Wann fährt sie denn?» fragte ich.

«Morgen abend findet bei Ruby noch ein Abschiedsfest statt.»

«Morgen abend schon?» jammerte ich. Ich stand auf und holte mein Medizinbündel, knotete es auf und zog eine Kranichfeder hervor, die ich für Zoila mit Perlen bestickt hatte, die aber noch nicht ganz fertig war. «Immer bin ich die letzte, die etwas erfährt. Danke für die Information.»

In der Eile ging natürlich alles schief; ich stach mir in den Finger. «Autsch!» schrie ich. Agnes sah belustigt hoch. Ich sah das Funkeln in ihren schwarzen Augen. Ihre Gelassenheit verblüffte mich. Sie durchbohrte mich geradezu mit ihren Augen und erkannte augenblicklich die Ursache meines Trübsinns.

«Ich habe Zoila auch sehr gern», sagte sie liebevoll, «und ich werde oft an sie denken, ebenso wie ich oft an Twin Dreamers denke.»

«Ich weiß», sagte ich und begab mich wieder an meine Perlenstickerei. Mit jedem Atemzug sog ich den angenehm würzigen Duft der Kräuter und Gräser ein.

«Soeben hat dich der süße Wohlgeruch eingehüllt», sagte

mir Agnes direkt ins Gesicht. «Einen Augenblick lang warst du innerlich ruhig und glücklich, hast abgelassen von deiner Sehnsucht nach Arion und Twin Dreamers. In letzter Zeit bist du ständig unterwegs, als müßtest du irgend etwas werden. Du bist damit beschäftigt, vollkommen zu werden, erfolgreich zu werden, eine Schamanin zu werden oder traurig zu werden über den Verlust eines dir lieben Menschen. Und was ist mit der Gegenwart? Du lebst dein Leben im Schatten deines Werdens.»

«Wie meinst du das?»

«Für dich existiert kein Hier und Jetzt, weil du dich nicht so akzeptierst, wie du im Moment bist. Du glaubst, daß du dich akzeptieren wirst, wenn Twin Dreamers zurückkehrt oder wenn du eine anerkannte Persönlichkeit oder eine bessere Schamanin bist. Doch hier irrst du gewaltig. Du wirst dir nie genügen, wenn du dich nicht momentan voll und ganz annimmst. Wenn nicht, wirst du immer dieses Gefühl der Sehnsucht verspüren, und du wirst mit diesem Sehnen sterben, selbst wenn du eine berühmte Schriftstellerin oder eine erfolgreiche Heilerin geworden bist.»

Ich rutschte unruhig auf meinem Stuhl hin und her. «Du hast recht, Agnes», sagte ich. «Ich verliere meine Mitte und vergesse, was ich tue und warum ich es tue.» Ich zog eine Reihe Perlen auf die Nadel, und während ich mir die unterschiedlichen Farben besah, dachte ich über Agnes' Worte nach. «Willst du damit sagen, daß ein Mensch, der sein ganzes Leben lang dem Erfolg nachjagt, in dem Moment, wo er wirklich reich und berühmt ist, sich auf einmal noch elender fühlt?»

Schweigend hantierte Agnes mit den Kräutern. Sie sah mich an und meinte dann: «Ja, zum Teil. Doch es gibt viele Gründe. Hinter seelischem Leid kannst du dich sehr gut verstecken; es ist wie eine Maske. Leiden kann zur Besessenheit werden, mit der du dich durch das ganze Leben quälst. Entreiße einem Menschen die Maske, und er fühlt sich seiner Hauptbeschäftigung beraubt. Ungeachtet seiner Leistungen und Erfolge wird er stets dieses falsche Gesicht zur Schau tragen. Er gibt ihm einfach einen anderen Namen.

Wenn du also dein Leben lang nur mit dem Werden beschäftigt bist und dann plötzlich nichts mehr übrigbleibt, was du noch werden kannst, packt dich das Entsetzen. Denn mit dem Werden hast du dich ja vom eigentlichen Leben abgelenkt und siehst dich auf einmal deiner eigenen Leere gegenüber. Stell dir vor, du setzt dich an einen festlich gedeckten Tisch, und plötzlich merkst du, daß es sich um ein Totenmahl handelt. Und du bist der einzige Gast. Du willst fortlaufen, doch wo sollst du hin?»

Agnes erhob sich und legte mir mehrere Kräutersträußchen in den Schoß. Sie deutete auf eine Reihe von Nägeln in den Dachsparren über meinem Kopf. Gehorsam hängte ich jeden Strauß einzeln auf. Anschließend kramte ich einen Bund Süßgras aus meinem Bündel hervor, band es mit rotem Garn zusammen und überreichte es Agnes, die es beifällig musterte. Sie schnalzte mit der Zunge und meinte dann: «Laß uns einen Tee trinken. Die neue Ernte wird ein Genuß sein.»

Den kommenden Tag verbrachten wir mit Vorbereitungen für Zoilas Abschiedsessen bei Ruby. Morgens in aller Frühe war ich noch einmal Brombeerpflücken gegangen. Twin Dreamers spukte mir ständig im Kopf herum; immer wieder sah ich ihr Gesicht zwischen den Brombeerranken hervorgucken. Ich wünschte, sie wäre noch bei uns, diese weise Alte mit dem seltsamen Lächeln und den blitzenden Augen. Als ich vom Beerenpflücken zurückkam, bereitete ich mit Agnes Bries zu. In einer großen Schüssel richtete ich einen

Salat aus wildem Spargel an. Und schließlich wagten wir uns noch an eine Wildpastete; sie gelang uns bestens und hatte genau die richtige Würze. Eine gute Stunde waren wir damit beschäftigt, Zoilas Kräuter in rote Stoffbündel einzuwikkeln. Am späten Nachmittag trudelte July mit ihrem Wagen ein, um uns abzuholen. Agnes und ich befanden uns in Festtagslaune, während July sich darüber freute, mit Zoila in den Süden reisen zu dürfen. Das hatte ich nicht gewußt, geschweige denn erwartet; ein leichtes Neidgefühl kam in mir auf. Ruby hatte sie offenbar in letzter Minute damit überrascht.

«Ich glaube, die Pflanzenkinder sind mein Weg», verkündete July voller Freude. «Ruby und Zoila teilen mich gewissermaßen untereinander auf. Bei unserem nächsten Wiedersehen habe ich bestimmt eine Menge dazugelernt, Lynn.»

«Das ist schön für dich, July», entgegnete ich. «Zoila kann dir sicher viel beibringen. Du kannst dich glücklich schätzen, und doch wirst du mir fehlen.»

Wir umarmten uns.

«July, du wirst deine Fähigkeiten bei den magischen Kräutern und heiligen Pflanzen in Guatemala und Yukatan unter Beweis stellen müssen», sagte Agnes. «Begegne diesen Kindern mit aller Bescheidenheit. Obwohl du hier im Norden geboren bist, bist du ein Mensch des Südens.»

Lachend transportierten wir das vorbereitete Essen und die Geschenke zum Wagen, verstauten alles und fuhren dann rüber zu Ruby. Als wir ihre Hütte betraten, traf mich fast der Schlag: Zoila hatte einen Hirsch erlegt und an der Ostwand der Hütte einen Altar errichtet. Zur Linken stand ein Tongefäß, aus dem dichter Salbeirauch emporstieg. Aus einem riesigen Kochtopf ragten die Geweihstangen eines Zehnenders mit samt Kopf heraus. Der Inhalt hatte anscheinend schon den ganzen Tag vor sich hin gekocht; nun stand der Topf für eine Danksagungszeremonie inmitten des Altares, von Kerzen umgeben. Als Geschenke für den Hirschgeist hingen bunte Bänder, Federn und handgeschriebene Gebetszettel von den Enden der Geweihstangen herab. Dicke Scheiben Hirschfleisch waren hübsch drapiert darunter ausgebreitet; die Innereien hatte man größtenteils im Topf geschmort.

Wir legten unsere Gaben ebenfalls auf den Altar. Agnes und ich bekamen von Ruby Hirschrasseln in die Hand gedrückt, während July eine Trommel zugeteilt wurde. Zoila und July trommelten, Agnes und ich schlugen dazu die Rasseln, und Ruby sang dem Hirschgeist ihr Lied. Ab und zu deckte sie den Topf mit dem frisch abgezogenen Hirschfell zu. Agnes gab mir ein Zeichen, und wir schmückten die Geweihstangen mit Federn und Kräutersträußen. Während wir noch mehr Zedernholz und Süßgras entzündeten, sangen wir unsere Gebete.

Nachdem wir dem Hirschgeist gehuldigt hatten, nahmen wir für das eigentliche Festmahl an dem gedeckten Tisch Platz. Ruby sprach den Segen. «Der Geist des Hirsches ist unser Geist. Er hat sich geopfert für unser Leben. Laßt uns nun diesen Abend zu Ehren des Hirsches und unserer Schwester Zoila feierlich begehen.»

Auf dieses Mahl hatten wir uns schon den ganzen Tag gefreut. Beim Kauen beobachtete ich die kupferfarbenen Gesichter der Indianerinnen. Das Zusammensein mit ihnen erfüllte mich mit Stolz. Wir aßen alle mit großem Appetit. Der Zedern- und Salbeirauch gab dem Kerzenschein einen grauen Schimmer. Nach dem Essen wickelte Zoila ihre Geschenke aus. Von mir bekam sie eine Flasche Parfüm und die bestickte Kranichfeder. Ich hatte den Eindruck, daß sie sich über beides freute. Überrascht stellte ich fest, daß

Agnes und Ruby den beiden Abreisenden je zwei Zwanzig-Dollar-Noten geschenkt hatten. Für sie war das viel Geld. Erwartungsvoll blickten sie mich an. Beschämt kramte ich schließlich zwei Fünfzig-Dollar-Noten hervor.

«Bei uns heißt das *Chandi*», sagte Agnes. «Es ist ein alter Brauch, den Reisenden etwas Geld mit auf den Weg zu geben.»

«Es bringt Glück», fügte Ruby hinzu. «Dieser Brauch ist von hohem praktischen Nutzen.»

Zum Nachtisch gab es Brombeerkuchen und Kräutertee aus Kürbisschalen. Bedächtig aßen wir den Kuchen und tranken den Tee. Je mehr sich die Feier ihrem Ende näherte, desto schweigsamer wurden wir. Schließlich räumten wir den Tisch ab. Als wir damit fertig waren, stapelte sich im Ausguß ein Riesenberg schmutzigen Geschirrs.

Ruby, die vor dem Abwasch stand, sagte: «Lynn, du bleibst heute nacht hier und hilfst July beim Zusammenpakken ihrer Sachen. Und dann muß auch noch das ganze Geschirr gespült und weggeräumt werden. Doch zuerst wollen wir Agnes nach Hause bringen, July.»

«Okay, ich laufe dann morgen früh zurück», sagte ich. Mit diesen Worten rollte ich mir die Ärmel hoch, kratzte die Essensreste von den Tellern mit dem rosa Blümchenmuster und beförderte die Abfälle in den Komposteimer. Danach widmete ich mich dem Abwasch. Restlos alles war schmutzig: Teller, Gläser, Töpfe, Pfannen und Besteck.

Im Gänsemarsch zogen die anderen von dannen. Ich blieb allein zurück. «Wir werden versuchen, rechtzeitig zurückzusein, um dir zu helfen, Lynn», sagte Ruby noch im Hinausgehen. Als July, Ruby und Zoila wiederkamen, war ich mit dem Abwaschen und Aufräumen fast fertig. Mein Fleiß schien Ruby nicht zu beeindrucken. Wortlos gingen wir alle zu Bett.

Oh, es sind nicht die Wälder,
in die ich dich locken möchte. Wenn sie uns jagen,
dann soll es in den Sternen sein.

Diane di Prima

17
Verschiebung der Welten

Am anderen Morgen hatte ich Schwierigkeiten mit dem Wachwerden. Meine geröteten Augen zeichneten jeden Wasserfleck und jedes Astloch an der Holzdecke nach. Ich hatte auf dem Fußboden gar nicht gut geschlafen. Immer wieder war ich aufgewacht und hatte auf das träge Brummen der grünköpfigen Fliegen vor den Fliegengittern in den Fenstern gelauscht. Plötzlich flog die Tür auf, und Ruby polterte herein. Mißbilligend quietschten die Türangeln, und dann regnete es Borkenstückchen und Holzsplitter, denn Ruby war mit einer Ladung Holz hereingestapft, die sie nun in die Kiste neben dem Kanonenofen fallen ließ.

«Guten Morgen, allerseits», sagte sie laut und vernehmlich mit einem ungeduldigen Unterton in der Stimme. «Wo bleibt mein Frühstück?»

Julys Augenlider klappten auf wie zwei Schnappmesser. Augenblicklich war sie aufgestanden und angezogen. Ich saß immer noch auf meinem geliehenen Schlafsack, damit beschäftigt, die Holzspäne abzubürsten, und versuchte richtig wach zu werden.

«Du bist mir eine schöne Kriegerin heute morgen, Lynn.» Im Handumdrehen schnappte Ruby sich den Schlafsack, rollte ihn zusammen und verstaute ihn unter ihrem Bett, noch bevor ich ihr behilflich sein konnte.

«Lynn, wie wäre es, wenn du uns allen einen Maisbrei

bereitest?» sagte Ruby. «Ist dir das genehm, oder möchtest du dich lieber gemütlich hinsetzen?»

«Nein danke, Ruby», erwiderte ich. «Es würde mir schon reichen, wenn ich mich kurz waschen kann.»

Sie gab mir einen freundschaftlichen Schubs. «In Ordnung, aber mach schnell.»

Als ich gerade mein Gesicht wusch, kam Zoila zur Tür herein. Liebevoll tätschelte sie mir den Rücken.

Beim Frühstück saßen wir noch mal wie eine Familie beisammen. Doch als ich dann meinen Maisbrei löffelte und am Salbeitee nippte, überkam mich eine große Traurigkeit. Ich wußte, bis zum Wiedersehen mit Zoila und July würde viel Zeit vergehen. Zoila hatte gesagt, wir würden uns bald in *el foral*, im Licht, wiedersehen. Mit Tränen in den Augen verabschiedeten wir uns. Ruby und ich winkten den beiden nach, bis July mit ihrem Pickup hinter einer Kurve verschwand.

Ich ging Ruby noch etwas zur Hand und machte mich dann auch auf den Weg, zurück zu Agnes' Hütte. Nachdem ich ein Stück gelaufen war, verließ ich den regulären Pfad und folgte einem schnellfließenden glasklaren Bächlein. Dann erklomm ich einen Felsvorsprung aus hartem Granit. Ich kniete nieder und sammelte herumliegende Feuersteinsplitter auf. Manche Stücke sahen aus, als wären sie von Menschenhand geformt worden. Diese sortierte ich aus und steckte sie in meine Hosentasche, wo ich bereits das Elfenbeinpferd aufbewahrte.

Die Tasche prall gefüllt, machte ich mich wieder auf den Weg, immer entlang am Bachlauf. Ich ging auf eine Gruppe alter sturmzerzauster Kiefern zu, die unweit vom Wegesrand standen. In zwei Bäume hatte der Blitz eingeschlagen, mitten in den Stamm, so daß der obere Teil gespalten war. Andere Stämme und trockene Äste stellten sich mir bedrohlich in den Weg. Das Wetter hatte seinen Tribut gefordert, indem es die einstmals kräftigen Äste zu seltsamen Formen hatte ausdörren lassen. Die Bäume boten einen gespenstischen Anblick. Sie wirkten auf mich wie geisterhafte Besucher aus einer anderen Dimension, die nun drohend über dem Weg schwebten. Ich blieb stehen. Die Bäume hatten etwas Fremdartiges und Trügerisches. Sie streckten ihre schaukelnden Zweige nach mir aus wie sich windende Schlangen.

Zehn Jahre war ich diesen Weg nun schon gegangen, und aus irgendeinem unerklärlichen Grund hatte ich diese Kiefern nie zuvor wahrgenommen. Vielleicht hatte sie der Blitzschlag erst kürzlich so bizarr verformt. Ich wollte nicht an dem Kiefernwäldchen vorbeigehen, deshalb machte ich einen großen Bogen und schlug mich durchs Unterholz. Unzählige Kletten hakten sich in meinen Strümpfen fest. Am Himmel ballten sich dunkle Wolken zusammen, und über mir sah ich drei riesige kohlschwarze Raben auf einer Zeder sitzen. Ein zuckender Blitz zerriß den grauviolett verfärbten Himmel, und der dumpf rollende Donner, der auf den Blitz folgte, ließ mich erschauern.

Der Weg kam mir zusehends merkwürdiger vor, doch ich schob es auf das nahende Unwetter. Die Schatten, das Licht, ja selbst die Büsche wirkten rauh und kahl vor dem ockerfarbenen Hintergrund der trockenen Graslandschaft. Der Wind drehte sich, die Luft wurde frisch und kühl. Ich lief offensichtlich geradewegs in einen Wolkenbruch hinein. Ich rannte los; die Kletten ärgerten mich, denn sie bohrten sich zielstrebig in meine Knöchel. Auf einem nackten Felsen machte ich kurz Rast und zupfte mir mühsam die spitzen Stacheln Stück für Stück aus der Haut. Als ich damit fertig war, prasselten mir schon die ersten dicken Regentropfen auf den Kopf.

Fluchend steckte ich die Hände unter den Pullover. Natürlich hatte ich vergessen, ein Regencape mitzunehmen. Ich rannte etwa hundert Schritte und blieb plötzlich wie angewurzelt stehen. Ich hatte mir doch den Himmel angeschaut, bevor ich von Ruby losgegangen war, und er war strahlend blau gewesen, nur hin und wieder hatten sich ein paar Federwölkchen gezeigt. Nichts hatte auf Regen hingedeutet, kein Lüftchen hatte sich geregt. Nach meiner Uhr war das vor etwa anderthalb Stunden gewesen. Doch dann merkte ich, daß meine Uhr, die immer auf die Sekunde genau ging, stehengeblieben war. Ein eisiger Regen schlug mit entgegen, wo die Regentropfen auf das trockene Grasland prasselten, stiegen kleine Staubwölkchen auf. Meine Haare wurden immer nasser und klebten am Kopf fest, und wieder rannte ich los. Innerhalb kürzester Zeit war ich klatschnaß und durchgefroren. Hinter einer Kurve stieß ich auf einen Steilhang auas rötlichbraunem Jaspisgestein. Die kantige Felsformation sah in dem stumpfen dunklen Licht ausgezackt und grotesk aus. Wieder hielt ich inne. Das Regenwasser bildete Rinnsale und tropfte mir von Nase und Kinn herab.

Dieser Weg kam mir höchst seltsam vor. Unter einem Felsvorsprung kauernd, schielte ich zu den Zacken empor. Ich konnte mich beim besten Willen nicht an eine solche Felsformation erinnern. Ich war völlig wirr im Kopf. Einen Augenblick lang glaubte ich, mich verirrt zu haben, und brach in Tränen aus. Wie hatte mir das passieren können? Was war bloß mit mir los, daß ich mich so verlaufen konnte? Ich kannte diese Gegend doch wie meine Westentasche. Um Kraft zu schöpfen, griff ich nach dem Pferd in meiner Hosentasche und erhob mich. Ein erdiger Geruch hing in der Luft; ich nahm einen tiefen Atemzug und setzte meinen Weg fort.

Hinter der nächsten Biegung stellte ich erleichtert fest, daß mir der Weg irgendwie vertraut war. Da fand ich Bäume und Hügel vor, die ich kannte, und als ich dann über den Baumspitzen Rauch aufsteigen sah, wußte ich, daß gleich Agnes' Hütte auftauchen würde.

Schnellen Schrittes lief ich den Weg hinunter; allmählich ließ der Regen nach. Im Nu hatte ich die Veranda erklommen und die Tür hinter mir geschlossen. Vor Nässe triefend und völlig erschöpft muß ich einen mitleiderregenden Anblick geboten haben. Ich schleuderte die Turnschuhe von mir und rief nach Agnes. Es kam keine Antwort. Wo mochte sie bloß stecken? Sie wußte doch, daß ich bald nach Zoilas und Julys Abreise zurückkommen wollte. Doch die Hütte war leer und wirkte dunkler als gewöhnlich. Ich stellte mich vor den Ofen, um mir die Hände zu wärmen, aber er gab keine Wärme ab. Als ich die Ofentür öffnete, sah ich, daß der Brennraum voller Glut war. Gerade wollte ich die Tür wieder schließen, da schlugen mir die Flammen entgegen. Ich legte die Hände wieder dicht über den Ofen, doch es blieb kalt.

«Das ist der helle Wahnsinn», dachte ich bei mir.

Da die Wasserpfütze um mich herum immer größer wurde, riß ich mir die Kleider vom Leib und wollte nach dem Handtuch neben dem Spülbecken greifen, doch statt dessen hing dort jetzt ein Jagdmesser.

«Wo hat Agnes bloß mein Handtuch gelassen?» sagte ich zu mir selbst.

Vielleicht gehörte das Messer ja Ruby. Ich hatte ihres schon seit längerem nicht mehr in der Hand gehalten.

«Es gab da doch mal ein Messer ...», murmelte ich vor mich hin.

Doch dann drehte ich mich um und wollte an die Zedernholzkommode gehen, in der meine Sachen lagen.

Dort, wo die Kommode gestanden hatte, sah ich jetzt einen Stuhl, auf dem eine zusammengefaltete Wolldecke lag. Agnes hatte anscheinend alles umgeräumt, aber die Kommode konnte ich nirgends entdecken. Schließlich nahm ich die wollene Decke und wickelte mich hinein. An den Rändern war jeweils ein roter, gelber und schwarzer Streifen eingewebt. Die Wolldecke kratzte auf der Haut, aber immerhin war sie trocken.

Ich ging hinüber zu meinem gewohnten Stuhl und setzte mich. Ein leichter Taumel befiel mich, als ich feststellte, daß die Stühle und der hölzerne Tisch nicht dieselben waren und daß sie jetzt auf der anderen Seite des Ofens standen. Demnach hatte Agnes tatsächlich alles umgeräumt. Ich fragte mich, wo sie wohl meine Kleidung verstaut hatte. Allmählich machte ich mir jedoch Sorgen und hoffte inständig, Agnes würde bald zurückkommen und mir dies alles erklären. Selbst Holzwände, Fenster und Mobiliar kamen mir fremd vor. Ich ging auf einen anderen Stuhl zu und setzte mich vorsichtig hin. Was war auf einmal mit mir los? Mein Herzschlag setzte für eine Sekunde aus; ich zog die Decke fester um mich. Ich fühlte mich unwohl, und mir wurde bewußt, daß ich die ganze Zeit über einen schrecklichen Druck im Nacken hatte.

«Wenn du jetzt einen Tee trinkst, Lynn, geht es dir bestimmt gleich besser», sagte ich mir. «Er regt das Denken an.» Ich ging also zum Küchenschrank, schnappte mir eine Tasse und drehte den Campingkocher an.

Im selben Moment, als ich die Tasse am Henkel faßte, spürte ich etwas Haariges an meinen Fingern, das sich anfühlte wie eine weiche Bürste. Dieses Etwas wurde plötzlich lebendig.

Ich sprang zurück, polterte gegen den Tisch und stieß einen markerschütternden Schrei aus. In meiner Hand sah ich das Gesicht von Red Dog, während meine Finger sich in seinem roten Bart vergruben. Das Gesicht löste sich nicht auf, statt dessen materialisierte sich Red Dog zu voller Lebengröße und stand mir nun direkt gegenüber. Sein riesiger, muskulöser Körper war wie eine Schlange aus dem Küchenschrank geglitten. In dem Moment wußte ich, daß dies nicht Agnes' Hütte war, sondern die von Red Dog.

Ich schrie noch einmal, aber der Schrei erstickte mir in der Kehle, und Red Dog antwortete mit lautem, heiserem Gelächter. Seine Augen durchbohrten mich wie spitze Pfeile. Hals über Kopf stürzte ich zur Tür. In meinem Kopf und Nacken tat es einen Schlag; ich hatte das Gefühl, als sei irgend etwas wieder eingerastet. Red Dogs Gelächter hämmerte mir bis in den Kopf hinein. Ich riß an dem Türriegel; natürlich war die Tür verschlossen.

Red Dog packte mich am Arm und schleuderte mich an die gegenüberliegende Wand. Im Fallen riß ich einen Stuhl und mehrere Kisten um. Mit meiner Decke saß ich nun zusammengekauert an der Wand und beobachtete in einer Mischung aus Grauen und panischer Angst das Gesicht von Red Dog. Seine Augen leuchteten wie rote Stecknadelköpfe, und sein weitgeöffneter Mund wirkte wie ein riesiges Fischmaul, das im nächsten Moment einen zappelnden Wurm von der Angel reißt. Er starrte mich von oben bis unten an, doch seine Blicke waren nicht lüstern. Er wollte mehr. Er wollte meine Eingeweide, meine nährende Kraft. Er wollte mich meiner Lebenskraft berauben, mich als toten Gegenstand zurücklassen. Meine Haut wäre dann nichts weiter als eine leblose Hülle, ähnlich dem Hirschfell in Rubys Hütte. Mit einem Male zeigte sich auf seinem düsteren Gesicht ein schwaches Lächeln. In dem spärlichen Licht, das durch das Fenster hereinfiel, sah ich seine unregelmäßigen Zähne raubtierhaft und gelb hervorblinken. Ich war wie gelähmt und saß einfach nur da, ein zitterndes Häufchen Elend.

Er zog sich einen Stuhl heran, setzte sich und legte die Füße auf den Tisch. Mit den Zähnen öffnete er seinen Bull-Durham-Tabak, bröselte die entsprechende Menge Tabak auf ein Blättchen und drehte sich gemächlich eine Zigarette.

«Es ist mir ein Rätsel, wie du so jämmerlich und naiv sein kannst, und trotzdem...» Er nahm einen tiefen Zug von seiner Zigarette und blies Ringe in die Luft. «Auf deine seltsame Art bist du mächtig. Es muß wohl daran liegen daß du eine kultivierte Weiße bist. Es bedarf schon einer Macht wie deiner, um sich so täuschen zu lassen. Du schadest dir nur mit deiner Klugheit. Du findest aus dem Irrgarten nicht wieder heraus. Wenn du dich mir anschließt, siehst du wahre Schönheit und erfährst wahre Macht. Mit Macht meine ich die Macht von einer Million Sonnen. Diese alten Weiber dort drüben können doch nicht mal ihren Hintern von Erdlöchern unterscheiden. Sicher kennen diese Hexen ein paar Tricks, aber Tricks sind eben nicht alles. Ich verfüge über eine ganz andere Macht.»

«Was ist mit mir passiert?» fragte ich. «Ist dies wirklich deine Hütte?»

Er knurrte verächtlich. «Was denn sonst, du Idiotin!»

«Du hast mich an der Nase herumgeführt, Red Dog. Es ist dir gelungen, mich völlig zu verwirren, so daß ich mich verlaufen mußte. Bravo, du hast deine Macht vortrefflich genutzt. Welch unvorstellbare Schönheit hast du mir damit offenbart.» Die Angst war von mir gewichen, und tief aus meinem Innersten stieg eine kalte, berechnende Wut empor. Ich verachtete diesen Mann und fürchtete ihn zugleich. Doch er hatte mir etwas angetan, das ich so schnell nicht vergessen würde. Mich interessierte, wie er es gemacht hatte. Es ist wahrlich eine Meisterleistung, einen Wolf oder jemanden wie mich mit Wolfsmedizin so zu täuschen, daß er sich verirrt. Meine Neugierde war fast schon stärker als meine Angst.

«Du willst sicher wissen, wie ich es gemacht habe?»

«Ja», entgegnete ich, «ich hatte den Eindruck, du hättest die Welt, wie wir sie kennen, verschoben oder in eine andere Realität versetzt, sozusagen umgepolt.»

«Nein, ich habe dich umgepolt, kleine Meisterin der Verwandlung.»

«Woher ...» Gerade wollte ich ihn fragen, woher er von meiner Unterweisung als Verwandlungsmeisterin wußte, doch dann ließ ich es.

«Du Dummkopf, ich kann doch deine Gedanken lesen. Wenn ich will, weiß ich jederzeit, was du tust. Besäßest du irgendeine Macht, die mir nützlich wäre, würde ich sie dir sofort entreißen. Aber du besitzt keine Macht. Du verstehst nichts von wahrer Schönheit. Du glaubst vielmehr, daß diese verrückten heruntergekommenen alten Indianerinnen die Antwort zu wissen.»

Er schien völlig übergeschnappt zu sein; ich traute mich nicht, den Mund aufzumachen. Da erhob er sich von seinem Stuhl, beugte sich zu mir herüber und machte: «Buh!»

Als ich ängstlich zurückwich, wandte er sich ab. Er nahm ein braunes Apothekerglas aus dem Regal und rieb sich die geröteten, ausgetrockneten Hände mit einem glänzenden Öl ein. Dann stellte er das Glas zurück ins Regal und wischte sich die Hände an seinen Jeans ab. Er setzte sich wieder und sah mich mißbilligend an. «Es war ganz einfach für mich», sagte er. «Ich habe dich veranlaßt, hierherzukommen. Hab' mich mit den Feuersteinen, die du aufgelesen hast, einfach in dein kleines Hirn eingeschlichen. Wärst du schlau gewesen, dann hättest du bemerkt, daß diese Gesteinsplitter nicht irdischen Ursprungs sind. Sie lockten dich mit der Kraft des Universums. Sieh sie dir genau an, und du wirst feststellen, daß sie nicht von einem Feuerstein, sondern von einem Meteoriten stammen. Die Meteoriten sind meine Verbündeten. Diese winzigen Sternensplitter arbeiten für mich.»

«Wie denn?»

«Wie? Sie führten dich zu ihrem Besitzer zurück, zu mir!» Voller Stolz schlug er sich auf die Brust. «Außerdem spielten sie deinen Augen einen Streich, denn du sahst nur das, was ich dich sehen lassen wollte. Du wurdest zeitlich zurückversetzt. Vor vielen Jahren gehörte diese Hütte Agnes. Instinktiv erkanntest du Agnes' Geruch von früher wieder. Bis zu dem Zeitpunkt, wo du mich sahst, warst du in Gedanken in der Vergangenheit und spieltest mit den Feuersteinen bzw. mit dem, was du für Feuersteine hieltest. Außerdem spürtest du einen Druck in Kopf und Nacken, der dich völlig veränderte. Ich lenkte die innere Strömung um, so daß alte Bereiche zerstört wurden und gleichzeitig neue entstanden.»

Bei seinen Worten befiel mich die kalte, nackte Angst. Ich verstand seine Worte nicht, aber ich wußte, daß sie nichts Gutes verhießen. Meine Befürchtungen wuchsen von Minute zu Minute.

«Eines Tages wirst du Macht verstehen, war reine Macht ist. Ich bin der Beste. Ab und zu verschätze ich mich, so wie damals in Yukatan. Nach der Geschichte mit Jaguarfrau zog ich weiter südlich, nach Peru. Dort traf ich einen mir nahestehenden Zauberer wieder, der mich in ein paar alte Geheimnisse der Macht einweihte. Es ging dabei um das Versetzen von Steinen, von Menschen, um Möglichkeiten, den Aufbau der Erde zu verändern, ausgehend vom Kern, dem Magma. Wirklich, Lynn, ich kann die Erde zur Erschütterung bringen, kann sie beben und erzittern lassen.

Doch dafür muß ich mich mit anderen Zauberern zusammentun. Am liebsten wäre ich natürlich auf mich allein gestellt, doch die Schlange muß sich in den Schwanz beißen, damit diese sich potenzierende Energie freigesetzt wird. Wir Zauberer wollten dich schon in Kalifornien vernichten, aber leider konnten wir nur ein leichtes Beben hervorrufen. Deine Schwestern haben sich uns in den Weg gestellt. Ärgerlicherweise hat die sogenannte Schwesternschaft die von uns angestrengte Zerstörung verhindert. Doch letztendlich werden wir siegen, denn dein Frauenkreis kann auf Dauer nicht bestehen. Wie alle schwächlichen Frauen hast du ein starkes Ego. Über kurz oder lang wirst du zerbrechen und mit deinem Unfug aufhören.»

Völlig entgeistert hörte ich seinen Erklärungen zu. Ego, daß ich nicht lache! Dieser Mann hatte ein ganz falsches Bild von der Schwesternschaft der Schilde.

«Red Dog», sagte ich, «willst du mir weismachen, daß du deine Macht dazu benutzt, um Naturkatastrophen wie Erdbeben hervorzurufen?»

«Richtig, und es gibt Regierungen, die uns viel Geld dafür zahlen.»

«Ich glaube dir kein Wort.»

«Natürlich nicht», sagte er lachend. «Du bist dumm, und deshalb erzähle ich es dir. He, ich laß dich doch immer wieder laufen, oder etwa nicht? Deine Hilflosigkeit verblüfft mich immer wieder. Letztendlich werde ich dich zerstören. Doch damit lasse ich mir Zeit, und außerdem werde ich es auf meine Art tun. Vorher möchte ich noch etwas Spaß haben. Ihr Weißmagier seid doch alle gleich. Ihr glaubt, die Menschen dieser Welt mit Liebe kurieren zu können. Alles Quatsch. Dazu ist wesentlich mehr nötig. Zuerst muß man sich ein paar Millionen winselnder Bastarde vom Halse schaffen. Und wie es aussieht, wird eure heißgeliebte Mutter Erde das ganz allein vollbringen.» Er lachte wieder los und hörte nicht eher auf, bis ihm die Tränen kamen.

Red Dog war noch viel teuflischer, als ich es mir je ausgemalt hatte. Er war offenbar wirklich verrückt. Ich empfand eine solche Abscheu vor diesem Mann, daß es mir fast den Atem verschlug. Und ich fragte mich dennoch, ob er womöglich die Wahrheit sagte.

«Welche Regierungen?» fragte ich mit kaum hörbarer Stimme.

«Aber nicht doch.» Er sprang auf. «Du weißt doch, daß ich durch dich hindurchsehen kann. Ich weiß sogar, was du zum Frühstück gegessen hast.» Er hob meine Kleidung auf und warf sie mir zu.

«Wie schlecht du über mich denkst», sagte er. «Ich habe natürlich bloß Spaß gemacht. Wie immer reagierst du hysterisch und nimmst an, daß ich dir wehtun will. Ich würde niemanden töten, nicht einmal dich. Das wäre doch viel zu einfach. Abgesehen davon, was für einen Spaß könnte ich mir dann noch machen?»

Unter der Decke zog ich meine nassen Sachen an.

«Gib mir meine Decke und die Feuersteine zurück», befahl er. «Es sei denn, du willst morgen zum Tee wiederkommen.»

Ich kramte in meinen Taschen nach den Steinen und legte sie ihm auf den Tisch, ständig darauf bedacht, das Elfenbeinpferd vor ihm zu verbergen. Krampfhaft versuchte ich, nicht einmal daran zu denken, damit er erst gar nicht auf die Idee kam, danach bei mir zu suchen, denn ich befürchtete, er würde die Pferdefigur dazu benutzen, um zu Twin Dreamers zu gelangen.

«Ich bin mit dir fertig, du kannst jetzt verschwinden», sagte er schließlich.

Ich faltete die Decke zusammen und legte sie auf den Stuhl zurück, auf dem ich sie vorgefunden hatte.

Red Dog öffnete mir die Tür. «Hau ab, Lady.»

Das brauchte er mir nicht zweimal sagen. Wie von Furien gehetzt, rannte ich los in die Richtung von Agnes' Hütte.

Da ich der dunklen Flammen bedarf,
um dorthin zu gelangen,
laß sie nun sichtbar werden.

Sheila Ross

18
Der Feuergeist

Kaum war ich zurück in der Hütte, hatte Agnes mich mit einer streng riechenden Salbe eingerieben, in heiße Tücher gewickelt und gleich darauf ins Bett gesteckt. Sie hatte sich geweigert, mit mir über meine Erlebnisse zu reden. Ich schlief volle zwölf Stunden. Als ich wieder aufwachte, zog ich mich warm an, und Agnes setzte mir einen Kräutertee vor, der sich von den sonstigen Mischungen deutlich unterschied. Dieser Aufguß schmeckte bitter, hatte aber eine sehr belebende Wirkung.

«Willst du jetzt mit mir über Red Dog reden?» fragte ich.

«Nein, denn Red Dog ist ein böser und dummer Mensch. Ich wußte, wo du stecktest. Ich wußte auch, daß er dir kein Haar krümmen würde. Du solltest seine Bösartigkeit einmal unverhüllt sehen. Eines Tages wird er sich in seinem selbstgesponnenen Netz verstricken.»

Ich stellte Agnes noch weitere Fragen, doch sie wehrte ab. «Es ist reine Zeitverschwendung.» Schließlich verbot sie mir sogar, weiter über Red Dog zu sprechen.

Am späten Abend besuchte uns Ruby, die so widerborstig wie immer war. «Auf dem Weg hierhin ist mit ein aufrecht gehender schwarzer Hund begegnet. Keine Ahnung, wer das war. Bei solch einem Anblick weiß ich aber sofort, daß ein schwarzer Magier herumschleicht. Und er riecht garantiert einen Leckerbissen.»

Dann hielt sie mir einen langen Vortrag darüber, daß July sie böswillig verlassen habe. «Was hältst du von jemandem, der eine alte Blinde einfach im Stich läßt? Ich finde das ziemlich mies.»

«Aber Ruby, du hast sie doch weggeschickt.»

«Stimmt gar nicht. Ich wollte damit nur ihre Treue auf die Probe stellen. Und jetzt hat sie mich verlassen.»

«Ruby, das ist doch nicht wahr», erwiderte ich. «July und ich würden alles für dich tun.»

«Ist das dein Ernst?» fragte sie. «Nun, da du es gerade erwähnst, es gibt ein paar Dinge, die dringend erledigt werden müssen.» Sie leierte eine lange Liste mit Arbeiten herunter, die mich für die nächsten Jahre beschäftigen würden. «Und wenn meine Hütte erst einmal einen Stromanschluß hat, dann will ich einen Fernseher, einen Mikrowellenherd und einen Stereoplattenspieler, um Musik hören zu können, während ich mit meinen Freundinnen telefoniere.»

Widerwillig stimmte ich all ihren Forderungen zu und kroch dann ins Bett.

Ein lautes Poltern riß uns am anderen Morgen aus dem Schlaf. Irgend jemand klopfte gegen die Tür. Ruby war über Nacht bei uns geblieben. Die ersten Sonnenstrahlen fielen zum Fenster herein. Ich richtete mich in meinem Schlafsack auf und sah den milchig-blauen Himmel; auf den herunterhängenden Zweigen lag ein zarter Nebelschleier. Agnes hatte sich schnell einen Rock, einen Pullover und eine Jacke übergezogen und öffnete nun die Tür.

«Hallo, David Carson, da bist du ja endlich», sagte sie. Ich sah die beiden zusammen flüstern. Während er im Eingang stehenblieb, ging Agnes zu einem Stuhl, um sich ihre Mokassins anzuziehen. Dann verschwanden die beiden auf der Veranda.

Ruby stand nun auch auf. Sie brummte irgend etwas vor sich hin, das ich nicht verstand.

«Was hast du gesagt, Ruby?»

«Ich sagte, dieser verdammte David Carson. Als er das letzte Mal hier oben im Norden war, ließ er sich bei mir in der Hütte häuslich nieder. Er lud sich zum Frühstück, zum Mittag- und Abendessen ein und aß alles auf, was ihm in den Weg kam. Mit den Getränken war es ebenso. Der glaubt doch tatsächlich, daß er stören kann, wenn es ihm paßt. Das sieht ihm mal wieder ähnlich. Dabei lag ich gerade im Tiefschlaf.»

«Er hat eine lange Reise hinter sich», versuchte ich einzulenken. Ich war selbst auch müde und verärgert. «Kommt er nicht aus Oklahoma?»

«Ja, so sagt man, aber ich glaube, es ist gelogen. Wer so unverschämt ist, mitten in einen guten Traum hereinzuplatzen, kann unmöglich aus einer so schönen Gegend wie Oklahoma kommen. Ein guter Traum ist mehr wert als jeder Mensch. Und außerdem hätte er ja anrufen können.»

Ich konnte mir ein Lachen nicht verkneifen. Weit und breit gab es kein einziges Telefon. Ruby polterte in der Hütte herum und zog sich an. Ich folgte ihrem Beispiel. Dann stellte ich Teewasser auf. Agnes und Carson kamen zur Tür herein, und die frische Morgenluft flutete ins Zimmer.

«Habt ihr was zu essen da?» fragte Carson. «Ich bin hungrig wie ein Wolf.»

Agnes trug mir auf, das Frühstück zu machen.

Kurz darauf saßen wir alle um den Tisch versammelt und ließen es uns schmecken.

«Ich wäre schon viel früher hier gewesen, Ruby», sagte Carson. «Ich wußte doch, wie sehr du mich vermißt, aber ich hatte Ärger mit meinem Wagen.»

«Was gab's denn für Probleme?» fragte ich.

«Die verdammte Kiste ist an jeder Kneipe zwischen Oklahoma und hier stehengeblieben», sagte er, lehnte sich zurück und kippte mit seinem Stuhl nach hinten gegen die Bretterwand.

Dann gab ich zum besten, was Ben mir in Santa Barbara über seine Erlebnisse als Lehrling bei ihm erzählt hatte.

«Ich lehre die Macht auf die altmodische Art und Weise», sagte Carson. «Du mußt sie dir verdienen.»

Wir mußten alle lachen. Ruby meinte daraufhin: «Nun?»

«Okay, Ruby.» Carson nickte.

Er ging kurz hinaus an seinen Wagen. Nachdem er sich wieder gesetzt hatte, legte er drei Lederbeutel auf die Tischplatte.

«Ruby, ich habe dir das Gewünschte mitgebracht», sagte er feierlich.

Als ich mir David Carson so betrachtete, stellte ich eine verblüffende Ähnlichkeit mit Red Dog fest. Er war zwar kleiner und hatte auch nicht dieses Böse an sich, doch ansonsten waren seine roten Haare genauso gekämmt und sein Bart ebenso zottig. Er hätte Red Dogs Bruder sein können, doch in seinen Augen lag ein besonderes Leuchten. Aus diesen stechenden Raubtieraugen sprach die Weisheit des Adlers. Vorsichtig öffnete er einen Beutel nach dem anderen. Jeder Beutel enthielt einen säulenförmigen Kristall, funkelnd wie ein Diamant. Nie zuvor hatte ich so leuchtende Kristalle gesehen. Die zehn Zentimeter langen Stäbe waren an beiden Enden facettiert. Inmitten der Kristalle prangte ein gleichschenkliges Dreieck bzw. eine Pyramide, in der eine orangefarbene Flamme eingeschlossen war.

Agnes und Ruby hielten nacheinander die Kristalle ins Licht.

«Sieh mal, Lynn», sagte Agnes. «Wenn du die Kristalle

richtig hältst, kannst du das heilige Feuer in der Pyramide brennen sehen.» Sie reichte mir den Kristall, den sie soeben begutachtet hatte. Vorsichtig drehte ich ihn zwischen den Fingern und ließ die Sonnenstrahlen, die zum Fenster hereinfielen, auf ihm tanzen. Ich sah den Schatten einer Pyramide und darin verborgen eine scharlachrote Feder. Ich hielt den Atem an. Welch ein herrlicher Anblick. Als ich den Kristall in meiner Hand drehte, wurde die Feder zu einer lodernden Flamme. Ich fragte mich, warum man diesem Mann so außergewöhnliche Kristalle anvertraut hatte.

«Du hast die richtigen Kristalle von den Großmüttern mitgebracht», sagte Agnes. «Du bist ein getreuer Bote. Wenn du nicht gekommen wärst, hätten wir die Kristalle nicht mehr rechtzeitig erhalten.»

«Es war auch an der Zeit, mal etwas Positives zu leisten, Carson» sagte Ruby.

«Habt ihr noch mehr zu essen?» fragte Carson, der seinen Teller bereits zum zweiten Mal geleert hatte.

«Nein», erwiderte Ruby.

«Wegen dieser Kristalle bin ich tagelang nicht zum Schlafen gekommen», sagte er. «Habt ihr nicht ein Plätzchen, wo ich mich hinlegen kann?»

«Du kannst dich in einem Motel einmieten, wenn du nach Winnipeg kommst», antwortete Ruby.

«Wozu benutzt ihr diese Kristalle?» fragte ich.

«Diese Kristalle sind wie Sternschnuppen», erwiderte Agnes. «Sie heißen Wanderkristalle.»

«Die haben mich wahrlich auf Trab gehalten», meinte Carson.

Noch immer inspizierte Agnes die Kristalle; zärtlich strich sie über jedes einzelne Exemplar. An Ruby gewandt, fragte sie: «Ist das dein Kristall?»

Sie reichte ihn Ruby, die ihn in ihrer braunen schwieligen Hand wiegte und die Augen schloß.

«Nein, das ist er nicht», sagte sie bestimmt.

Ruby legte ihn zurück auf den Tisch und griff nach dem nächsten. Wieder schloß sie die Augen, und es dauerte nicht lange, da sagte sie: «Jetzt hab' ich ihn. Es ist der alte Kristall, und das schon seit ewigen Zeiten.»

Carson zündete sich eine Zigarette an. Ich hatte den Eindruck, er würde mir den Rauch direkt ins Gesicht blasen. Da ich ihm nicht zu nahe treten wollte, blieb ich stumm. Mit seinen zotteligen roten Haaren und den stechenden blauen Augen sah er aus wie gerade einem Abenteuerbuch entsprungen. Agnes und Ruby waren immer noch mit den Kristallen beschäftigt, die sie wie alte Vertraute liebkosten.

Ich mußte plötzlich furchtbar husten, worauf Carson sich entschuldigte und seine Zigarette ausdrückte.

Agnes reicht mir den größten der drei Kristalle. «Das müßte Lynns sein.»

Mit geschlossenen Augen hielt ich ihn eine ganze Weile fest in meiner linken Hand. Er fühlte sich kühl und glatt und angenehm an. Zustimmend nickte ich und schlug die Augen wieder auf. Ich strahlte über das ganze Gesicht.

Plötzlich erhob sich Carson. «Ladies, ich mach' mich wieder auf den Weg nach Süden. Wer erstattet mir die Reisekosten in Höhe von 280 Dollar?»

Agnes und Ruby sahen mich an. Also bezahlte ich ihn mit drei Hundert-Dollar-Scheinen aus meiner Reisetasche. Da er kein Wechselgeld herausgeben konnte, behielt er auch die restlichen zwanzig Dollar ein. Doch in Anbetracht der drei schönen Kristalle hatte ich das Geld gern gegeben.

Wir bedankten uns alle bei Carson und begleiteten ihn hinaus auf die Veranda. Agnes und Ruby umarmten ihn zum Abschied, und ich glaube, selbst Ruby war traurig, daß er abfuhr. Auf dem Weg zu seinem Wagen blickte er sich noch einmal um. Er hatte mich mit seinen kadmiumblauen Augen ins Visier genommen. «Lynn, hab keine Angst, dem Kristall zu folgen», rief er mir zu. Noch bevor ich etwas erwidern konnte, hatte er sich schon wieder umgedreht und war bald darauf hinter der Biegung verschwunden.

Einen Augenblick stand ich regungslos da, dann sagte ich: «Was hat er damit gemeint?»

«Ach, das war nur eine von Carsons geheimnisvollen Äußerungen. Er spricht dauernd in Rätseln», antwortete Agnes. Sie wandte sich ab und ging zurück in die Hütte. Ruby folgte ihr auf dem Fuße.

Als ich zu ihnen trat, tat Ruby etwas Unerwartetes. Sie legte den Arm um mich und sah mich liebevoll an. «Wir alle verdanken unser Leben auf Erden dem Großen Geist. Der Große Geist war es auch, der uns eine innere Flamme schenkte. Ich will damit sagen, daß wir alle eine Mitte haben. Du kannst ohne diese Mitte nicht leben. Doch nur wenige Schamanen und einige Auserwählte sind sich über deren Existenz bewußt. Hältst du deinen Kristall auf eine bestimmte Weise ins Licht, kannst du das Feuer brennen sehen. Das ist die Position, die du im Leben innehast. Doch bevor du die Flamme überhaupt sehen, geschweige denn spüren kannst, mußt du in dich hineingehen, eine Reise in dein Inneres unternehmen und einen bestimmten Platz einnehmen. Deine innere Flamme wurde bei deiner Geburt entzündet und stellt die Verbindung zwischen dir und dem Großen Geist dar. Willst du diese innere Flamme spüren, mußt du zuerst deinen Platz in den Sternen verstehen, denn das Universum mit all seinen Rätseln und all seiner Schönheit, das ist deine Flamme.»

«Ich verstehe kein Wort», sagte ich.

«Komm, laß uns einen Spaziergang machen», erwiderte Ruby.

Und schon gingen wir Arm in Arm den Weg entlang. Nach einer Weile bückte sich Ruby. Sie roch an einer gelben Wildblume und bedeutete mir, es ihr gleichzutun. Also hockte ich mich auch an den Wegesrand und umfaßte mit beiden Händen eine Blüte.

«Du bist wie diese hübsche Blume, die nichts weiß von ihren Wurzeln und dem Ursprung ihres Lebens», sagte Ruby. «Du kannst jedoch deinen Ursprung kennenlernen. Die Flamme in deinem Innern kann wachsen, und du kannst lernen, sie zu hegen und zu pflegen.»

«Wie denn?» fragte ich.

Ruby tätschelte mir liebevoll den Rücken. «Indem du dir deines Todes bewußt wirst. Wenn du deine innere Flamme nicht siehst, kannst du auch deinen Tod nicht sehen. Das Wissen um deinen Tod ist ein Geschenk des Großen Geistes an uns alle. Diese Blume hingegen wird nie wissen, was du weißt.»

Auf dem Rückweg zur Hütte hatte ich einen wunderschönen Blick auf die mit Wildblumen übersäte Wiese. Es war ein einziges Blütenmeer bis hin zum Fuße des dunklen Hangs. Und überall summten geschäftige Bienen von einer Blume zur anderen. Ruby hatte noch immer den Arm um mich gelegt.

Als wir die Hütte betraten, war Agnes gerade mit dem Abwaschen der Frühstücksteller beschäftigt. Sie hatte bereits die Betten gemacht und auch mein Bettzeug weggeräumt. Alles war tipptopp in Ordnung. Am Tisch sitzend, dachte ich darüber nach, was Ruby über die Bedeutung der Mitte und der inneren Flamme gesagt hatte. Das Sonnenlicht wurde durch die Pappelblätter gebrochen und warf flimmernde Lichtflecken in den Raum. Geistesabwesend griff ich nach einem der Kristalle und hielt ihn in ein günstiges Licht. Gebannt starrte ich auf die winzige Flamme inmitten der Pyramide. Im Schimmer des Sonnenlichts sah ich die Flamme im Kristall aufleuchten.

Da kam Ruby auf mich zu und riß mir den Kristall aus der Hand. «Weck ihn nicht auf. Er muß jetzt ruhen», sagte sie tadelnd und verstaute den Kristall im dafür vorgesehenen Beutel. Verwirrt und in meinen Gedanken jäh gestört, sah ich sie vorwurfsvoll an.

«Ruby, du hättest mich wenigstens fragen können», sagte ich. «Ich hätte ihn dir doch gegeben. Du mußtest ihn mir ja nicht gleich aus der Hand reißen.»

Agnes und Ruby, die neben mir am Tisch saßen, blickten sich an und fingen an zu lachen. Agnes legte nun auch die beiden anderen Kristalle in die jeweiligen Beutel zurück. Sie hatte auf ihrem Schoß einen großen Ledersack liegen und entnahm daraus mit einem Schöpflöffel aus Kürbisschale Maismehl, das sie in die Mitte des Tisches schüttete, bis sich dort ein ansehnlicher Mehlhaufen gebildet hatte. Diesen glättete sie dann mit den Handflächen, und Ruby bedeckte das Ganze mit einem roten Seidenschal. Feierlich und mit Bedacht legte Agnes die drei Beutel mit den Kristallen auf den Schal. Dann wandten sie sich zu mir. Während Ruby meine linke Hand ergriff, nahm Agnes meine rechte.

«Was geht hier vor?» fragte ich. «Ihr seid auf einmal so merkwürdig.»

«Das liegt an den Kristallen», erwiderte Agnes. «Sie erzeugen stets eine ungewöhnliche Art von Energie.»

«Offensichtlich sind diese Kristalle von großer Bedeutung. Erzählt mir mehr darüber.»

«Wie bereits gesagt, sind es Wanderkristalle. Seit alters sind diese drei Kristalle in der Schwesternschaft der Schilde weitergereicht worden. Sie sind nicht irdischen Ursprungs, sondern ein Geschenk von den Sternen. Sie sind verwandt mit den Konstellationen in deinem Innern. Jener Ort des Vergessens und des Erinnerns, wo deine innere Flamme lebt, das ist ihre Schwester, und sie sehnen sich danach, wieder mit ihr zusammenzukommen.»

«Ist es das, was die Maya den Thron des Jaguars nennen?» fragte ich.

«Ja, und wir Medizinfrauen bezeichen es als das innere Feuer. Die Zauberer nennen es Scheideweg. Es ist alles dasselbe», klärte Agnes mich auf. «Du mußt von deiner Mitte verzehrt werden. Du mußt die Zügel des heiligen Pferdes – des geistigen Feuers – ergreifen und den Ausgleich zwischen den positiven und negativen Kräften herbeiführen. Als eine Kriegerin, als eine Frau der Macht, mußt du das innere Feuer wie ein Pferd besteigen und es mit dem unendlichen Universum vereinen.» Agnes drückte mir die Hand.

«Agnes, wie soll ich denn eine Flamme besteigen?» fragte ich zweifelnd. Ihre übergroße Freundlichkeit bereitete mir Unbehagen.

Bei dieser Frage drückten mir Ruby und Agnes beide zärtlich die Hand. Agnes dachte lange nach, während Ruby einfach nur den Kopf schüttelte. Draußen rauschte der Wind durch die Baumwipfel, und urplötzlich flog die Tür auf. Ruby ließ meine Hand los, um die Tür zu schließen. Dann setzte sie sich wieder zu uns.

«Lynn», sagte Ruby und griff erneut nach meiner Hand, «wir haben nicht die Worte, um dir zu erklären, was wahrhaft heilig ist. Es gibt keine Bilder, die zeigen könnten, wie wir dem großen Geheimnis seine magische Kraft entlocken. Wir können dich nur lieben, und in dieser Liebe und unendlichen Fürsorge können wir nur hoffen, daß deine durch uns gesteigerte Macht dich befähigen wird, das zu erfahren, was Worte niemals ausdrücken könnten.»

In den Lichtstrahlen, die zum Fenster hereinfielen, hatten die Gesichter von Agnes und Ruby die Farbe von poliertem Kupfer. Die beiden alten Indianerinnen blickten mich durchdringend an. Es verblüffte mich immer wieder, wie machtvoll diese zwei Medizinfrauen tatsächlich waren. Ihre Haltung mir gegenüber hatte sich deutlich gewandelt, so als hätten sie mich irgendwie emporgehoben auf eine höhere Stufe.

«Ich fühle mich so komisch», sagte ich nach einer langen Pause.

«Komisch?» fragte Ruby zwinkernd. «Hier, Lynn, bricht dein wahres literarisches Talent durch. Versprich mir, daß du das in dein nächstes Buch aufnimmst.» Sie stampfte mit dem Fuß auf, kicherte und zwickte mich in den Oberarm.

Agnes, gar nicht faul, setzte die Sticheleien fort. «Weißt du was, Ruby, sie schreibt, weil sie nicht gut reden kann. Als ich sie damals kennenlernte, verstand ich kein Wort von dem, was sie sagte.»

«Dann ging es dir besser als mir», entgegnete Ruby. «Ich habe sie noch nie richtig verstanden. Sie spricht mit dem schlimmsten Akzent, den ich kenne. Ich würde ja zu gern wissen, ob sie das gleiche von uns denkt.»

Die beiden amüsierten sich köstlich über mich. Als das Kichern verebbte, trat eine lange Stille ein, nur der Wind raschelte in den Bäumen. Aus unerklärlichem Grund war ich dem Weinen nahe.

Dann ergriff Agnes wieder das Wort. «In der Nacht, als in der Höhle der Mutter Weisheit die Zeremonie stattfand, da hast du die Hauptfigur richtig erkannt. Du warst dir zwar nicht ganz sicher, aber irgendwie hast du es gewußt. In jener Nacht hat die Schwesternschaft deine Lichter gedeutet. Du bist bereit gewesen und hast dich geöffnet. Vor vielen Jahren habe ich dir einmal gesagt, daß du dich nach der Macht gesehnt hast. Jetzt hat die Macht dich zur Braut erkoren. Heute nacht werden wir die heilige Trauung vollziehen, und du wirst eins werden mit dieser Macht, die dich so lange umworben hat.»

Ihre Worte wirkten auf mich berauschend und beängstigend. Ich atmete tief durch, um wieder ruhig zu werden.

«Die Macht ist nicht monogam», fügte Agnes hinzu. «Wir sind alle mit dem einen Ursprung verbunden.»

«Was erzählst du mir da, Agnes?»

«Jetzt hör mal zu, Lynn, du wirst heute nichts mehr essen, und von nun an wird kein Wort mehr gesprochen. Bei Sonnenuntergang werden wir eine Schwitzhütte durchführen. Ich möchte, daß du dich mit deinen Medizinbündeln umgibst und dich sammelst. Wenn du genügend Kräfte mobilisieren kannst, dann werden die Tore aufspringen.»

«Ja, und nun rauche deine Pfeife und bete um Weisheit und Stärke», sagte Ruby in sehr bestimmtem Ton. «Du wirst es heute nacht auf dem heiligen Berg brauchen.» Sie drückte mir ein letztes Mal die Hand, stand auf und ging nach draußen. Agnes folgte ihr.

Bald darauf vernahm ich von draußen das Geräusch von Axtschlägen. Agnes hackte Holz, und ich fragte mich, was die beiden Medizinfrauen wohl vorhatten. Kurze Zeit später kam Ruby mit einem Arm voller Scheite zurück, die sie in die Holzkiste warf.

«Noch etwas, Lynn», sagte sie. «Trage deinen Kristall mehrere Stunden lang auf der Haut. Mach ihn zu einem Teil von dir. Er unterscheidet sich von allen anderen Kristallen auf der Erde. Schon nach kurzer Zeit weiß er, was du benötigst. Er hat nur Frauen aus den höchsten Rängen der Schwesternschaft gedient. So wie er unter ihrem Schutz steht, beschützt er ab jetzt dich.»

Ruby beugte sich vor und lächelte mich zärtlich an. Das brachte mich vollends in Verwirrung. Vor zehn Jahren hatte sie mich schon einmal so angelächelt, hatte mir dann einfach ein Bein gestellt, und ich war kopfüber in den Dreck gefallen.

Aus einer plötzlichen Regung heraus ging ich an meine Resietasche und durchstöberte sie. Schließlich fand ich eine Stange Zigaretten. Ich reichte sie Ruby. Sie sah darin einen heiligen Akt und drückte die Zigaretten an ihr Herz. Und wieder schenkte sie mir ihr zärtliches Lächeln. Als sie bemerkte, daß ich vor Angst zitterte, brach sie in schallendes Gelächter aus.

Der Nebel lichtete sich, als wir drei schließlich aufbrachen. Es herrschte ein merkwürdiges Wetter; der kühle, stürmische Wind zerstob den Nebel vor unseren Augen, und im nächsten Augenblick blies er ihn uns wieder ins Gesicht, so daß wir ganz von grauen Nebelschwaden eingehüllt waren. Zuerst nahmen wir ein heißes Schwitzbad in der Schwitzhütte. Danach zogen wir uns wieder an und machten uns auf den Weg zum heiligen Berg. Ab und zu lichtete sich der Nebel und gab den Blick auf die Sterne, den mondüberfluteten Gratweg und die umherliegenden Felsbrocken frei. Agnes führte uns an, während Ruby hinter mir ging. Langsam, aber stetig, erklommen wir den steinigen Pfad. Durch den Nebelschleier hindurch sah ich Agnes' dunkle Gestalt stark vergrößert. Am kalten, schwarzen Himmel stand der Mond, umgeben von einem gelbleuchtenden Hof. Wenn die Sterne hervortraten, kam es mir vor, als strahlten sie heller als gewöhnlich, sie leuchteten wie glänzende Türkise. Über eine Stunde ging es ständig bergauf, dann wurde der Pfad eben. Ruby ging nun neben mir; von der Seite sah ich ihr ernstes Gesicht. Aber es dauerte nicht lange, da legte sich wieder ein grauer Schleier über sie und verwischte ihre Konturen.

Dann führte der Pfad weiter bergan; wir stiegen noch einmal über tausend Fuß auf, bis wir den höchsten Gipfel der ganzen Umgebung erreicht hatten. Der Nebelschleier zerriß, und ich erblickte einen Kultplatz mit einem Medizinrad, das vor Hunderten von Jahren dort angelegt worden war. Am Himmel bauten sich vereinzelt längliche purpurgraue Wolkenbänke auf, die der Halbmond mit einem silbernen Schimmer umrahmte. Der Mond selbst wurde immer wieder von den vorbeiziehenden Wolken verdeckt. Die Nacht war wie ein schwarzer See, in dem tausend Sterne schwammen.

Obwohl ich Agnes und Ruby schon seit vielen Jahren kannte, hatte ich die beiden noch nie so vibrierend von zurückgehaltener Kraft erlebt. Den ganzen Tag hatten sie kein Wort gesprochen. Erst in der Schwitzhütte hatten sie das Schweigen gebrochen, um ihre Gebete zu sprechen. Die Kraft, die sie ausstrahlten, wirkte geradezu ansteckend. Aber vielleicht war es auch mein Kristall, der mich so unter Spannung setzte. Er lag sicher in seinem Lederbeutel und schwang bei jedem Schritt hin und her, denn ich hatte mir den Beutel mit einem Lederband um den Hals gehängt. Völlig wach spürte ich den mächtigen Pulsschlag des Lebens in mir und in allen Dingen um mich herum. Agnes war mir eigentlich immer eine vertraute Freundin gewesen; Ruby natürlich auch, wenn sie mir manchmal auch schreckliche Angst einjagte. Doch als wir jetzt vor dem alten Medizinrad standen, erfuhr ich eine andere Art von Verbundenheit. Ich spürte ein Gleichgewicht, einen absoluten Gleichklang. Instinktiv wußte ich, daß der Kristall diese Klarheit bewirkt hatte.

Die zwölf großen Steine des Medizinrades schimmerten weiß und glatt im Mondlicht, nur hin und wieder verblaßten sie zu einem matten Perlgrau. Nacheinander betraten wir nun das Medizinrad und verschlossen den Eingang im Osten. Agnes segnete das Rad mit Tabak und Maismehl, während Ruby Salbei, Zeder und Süßholz entzündete. Eine jede brachte dem Geist dieses Ortes ihre Gaben dar.

Ruby setzte sich in den Westen, Agnes in den Osten, und ich nahm im Norden Platz. Ich machte es mir auf meiner Decke bequem. Als sich der Nebel wieder lichtete, konnte ich die Venus am tiefschwarzen Himmel blinken sehen. Dann stürzten drei Sternschnuppen in einem hellen Funkenregen der Erde entgegen. Agnes und Ruby stimmten einen Gesang in einer gutturalen Sprache an. Es klang indianisch, war aber mit Sicherheit nicht Cree. Vielleicht war es irgendeine längst vergessene Sprache, denn sie brachte einen tiefen, urzeitlichen Ton in mir zum Mitschwingen. Ich merkte plötzlich, daß ich ihre Weisen mitsang und dies als völlig natürlich empfand.

Nach dem Gesang erhob sich Agnes und sagte zu mir: «Heute nacht wirst du erfahren, daß der Große Geist und Mutter Erde dir das Leben nicht geschenkt haben, damit du allein bleibst. Das Wissen, daß du in Wirklichkeit allein bist, ist nur der erste Schritt zu einer langen inneren Entdekkungsreise auf dem Weg zur Macht. Mit dem nächsten Schritt lernst du, daß du mit dem Universum verbunden bist, daß du in allen Hütten des Universums lebst. Das Leben gedeiht und erhält sich von innen heraus. Das Sein hat sich in dir verwirklicht.»

Dann zeichnete sie den ganzen Sternenhimmel auf. Sie verwendete dazu das Maismehl aus dem mitgebrachten Sack, das sie in Form von Linien oder Figuren auf den ebenen Boden rieseln ließ. Als sie damit fertig war, stülpte sie den Ledersack um, schüttete das restliche Mehl auf einen Haufen und formte daraus weitere Sternzeichen und Bilder, bis am Ende das ganze Medizinrad wie eine riesige Sternkarte aussah. Dann ging sie wieder auf ihren Platz im Osten des Rades zurück. «Lynn», sagte sie, «es mag dir so vorkommen, als würde ich mir selbst widersprechen, doch das trifft nicht zu. Es ist deine Sprache, die widersprüchlich ist. Du kannst mich nur dann verstehen, wenn du meine Worte in dir selbst erfährst. Du glaubst, daß dein Leben völlig losgelöst ist von anderen Lebensformen. Dies ist der Rat des Selbst. Durch ihn lernst du notwendige Trennungen zu vollziehen und für deine eigene Macht Verantwortung zu tragen. Es ist ein wichtiger Prozeß, denn er kappt alte Verbindungen, die dir lebenswichtige Energie entziehen. Wenn dieser Prozeß vollzogen ist, setzt eine andere Art von Erkenntnis ein. Du öffnest dich dem Großen Rat und dem ratgebenden Feuer im Innern, und allmählich begreifst du, daß die Galaxien, die Muttersterne, ja, alles Leben, in dir selbst erwacht. In gewisser Hinsicht *bist* du alles Leben. Du bist der Mutterschoß, aus dem alle Sterne geboren werden. Alles Leben ist dein Erstgeborenes. Die Bäume, die Pflanzen und alle Geschöpfe auf Erden sind zu dir verwurzelt. Es sieht zwar nicht so aus, aber es ist seit Anbeginn so gewesen. Für das Wissen um diese Dinge muß das innere Feuer deiner persönlichen Erfahrung entzündet werden, und du mußt dir die Hände über deiner inwendigen geistigen Flamme wärmen.»

Ich blickte auf die Sterne, die Agnes in das Rad gezeichnet hatte. Schlagartig wurde mir klar, daß sie genau mit den Sternen am Himmel übereinstimmten. Agnes erhob nun ihre Hände wie zum Gebet und rieb mit den Handflächen über ihren Kristall. Dann gab sie uns ein Zeichen, es ihr gleichzutun.

«Ich gebe dir eine Karte der Sterne, Lynn. So wie wir hast auch du dein ganzes Leben lang darauf hingelebt, diesen Augenblick mit uns zu teilen.»

Ruby nickte zustimmend, und in dem Moment zogen schwere weißgraue Nebelschwaden durch unseren Kreis. Die frische Luft zerriß den Nebel in dünne Schleier, die langsam über unsere Köpfe hinwegzogen. Agnes und Ruby waren ganz auf ihre Kristalle konzentriert. Nach einer Weile blickte Agnes zum tiefschwarzen Himmel empor und drehte ihren blitzenden Kristall in eine andere Richtung. Ich fragte mich, was das zu bedeuten hatte. Ruby folgte Agnes' Beispiel.

«Lynn, umfasse deinen Kristall am unteren Ende und mache mir alles nach», sagte Agnes. Sie erhob sich und ging auf die Mitte des Rades zu. Ruby und ich folgten ihr. Sehr langsam drehte sie ihren Kristall im Sternenlicht, bis ich ein nadelgroßes blaues Licht darin erblickte. Ich versuchte, es Agnes gleichzutun. «Nun fang das Licht von dem nicht sichtbaren Stern ein. Sein Name ist Sirius, doch zuerst mußt du die Venus finden.» Sie zeigte mit dem Finger an den tiefschwarzen Himmel. «Siehst du sie?» «Ja», antwortete ich. Es war eine winzige Eisblume im kosmischen Ozean.

«Nun dorthin.» Ich folgte ihrer Anweisung. «Jenseits dieses Sternhaufens ist die Heimat des Sirius, des Medizinhundes. Wie dein großer Arion ist auch er ein Hüter neuer Welten. Schau in deinen Kristall, bis du seine Farbe erkennst. Du wirst spüren, wie die Verbindung hergestellt wird und die Flamme überspringt. Sieh, wie seine Flamme dir ihren Atem entgegenbläst.» Sie langte mit ihrer Hand herüber und korrigierte meine Handhaltung. Durch den leicht gedrehten Kristall konnte ich jetzt das Sternenlicht einfangen, und ich sah ein tanzendes Feuer.

«Gut», sagte Agnes. «Nun vergegenwärtige dir dein inneres Feuer. Vergiß nicht, wer du bist, Lynn. Stell dir vor, daß diese Sterne dort oben die heiligen Gesetzeshüter darstellen, die deine Mitte schützend umgeben. Hole sie in deine Mitte. Du bist ihre Mutter, und sie sind deine Kinder, die darauf warten, geboren zu werden. Horch auf ihre Stimmen. Sieh den Schein ihres Feuers in deiner Hand.»

Ruby und Agnes standen jetzt direkt vor mir.

«Lynn», sagte Ruby, «die Zeit ist abgelaufen. Nun mußt du aus dem Wachtraum erwachen.» Ruby hielt ihren Kristall ins Sternenlicht, und schon erglühte ihr ganzer Körper in einem roten Licht.

Als ich meinen Kristall bewegte, wurde aus der darin eingeschlossenen Flamme plötzlich ein blaugrünes Leuchten mit purpurroter Umrandung. Die Flamme hatte sich völlig verändert; sie besaß jetzt ein Eigenleben, und der Kristall war verschwunden oder verglüht. Statt dessen hielt ich einen winzigen Stern in meiner Hand, aus dessen Innerem mir zarte Flammen entgegenschossen.

«Lynn», sagte Agnes, «halte dich bereit. Deine Reise beginnt. Wir werden bei dir sein.»

«Hab keine Angst», sagte Ruby. «Wir lassen dich jetzt eine Weile allein.» Sie blickte Agnes an. «All meine Verwandten.»

«All meine Vorfahren», sagte Agnes.

Flammen züngelten empor und umhüllten die beiden Frauen. Dort, wo sie gestanden hatte, sah ich zwei Feuerbälle.

«Ruby! Agnes!» schrie ich in das Feuer.

Irgend etwas zerbrach, und etwas Kühles stieg meinen Arm hoch. Meine Angst konzentrierte sich auf den brennenden Stern in meiner Hand. Dann sah ich zwei rote Lichter senkrecht aufsteigen. Das Medizinrad war rot erglüht, selbst der Nebel war rot angestrahlt. Über mir zogen Mond und Sterne ihre Bahn. Da sah ich, daß mein Arm brannte.

«Nein», schrie ich und schlug wie wild nach den Flammen.

In einiger Entfernung vom Medizinrad standen drei morsche, knorrige Bäume im wallenden Nebel. Sie wirkten wie Gerippe aus einer anderen Zeit, die ihre ausgedörrten Äste nach dem letzten Fünkchen Leben ausstreckten.

Es gelang mir, die Flamme, die sich an meinem Arm hochgeschlängelt hatte, zu ersticken. Ich saß da und weinte. Tränen liefen mir über die Wangen. Ich hatte ein Gefühl, als ob ich zerspringen müßte. Dann sah ich zwei blaugraue Gestalten zwischen den morschen Baumstümpfen auftauchen. Die rotglühende Erde vibrierte, als würden sich alle festen Stoffe wieder in gasförmige verwandeln. Heiße Dämpfe stiegen vom Erdboden auf, flossen in den Himmel und vermischten sich mit der Milchstraße; alles verschwamm vor meinen Augen. Ich blickte hinunter auf die Sternenflamme in meiner Hand. Das Feuer war wieder meinen Arm bis hinauf zur Schulter emporgekrochen. Doch ich spürte keinen Schmerz, nur eine Kühle und einen entsetzlichen Druck auf die Mitte meiner Seele. Die Macht des Universums erschütterte jede Zelle meines Körpers. Ich wurde emporgehoben und wurde eins mit den Sternen.

Die zwei schattenhaften Gestalten bewegten sich auf mich zu. Als sie nahe genug herangekommen waren, sah ich ihre feurigen Augen. Es waren zwei weiße Pferde, deren Beine in ein zartes Rosa getaucht waren. Ihre Flanken und Bäuche waren von purpurroten und grünen Schatten umgeben. Sie kamen im Galopp direkt auf mich zu.

Und eine Stimme, die vor langer Zeit zu mir gesprochen hatte, rief: «Aus Sternen sind wir gemacht, und zu den Sternen müssen wir eines Tages zurückkehren.»